チベット旅行記（上）

河口慧海

校訂
高山龍三

講談社学術文庫

はじめに

昭和二十七年、ＮＨＫラジオ「光を掲げた人びと」河口慧海《かわぐちえかい》――という放送で、奇《く》しくも私が、そのヒマラヤ越えの話などを朗読することになり、この『チベット（西蔵）旅行記』をじっくりと読んでみて、生れたときからずっと一緒に生活してきた伯父慧海が、はじめて理解出来たように思いました。

現在のように外国が身近なところではなく、ずっとずっと遠かった明治時代。求道者の一心で仏教の原典をもとめて、ヒマラヤを越え、あらゆる困難に打ちかって鎖国のチベットへ単身で入っていった河口慧海は、その頃の多くの探検家などが、国家や宗門の命令と援助によっておこなったのとは異って、全く自分の考えで、そして個人の力で、周到すぎるほどの勉強をし、準備を整えて実行したのでした。

十四歳のときから漢学を学び、二十歳頃からは英語、梵語《ぼんご》、インドの古いことばパーリ語などを勉強しているのをみても、慧海の用意周到さの一面がうかがわれます。ことばばかりではなく、各国の情勢をあらゆる面から綿密に調べあげて、ついには世界の屋根ヒマラヤを越えてチベットに入ったのです。

うちにいるときの慧海おじさんは、朝五時と夜九時には、雨の日も、雪の日も、かかすこ

となく、家の外にかけられた板木《ばんぎ》を鳴らし

謹《つつし》んで一切衆生《しゅじょう》に申上ぐ
生死《しょうじ》の問題は至大にして
無常は刹那《せつな》より速《すみや》かなり
各〻《おのおの》務《つと》めてさめ悟《さと》れ
謹んで油断怠慢《ゆだんたいまん》する勿《なか》れ

と、うたうように唱えていました。あの声は、いまも想い出されます。

十五歳のときから、精進《しょうじん》料理で一生をすごした慧海は、妻帯し、酒、たばこをのみ、生ぐさものを食べる寺の坊さんにあきたらず、僧籍を離れ、自分で在家仏教をおこし、家に在っても、本当の意味の坊さんの戒律を一生守り通しました。私たち家族（慧海の弟、半瑞《はんずい》一家）も、朝と昼は鰹《かつお》のだしも使わない精進料理でした。夜は慧海が一切食事をしませんので、まわりの者は随分気をつかいながら調理しました。例えば、魚を焼くときなどは庭にコンロを持ち出して、家の中に臭いがこもらないようにしたりしました。――

昭和二十年（八十歳）、『チベット語辞典』編纂なかばにして亡くなるまで、たまごも食べず、坊さんの戒律を守り通したのでした。

明治三十七年、『チベット旅行記』が出版されると、大きな評判となり、新聞記者は押しよせ、講演依頼はひきもきらなかったということです。しかしなかには、ねたみや中傷もあり、「嘘だろう」という声も出たそうです。やましいことがない伯父は平然としていたそうですが。

慧海の記述が、まったく正確だったことが半世紀以上もたってから明らかになりました。それは、昭和三十三年に川喜田二郎氏をリーダーとする探検隊が、『チベット旅行記』の慧海と同じ道をたどってヒマラヤに行かれたとき、旅行記に書かれていることが正確で、観察が非常にするどいことに、あらためて驚かされた、ということでした。

私には嬉しいことでしたが、その十数年前に亡くなっていた慧海の存命中であったなら、と残念でもありました。現地には、慧海に英語を習ったという人や、慧海をおぼえている、という人もいたそうです。

『チベット旅行記』は英訳され、“Three Years in Tibet”という題名で、一九〇九年、インドで出版されましたが、やはり正確さと、すぐれた観察眼は、外国でも高い評価を受けました。

貨車に何台、と言われるほど、チベットやインド、ネパールなどから持ち帰った経文《きょうもん》や仏像、仏具や、数千種類のヒマラヤの高山植物の標本類や、貨幣、女性の髪飾りなど装身具にいたるまでの、もろもろの、いわゆる「河口コレクション」は、昭和二十年、慧海の没後、外国などから問合せもありましたが、日本国内に、なるべく一ヵ所にまとめて置きたい、という故人の意向により、いま、その大部分は東北大学に保存されています。慧海がさいごまで身のまわりにおいていた仏像、仏具などは、東京上野の国立博物館に寄贈しました。尚、生前に多くの経典が、東京大学と東洋文庫に寄贈されていて、かずかずの経典類の梵語写本は世界的にも貴重なものとして知られています。

数ヵ国語を身につけ、真の仏教を研究し、チベット学界の第一人者といわれながら、いわゆる学歴や肩書がなかったためか、生前あまり認められなかった人間河口慧海。

形式やごまかしでなく、ほんものの生き方を自分の力できりひらいていく。――私は、伯父慧海の生活の中から、知らず知らずのうちに、こんなことを教えられていたということは幸せだったと思っています。

日本人として、はじめてチベットに入ってから約八十年の今日、慧海の『チベット旅行記』が要約ではなく、政治、財政、教育、兵制、社会などを含めた全部が出版されるのは初版以来はじめてのことですが、この本によって多くの人びとに人間慧海を知っていただき、何かのお役にたてばありがたいことです。

昭和五十三年四月

宮田恵美

序

チベットは厳重なる鎖国なり。世人呼んで世界の秘密国と言う。その果たして然《しか》るや否やは容易に断ずるを得ざるも、天然の嶮《けん》によりて世界と隔絶し、別に一乾坤《けんこん》をなして自ら仏陀《ぶつだ》の国土、観音の浄土と誇称せるごとき、見るべきの異彩あり。その風物習俗の奇異、耳目《じもく》を聳動《しょうどう》せしむるに足るものなきに非《あら》ず。童幼聞きて楽しむべく、学者学びて蘊蓄《うんちく》を深からしむべし。これそもそも世界の冒険家が幾多の蹉跌《さてつ》に屈せず、奮進する所以《ゆえん》なるか。

余《よ》のこの地に進入せしは勇敢なる冒険家諸士に倣《なろ》うて、探検の功を全うし、広く世界の文明に資せんとの大志願ありしに非ず。仏教未伝の経典の、かの国に蔵せられおるを聞き、これを求むるの外、他意あらざりしかば、探検家としての資格においては、ほとんど欠如せるものあり。探検家として余を迎えられたる諸士に十分なる満足を供する能《あた》わざりしを、深く自ら憾《うら》みとす。

されど、余にも耳目の明ありて専門の宗教上以外、社会学上に、経済学上に、あるいは人類に無上の教訓を与うる歴史の上において、その幼稚なる工芸中別に一真理を包摂《ほうせつ》する点において、地理上の新探検について、動植物の分布について等その見聞せるところも尠《すく》なからざりしかば、帰朝以来、これら白面の観察を収集して、梓《し》に上《のぼ》さんと欲せしこと、一日に非ざりしも、南船北馬暖席に暇《いとま》なく、かつ二雪霜の間に集積せるところは、尨然紛雑《ぼうぜんふんざつ》し容易に整頓すべからずして、自ら慚愧《ざんき》せざるを得ざるものあり。日ごろ旅行談の完成せるものを刊行して大方の志に酬《むく》いよと強うる友多し。余否むに辞なし。すなわちかつて時事新報と大阪毎日新聞とに掲載せしものを再集して梓に上せて、いささか友の好意に対《こた》え、他日をまちて自負の義務を果たさんと決しぬ。

チベットは仏教国なり。チベットより仏教を除去せば、ただ荒廃せる国土と、蒙昧《もうまい》なる蛮人とあるのみ。仏教の社会に及ぼせる勢力の偉大なると、その古代における発達とは、吾人の敬虔《けいけん》に値いするものなきに非ず。この書この点において甚だしく欠けたり。これ余の完全なる旅行談を誌さんと欲して努力せし所以《ゆえん》。しかれども事意と差《たが》い容易に志を果たす能わずあえて先の所談を一書として出版するに至る、自ら憾《うら》みなき能わず。即ち懐を述べて序文に代う。

明治三十七年三月上澣　　河口慧海誌す

目次

はじめに……宮田恵美……3
序……7
凡例……23
原本口絵より……25
第一回　入蔵《にゅうぞう》決心の次第……35
第二回　出立前の功徳……40
第三回　探検の門出及び行路……44
第四回　語学の研究……51
第五回　尊者の往生……55

第六回　入蔵の道筋……61
第七回　奇遇……63
第八回　間道の穿鑿《せんさく》……72
第九回　ヒマラヤ山中の旅行（一）……76
第一〇回　ヒマラヤ山中の旅行（二）……81
第一一回　山家の修行……87
第一二回　山家の修行（続）……91
第一三回　北方雪山二季の光景……96
第一四回　また間道の穿鑿《せんさく》……101
第一五回　行商の中傷……105
第一六回　高雪峰の嶮坂……109

第一七回　チベット国境に入る……113
第一八回　雪中旅行……120
第一九回　入国の途上……124
第二〇回　白巌窟の尊者……131
第二一回　山中の艱難……136
第二二回　月下の坐禅……143
第二三回　美人の本体……149
第二四回　一妻多夫と一夫多妻……155
第二五回　大河を渡る……160
第二六回　渇水の難風砂の難……165
第二七回　氷河に溺る……172

第二八回　山上雪中の大難……176
第二九回　山上雪中の大難（続）……181
第三〇回　人里に近づく……186
第三一回　阿耨達池《アノクタッチ》の神話（一）……191
第三二回　阿耨達池《アノクタッチ》の神話（二）……198
第三三回　山中の互市場《ごしじょう》……202
第三四回　女難に遭《あ》わんとす……207
第三五回　女難を免る……212
第三六回　天然の曼荼羅《まんだら》廻《めぐ》り（一）……217
第三七回　天然の曼荼羅《まんだら》廻《めぐ》り（二）……222
第三八回　天然の曼荼羅《まんだら》廻《めぐ》り（三）……227

第三九回　兄弟喧嘩……233
第四〇回　兄弟らと別る……237
第四一回　剽盗《ひょうとう》の難（一）……242
第四二回　剽盗《ひょうとう》の難（二）……246
第四三回　眼病の難……252
第四四回　再び白巌窟を訪う……258
第四五回　公道に向う……264
第四六回　ようやく公道に出《い》ず……269
第四七回　公道を進む……274
第四八回　途中の苦心……280
第四九回　同伴者の難問……284

第五〇回　物凄き道……290
第五一回　始めて麦畑を見る……296
第五二回　第三の都会を過ぐ……300
第五三回　サッキャア大寺……305
第五四回　チベット第二の府に到る……309
第五五回　大ラマ、文典学者……316
第五六回　異域の元旦……324
第五七回　二ヵ月間の読経……329
第五八回　不潔なる奇習……333
第五九回　正月の嘉例……339
第六〇回　防霰奇術……343

第六一回　修験者の罰法……348
第六二回　遥かにラサを望む……353
第六三回　法王宮殿の下に着す……357
第六四回　チベット人を名乗る……362
第六五回　壮士坊主……368
第六六回　チベットと北清《ほくしん》事件……376
第六七回　セラ大学生となる……382
第六八回　問答修業……387
第六九回　法王に召さる……394
第七〇回　法王に謁《えつ》す……399
第七一回　侍従医の推挙……405

第七二回　僧侶の状態……411
第七三回　下等の修学僧侶……416
第七四回　天和堂《テンホータン》と老尼僧……421
第七五回　前大蔵大臣と最高僧……426
第七六回　ラサ府の日本品……432
第七七回　密事露顕の危機……437

チベット旅行記地図……440

【以下下巻】

第七八回　チベット人の誓言《せいごん》

第七九回　僧侶の目的
第八〇回　婚姻（その一）
第八一回　婚姻（その二）
第八二回　送嫁の奇習
第八三回　多夫一妻
第八四回　晒《さら》し者と拷問《ごうもん》
第八五回　刑罰の種類
第八六回　驚くべき葬儀
第八七回　奇怪なる妙薬
第八八回　チベット探検者
第八九回　鎖国の原因
第九〇回　不潔の都
第九一回　旧教と新教
第九二回　法王の選定

第九三回　子供の選択
第九四回　教育と種族
第九五回　豪族と最下族
第九六回　教育の奨励法
第九七回　チベットの物産
第九八回　輸出入品と商売
第九九回　貨幣と版木
第一〇〇回　願文会《がんもんえ》
第一〇一回　法王政府
第一〇二回　婦人の風俗
第一〇三回　婦人と産児
第一〇四回　児女と病人
第一〇五回　迷信と園遊
第一〇六回　舞踏

第一〇七回　チベットとロシア
第一〇八回　チベットと英領インド
第一〇九回　輿論《よろん》
第一一〇回　清国とチベット
第一一一回　ネパールの外交
第一一二回　チベット外交の将来
第一一三回　モンラムの祭典（一）
第一一四回　モンラムの祭典（二）
第一一五回　モンラムの祭典（三）
第一一六回　投秘《とうひ》剣会《けんえ》
第一一七回　チベットの財政
第一一八回　チベットの兵制
第一一九回　チベット宗教の将来（一）
第一二〇回　チベット宗教の将来（二）

第一二一回　秘密露顕の端緒
第一二二回　商隊長の秘密漏洩《ろうえい》
第一二三回　チベット退去の意を決す
第一二四回　恩人の義烈
第一二五回　出発準備
第一二六回　出発の準備整う
第一二七回　いよいよラサを出《い》ず
第一二八回　ゲンパラの絶頂
第一二九回　山路を辿って第三の都会に入る
第一三〇回　いよいよ関所に近づく
第一三一回　五重の関門
第一三二回　第一の関門
第一三三回　第一関門を通過す
第一三四回　途上の絶景と兵隊町

第一三五回　無事四関門を通過す
第一三六回　いよいよ第五の関門
第一三七回　いよいよ五重の関門を通過す
第一三八回　チベットに別る
第一三九回　荷物の延着、途中の滞留
第一四〇回　ダージリンに旧師と再会す
第一四一回　疑獄事件
第一四二回　救解の方策
第一四三回　大谷、井上、藤井三師の切諫《せっかん》
第一四四回　奥中将を軍営に訪う
第一四五回　日本軍営の応対
第一四六回　ネパール国王に謁《えつ》す
第一四七回　護衛兵士の腕力
第一四八回　首府カトマンズに向う

第一四九回　国王代理に会う
第一五〇回　獄裡《ごくり》の友を懐《おも》う
第一五一回　大王殿下の詰問《きつもん》
第一五二回　再び宮殿に伺候《しこう》す
第一五三回　ようやく目的を達す
第一五四回　龍樹菩薩《りゅうじゅぼさつ》坐禅《ざぜん》の巌窟《がんくつ》
大　団　円　故山に帰る
終わりよければすべてよし（*Three Years in Tibet* 最終章）

チベット旅行記地図
解　説（高山龍三）
河口慧海主要著作一覧

凡例

一、本書は『西蔵旅行記』博文館版（明治三十七年）を底本とし、『時事新報』（明治三十六年）、山喜房仏書林版（昭和十六年）、『河口慧海日記』（平成十九年）、英訳本 *Three Years in Tibet*, 1909, Madras. を参考にした。

一、本文は次のように改めた。

1、新字体、新かなづかいに改め、あまり使用されない漢字はひらがなにした。

2、底本は総ルビであるが、読みにくい漢字などについてルビを生かした。

3、句読点を付し、改行をして読みやすくした。

4、山喜房版で訂正、加筆された部分で、その方が意味のよくわかるものは〔　〕を付して挿入した。置き換えられた箇所は、行間に〔　〕で併記、または原文の該当箇所に傍点線 ………… を付して、〔　〕内に続けて記した。

5、地名・人名表記については、底本の表記を生かし、英訳本を参考にして統一した。ただし、カトマンズ（カタマンド）、ラサ（ラハサ）、ラマ（ラーマ）、欧人名など慣用の固定しているものはそれに従った。

6、底本の表記と、英訳本または現地名と異なるものは、【英訳本の綴字、（　）内に現地名】の形式で補記した。

7、校訂者による注は、〈 〉で該当箇所に記載した。

8、河口慧海の口述による時事新報連載の「世界の秘密国」と原本『西蔵旅行記』の回の順序が、第百八回と第百九回で違っている。したがってストーリーとしては、「第百九回　輿論」、「第百八回　チベットと英領インド」と読むほうがよい。これは新聞に、両回とも同じ番号がふられていた間違いによると考えられる。

9、「第百三十八回　チベットに別る」の「旅行の道程」の［ ］内は山喜房版では省略されており、行間の（ ）内に底本、『河口慧海日記』から記載した。

10、小見出しについては、そのまま文章になっているものもあるが、底本のままとした。

11、記述には、今日の視点からすれば不適切と思われる表現や、今日の定説から外れた歴史的記述もあるが、著者が故人であり、時代背景と作品の価値を考え、底本のまま収録した。

原本口絵より

慧海師出発当時の肖像

大獅子尊者（センチェン・ドルジェチャン）

チベット語梵語博士サラット・チャンドラ・ダース氏

雪山光色

慧海

ヒマラヤ山の朝ぼらけ、　白銀色のやまやまは。
瑪摩羅伽色にうつろいて、　谷間の紫雲を照らすなり。
ヒマラヤ山の日ざかりは、　金剛石の光るごと。
空にまばゆき峯々は、　天津御殿と疑わる。
ヒマラヤ山の夕暮れは、　珊瑚の色もうつろいて。
黄金の色も束の間に、　瑠璃光色とかわるなり。
ヒマラヤ山の夜の影、　真珠の月と玉つづる。
山と互いに照らすなり、　玉の浄土のひまらやん。

ヒマラヤ山脈中の世界最高峰（当時）のゴーリサンガ

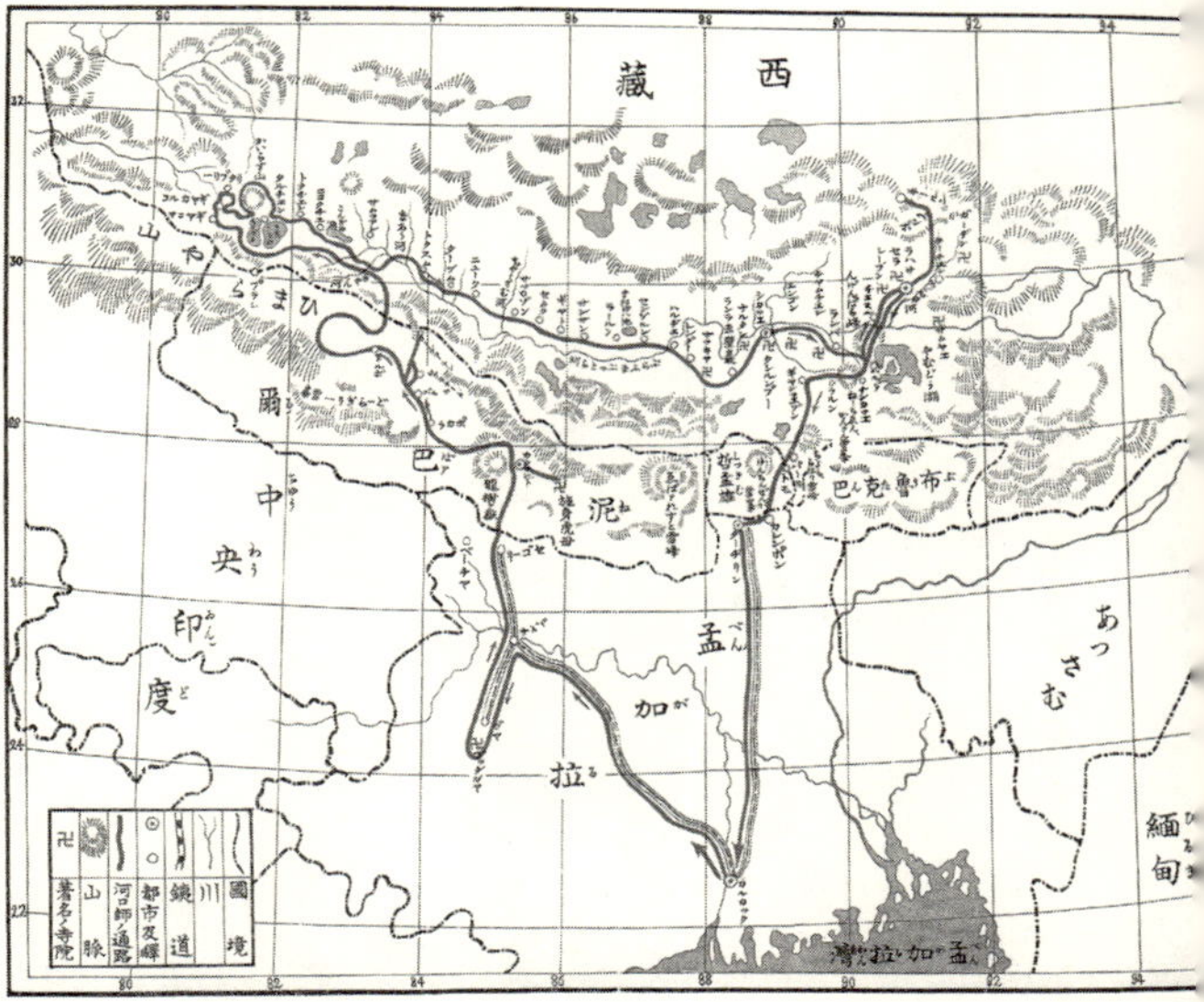

慧海の行程［正しい地図は巻末に付した］

ネパール国司令長官ビーム・サムセール殿下

ネパール国総理大臣チャンドラ・サムシャール殿下

チベット・ラマの正装姿の慧海（明治35年11月ダージリンにて）

チベット旅行記（上）

第一回　入蔵《にゅうぞう》決心の次第〔チベット入国の決意〕

チベット探検の動機　私がチベットへ行くようになった原因は、どうか平易にして読み易い仏教の経文《きょうもん》を社会に供給したいという考えから、明治二十四年の四月から宇治の黄檗山《おうばくさん》で一《いっ》切蔵経《さいぞうきょう》を読み始めて、二十七年の三月まで外《ほか》の事はそんなにしないで専《もっぱ》らその事にばかり従事して居りました。その間に私が一つ感じた事があります。それは素人《しろうと》にも解り易い経文を拵《こしら》えたいという考えで、漢訳を日本語に翻訳したところが、はたしてそれが正しいものであるかどうか。サンスクリットの原書は一つでありますが漢訳の経文は幾《いく》つにもなって居りまして、その文の同じかるべきはずのものがあるいは同じのもあればまた違って居るのもあります。甚《はなは》だしきは全くその意味を異《こと》にして居るのもあり、また一つの訳本に出て居る分が外《ほか》の本には出て居らないのもあり順序の顚倒《てんとう》したのもあるというような訳で種々雑多《ざった》になって居ります。

　しかしその梵語《ぼんご》の経文を訳した方々《かたがた》は決して嘘をつかれるような方でないからして、これには何か研究すべき事があるであろう。銘々《めいめい》自分の訳したのが原書に一致して居ると信じて居られるに違いあるまい。もし然《しか》らばそんなに原書の違ったものがあるのか知らん、あるいはまた訳された方々がその土地の人情等に応じて幾分《いくぶん》か取捨《しゅしゃ》を加えたような点もありその意味を違えたのもあるか知らん。何にしてもその原書に依《よ》って見なければこの経文のいずれが真実でいずれが偽《いつわ》りであるかは分らない。これは原書を得るに限ると考えたのです。

原書の存在地　ところでこのごろ原書はインドにはほとんどないらしい。もっともセイロンには小乗の仏典はあるけれどもそれはもちろん我々にとって余り必要のものでない。最も必要なのは大乗教の仏典であります。しかるにその大乗教の仏典なるものは仏法の本家なるインドには跡《あと》を絶って、今はネパールあるいはチベットに存在して居るという。その原書を得る為にはぜひネパールあるいはチベットに行かなくてはならぬ。なお欧米の東洋学者の説によるとチベット語に訳された経文は文法の上からいうても意味の上からいうてもシナ訳よりも余程確かであるという。その説はほとんど西洋人の間には確定説《かくていせつ》のようになって居ります。はたしてチベット語の経文が完全に訳せられてあるものならば、今日の梵語《ぼんご》の経文は世界にその跡を絶ったにしてもそのまたチベット語に訳された経文によって研究することが出来る。なおチベットの経文と漢訳の経文とを比較して研究するのも余程学術上面白い事でもありまた充分研究すべき価値のある事であるから、これを研究するにはぜひチベットに行ってチベット語をやらなければならぬという考えが起りました。この考えがつまり

入蔵《にゅうぞう》を思い立った原因　でありまして、ちょうどその時が明治二十六年の四月で今より満十年余以前のことでござりますけれども、チベットは厳重《げんじゅう》に鎖国主義を実行して居る国で、有力なる西洋人が沢山の金を費やし多くの光陰《こういん》を費やし種々の準備を調《ととの》えて行ってすらも今日失敗に帰して居る者が多い中に、我々ごとき一介の貧僧が出掛けたところがはたして目的を達することが出来るかどうか。また自分はそんな冒険な事をやらないでも黄檗宗《おうばくしゅう》の一寺の住《じゅう》

職《しょく》になって居りさえすればごく安楽に過せる位置までに進んで居ります。現に東京本所の五百羅漢《らかん》の住職もし、その後は宗内《しゅうない》にも河口慧海《かわぐちえかい》という名が喧《やかま》しく言われるようになったから、自分さえ寺を持つという考えがあれば非常に便宜《べんぎ》な地位を占めて居ったのであります。それを打棄《うちす》てて死ぬか活《い》きるか分らない国へ行くということはいかにも馬鹿《ばか》げた話のようですけれども、これは畢竟《ひっきょう》世間普通の考えで真実事業の為には便宜の地位を犠牲《ぎせい》にする位の事は訳のない事であります。

ただこの際自分の父母なり同胞なり他の朋友《ほうゆう》なりが私のある為に幾分の便宜を持って居る者もあり、また私の教えを受けることを好んで居る信者も沢山ある。それを打棄てて行くことは実に忍びない。またかれらは死にに行くようなものだから止《よ》せといって止《と》めるに違いないけれどもそれでは大切の原書に依《よ》って仏法を研究することが出来ない。ついてはこれらの情実に打ち勝つだけの決心をしなければ到底出掛ける訳に行かぬと考えました。この理由は私の決心をするのに一つの補助をなしたもので、その実私は二十五歳で出家《しゅつけ》してから、寺や宗門《しゅうもん》の事務の為に充分仏道を専修することが出来なかった。一切蔵経《いっさいぞうきょう》を読んで居る中においてもときどき俗務《ぞくむ》に使われる事があってせっかく出家をした甲斐《かい》がないから、かの世界第一の高山ヒマラヤ山中にて真実修行《しゅぎょう》を為《な》し得るならば、俗情を遠く離れて清浄妙法《しょうじょうみょうほう》を専修することが出来るだろうという、この願望が私のヒマラヤ山道を越えて入蔵する主なる原因でありました。

決心の理由　事の行きがかり理《り》の当然……なさねばならぬはずの事でもなかなか決心のつか

ぬことが多いもので、特に外国行とかあるいは困難な事業に当る場合には誰しも決心のつきがたいものである。私は仏教を信じて居る御恩蔭《おかげ》で世間普通の人々が決心するのに困ることをそんなに困らなかった。普通からいうとなにか一事業を起さんとするにはまず金《かね》が資本であると、こう決めて外国行にもまず金を調《ととの》えてから行くとするのである。しかるにわが本師釈迦牟尼仏《しやかむにぶつ》は我の教うる戒法を持つ者は、何処《いずく》に行くとても凍餓《とうが》の為に死すということはないと命《めい》せられた。

よりて我ら仏教僧侶は戒法を持つことが資本である、旅行費である、通行券である。そうして釈尊の教えられた最も謙遜《けんそん》の行《ぎよう》すなわち頭陀乞食《ずだこつじき》を行うて行かんには何ぞ旅行費なきを憂《うれ》えんやというような訳で、これが無銭で大旅行を決心した理由であります。殊に天上天下唯我独尊の釈迦牟尼如来《によらい》が至尊《しそん》の王位と金殿玉楼すなわち天下の富貴《ふうき》を捨てて破衣《はえ》乞食《こつじき》の出家となって我ら一切衆生《しゆじよう》のために身命を抛《なげう》って御修行せられたことを思いますと、我らの苦労は何でもないことと容易に決心がつきます。まことにありがたいことでこの後《のち》とてもチベット旅行中いろいろの困難が起りましたが常に釈迦牟尼仏を念《おも》うてその困難を忍んだことであります。

まずインドを知る必要　からインドのセイロンへ留学せられてその頃帰って来られた釈興然《しやくこうぜん》という方があって神奈川在に居られた。そこへ行って学んだらインドの事情が分るだろうと思って修学《しゆうがく》に参りました。始めは充分親切にパーリ語の経文及び文典等を教えてくれた。ちょうど一年余り居りましたがその間に同師から聞いたところの話は「小乗教は即ち純正の仏教である。日本では小乗といって居るけれどもその実、小乗という名は大乗教者がつけた名で小乗そのものには決してそういう名はない。純粋の仏教はこの教えに限る。それ故に本当の僧侶は黄色の袈裟《けさ》を着けなければならぬ。まずその心を正しゅうせんとする者はその容《かたち》を正しゅうせよであるから、僧侶たる者はまず黄色三衣《こうしょくさんい》を着けるが第一着である。お前も黄色の袈裟を着けるがよい」といわれた。その時分興然師はその言葉を実行する為に正風会というものを起して居られた。

その時に私は小乗の教えは学びますけれどもその主義に従いその教えを守ることが出来ませぬと答えたので、始終《しじゅう》議論が起って釈興然師と衝突して居ったです。私が大乗教の事を言うと師は空想取るに足らぬという風で始終詰問《きつもん》されたけれども、私はまた余り興然師の小乗教を信じて居られるのが偏狭でお気の毒に思うたです。ですからパーリ語は師匠として学んで居りましたがその主義に至っては全然反対で、興然師の言うことに一度も従った事はなかった。興然師も不快に感ぜられたと見えてある時規則を設けられた。その規則は「大乗教を云々《うんぬん》してこの真実の仏教に遵《したが》わない者は此寺《ここ》に居ることを許さぬ、黄色三衣を着けた僧侶でなければ此寺《ここ》に居ることを許さぬ」という内規を拵《こしら》えて私に示された。その時に私は「これじゃあ私は居ることは出来ませんが、これから私は食費その他の入費を出し寺の用事も今迄通り働きますからただパーリ語だけの弟子《でし》として教えてくれませぬか」といったところがそれはいけないという話であった。

その時分に興然師が熱心に私に説かれた事は「そんな大乗教などを信じてチベットへ行く

なんという雲を摑《つか》むような話よりかここに一つ確実な事がある。それはまずセイロンに行って真実の仏教を学ぶことである。学べば仏教の本旨が分るから大乗教云々など言うては居られはしない。私の弟子として行きさえすれば船賃も出るしまた修学の入費も出来る訳だからそういう風にして行くが宜《よ》かろう。お前たちがどの位骨を折っても外国で学ぶ金が完全に出来るものじゃない」といってしきりに勧められたのです。時に私は「たといどれだけお金を戴《いただ》きどういう結構《けっこう》な目に遇《あ》いましたところが、私が日本国家に必要なりと信ずる大乗教の主義を棄てあなたの信ずる小乗教に従うことは出来ません。今日まで教えを受けたのは有難うございますけれどもそれはただ語学上の教えを受けただけでその主義に至っては始めから教えを受けたのでないからこれは全くお断りを致します」と答えたところが、師は余程不快を感ぜられ〔それでは仕様がないからとて〕早速追い払われてしまいました。それがちょうど明治三十年の二月でございます。

第二回　出立前の功徳

禁酒、禁煙の餞別《せんべつ》　私は釈興然師に追い出されましたから東京に帰って来ましたが、到底日本に居ったところがチベットの事情はよく分らぬから、ぼつぼつインドの方へ出掛けて行くことにするがよかろうという考えで、東京の友人及び信者等に別れに行きました。ところがその中《うち》には何か餞別をしたいということでいろいろ尋ねがありましたから私は、まあ大酒家《おおざけのみ》には酒を飲まぬことを餞別にしてくれ、また煙草《たばこ》をのんで脳病を起すような先生には禁煙を餞別にして下さいと言って頼みました。そういう事を餞別にしてくれた人が四十名ばかりありました。その時から今日まで堅くその餞別を持《たも》って居られる人もありまた居られぬ人もあるようですが、とにかくこれらの餞別は確かに私にとっては善い餞別でございました。それから大阪へ帰り大阪でもまたそういう餞別を多分に貰いました。この中でも殊に私をして愉快に感ぜしめ、これが長途の旅行中私の命を救う原因になったかもしれぬと思われた有力の餞別が三つあります。東京で一つ大阪で一つ堺で一つです。

不殺生の餞別　東京であった事は本所の高部十七《たかべとな》というアスファルト製造の発明人――今でも生存して居るですが――、この人は東京府下での網打《あみうち》の名人でこの人が網を打って廻《まわ》った跡には魚が一尾《ぴき》も居ないというほどの評判であった。それほど上手な位ですからまた非常にすきで少し位の病気は網打に行くと癒《なお》るという。ちょうど私が出立《しゅったつ》の際、甚だ親しい信者であるからわざわざ尋ねて行ったところが何故か同氏は非常に憂《うれ》えて居られた。どういう訳かと尋ねますと、何でも二歳《ふたつ》か三歳《みっつ》の子供がありましたがその可愛盛りの愛児がこの間死んだので、私の妻はほとんど狂気のごとくに歎き私も漁に出掛けても少しも面白くないという愁《しゅう》歎《たん》話。そこで私は尋ねた。「あなたは子供を失うたのがそれほど悲しいが、もしあなたの愛児を縛りこれを殺してあるいは炙《あぶ》りあるいは煮て喰う者があった時分にはあなたはこれをどう思うか。」氏は答えて「そりゃ鬼です、人ではありません」という。

それから私は「そんならばあなたは魚類に対しては正しく鬼である。かの魚類といえども生命を愛《おし》むの情に至っては人間と同じ事である。もしあなたの失うた愛児を悲しむの情が真実であるならばなぜかの残忍なる網打を止《よ》さないか。もしこの業があなたの本職なればそりゃどうも生業《なりわい》のためにやむを得ん事もあろうけれどもただ娯楽の為にするのは実に無残、無慈悲の事ではないか」とだんだん因果応報の真理を細かに説明して、ついに不殺生戒《ふせっしょうかい》をもってわがチベット行の餞別《せんべつ》にせよと勧告致しました。

始めはすこぶる難色がありまして「どうも困った、これを止してしまっては外に何にも楽しみがない」といって非常に困って居りましたが、だんだん私の熱心に説くところと、かつ私が命を棄《す》ててもチベット行を決行しようという、餞別としてはこれが適当であると感じて、決然立って家の隅に懸けてあるところの大きな網を持ち来り私に与えて言いますには「あなたのお説に従い私は今より不殺生戒を堅く持ちます。この不殺生戒を堅く持つことをもってあなたのチベット行の餞別に致します。その証《あかし》としてこの網をあなたに差し上げます。ついてはこの網はあなたが売ろうが棄てようがあなたの御随意《ごずいい》でございます」。聞いて私は同氏のお娘御に火を起して貰《もら》って大きな火鉢の中へその網を入れて燃し掛けますとその傍に居る人々は皆驚いてしまったです。私はその網の燃え上る火を見まして「法界の衆生《しゆじよう》、他の生命を愛する菩提心《ぼだいしん》を起し殺生的悪具をことごとく燃尽《やきつく》すに至らんことをこいねがう」と念じ、それからまた高部氏に向い「この網を焼いたところの火は足下の煩悩罪悪を焼き滅した智慧の光である。爾来この智慧の光を心として法界に生存せる衆生の生命を愛せらるるように」と説教致しました。

熱誠人を動かす　ところがその傍に同人の一族で小川勝太郎という人が居りました。この人もまた高部氏と同じく網打、銃猟〔魚釣〕をする人ですがその状態を見て非常に感じ、誓いを立てていうに「我不殺生をもってあなたのチベット行を送る。もしこの誓いを破らば不動明王それ我に死を賜え」と。その時には私はわが生命を救われたかのような喜びを生じたです。堺では私の竹馬《ちくば》の友である伊藤市郎氏、この方もよく慰みに網打に行かれたですが高部氏の話をして諫《いさ》めたところが幸いに私の請《こい》を容れ網を焼いて餞別にしてくれた。大阪では安土町の渡辺市兵衛氏、この方は以前からなかなかの資産家で今は株式仲買業及び朝鮮で交易することを専門にして居りますが、以前は船場で泉清という名高い鶏商屋《かしわや》でありました。同氏は禅学熱心家で殊にそういう殺生《せっしょう》な商売をしなくても充分生活の出来る人であるに拘わらず、依然《いぜん》として鶏商《かしわや》をやって居りますから東京からしばしば書面を送って諫《いさ》め、また私がチベットへ行く時に諫めたところが「いかにも貴意を諒した。しかし今急に商売換えは出来ぬからおもむろに他の商売を見付けて必ず廃業するから」といって餞別にしてくれました。その約束通り私が出立してから一年有余の後にかの鶏商を断然廃業して今の商売に移られたのです。

　これらの事は普通《ふつう》の人の考えから見れば余り過ぎたる行いなるかのごとく感ずるかも知れぬけれども、病気に対する薬はいつも普通の人に対しては過ぎたる薬を用うればこそ全快もするのです。普通の人に対し普通の教えを施す場合と重病人に対し良薬を施す場合とは違うということをよく知らなければならぬ。これらの不殺生の原因即ち毎日多くの魚族の命を殺すところの網を焼きあるいはその業を廃するに至らしめた功徳は、正しく私がヒマラヤ山中及びチベット高原においてしばしば死ぬような困難を救うたところの最大原因となったのではあるまいかと私は常に思うて居ったです。仏の護《まも》りは申すまでもない事ながらこの信実なる餞別が私のためにどれだけ益をしたか分らぬと思っていつも諸氏の厚い信心《しんじん》を感謝しました。で、いよいよ出立するには金が要《い》ります。私の貯金が百円余、外に大阪の渡辺、松本、北村、春川、堺の肥下、伊藤、山中等の諸氏が骨を折って餞別にくれられた金が五百三十円ほどありました。その内百円余り旅行の準備に使い五百円余りを持っていよいよ国を出立することになりました。

第三回　探検の門出及び行路

故山に別る　私がいよいよ出立の場合になると世の中の人は「彼は死にに行くのだ、馬鹿だ、突飛だ、気狂いだ」といって罵詈《ばり》するものがあったです。もっとも私の面前へ来てそういう事を言うてくれた人は信実に違いないが、蔭で嘲笑《せせらわら》って居た人は私の不成功をひそかに期して居った人かも知れないけれども、それらの人も私に縁あればこそ悪口を言ってくれたのでかえってその悪口が善い因になったかも知れない。多くの人が嘲り笑う中にも真実に私を止めた人もあります。もはや明日出立するという前晩即ち六月二十四日大阪の牧周左衛門氏の宅に居りますと大分止めに来た人がありました。

その中でもごく熱心に止められたのは今和歌山に判事をして居る角谷大三郎という人で

す。

「世の物笑《ものわら》いとなるような事をしてはならず、もはや君は仏教の修行も大分に出来て居るし、これから衆生済度を為《し》なくちゃあならぬ。殊に今日本の宗教社会に人物のない時にわざわざ死にに行く必要がないじゃないか」といってだんだん勧められたが、私は「死にに行くのか死なずに帰るかそりゃ分らんけれども、まず私は一旦立てた目的であるからどこどこまでも成就《じょうじゅ》する心算《つもり》である」というと「それじゃあ死んだらどうする。成就されんじゃないか。」「死ねばそれまでの事、日本に居ったところが死なないという保証は出来ない。向うへ行ったところが必ず死ぬときまったものでもない。運に任して出来得る限り良い方法を尽して事の成就を謀《はか》るまでである。それで死ねば軍人が戦場に出て死んだと同じ事で、仏法修行の為に死ぬほどめでたい事はない。それが私の本望であるから惜しむに足らぬ」というような事で長く議論をして居りましたが、同氏はどう留めても肯《き》かぬと見られたか若干の餞別を残して夜深《よふけ》に帰って行かれた。その外《ほか》にもいくらとめてみてもとまらんと言って涙をもって別れを惜しんで送ってくれた信者の方々も沢山ありました。世はさまざま、六月二十五日朝大阪を出立しその翌日朋友の肥下、伊藤、山中、野田等の諸氏に見送られ、神戸の波止場から和泉丸に乗船しました。その時に故国に別るる歌があります。

久方《ひさかた》の月のかつらのをりを得て
帰りやすらん天津《あまつ》日《ひ》国《くに》に

航海の快楽　郷里の親友信者が波間のボート中より各自に帽子あるいはハンカチーフを空に

神戸港頭の袂別

振りつつ壮快に西に向って進行するわが舟を見送りましたが、その後は和田の岬より古き親近《なじみ》の金剛信貴生駒《しきいこま》の諸山に別れてただ我が一心を主として行くこととなりました。門司《もじ》を過ぎ玄界灘より東シナ海を経てホンコンに着くまでは船長及び船員らと親しくなって時々法話を致しました。ホンコンでタムソンという英人が乗船した。彼は日本に十八年間も居ったと言うのでなかなか日本語をよく使う。彼は非常な耶蘇《ヤソ》教の熱心家で私と大変な議論が始まって船中の評判になった。なかなか愉快の事でありました。特に船員らは法話を非常に喜んで聞きましたから私も喜んで一つの歌がでました。

　御仏のみくににむかふ舟のうへ
　　のり得る人の喜べるかな

藤田領事を訪う　七月十二日にシンガポールに到着しました。同地の扶桑《ふそう》館という宿屋に着いて十五日に日本領事館へ尋《たず》ねて行きました。その時分の領事は藤田敏郎という方で、領事は私の行く前からもはや私の乗って行った和泉丸の船長の話でチベット行のためにこの地方を過ぎるということを知って居られた。で「あなたはチベットに行かれるそうだがどういう方法で行かれるか。チベットに行くのは非常の困難だ。福島さんでさえダージリンまで行かれてどうもチベット行は非常の困難だといって帰られた位だからむろん駄目な事であろう。まあ軍隊を率《ひき》いて行くかあるいは乞食になって行かれるか、どっちか知らんですが一体どういう風にして行かれるか」という問であったです。「私はもとより僧侶の事で軍隊を率いて行くという事は思いも寄らぬ。よし率いて行くことが出来るにしたところが私はそういう事は望まない。出家は乞食をして行くのが当り前ですから乞食になって出掛けて行くつもりです。どうせ今からこうああと充分方法を考えて置きましたところがその方法がはたして間に合うか合わぬか分らぬから、到る処に従いその機に応じて方法は自《おのずか》ら生じて来るであろうと思って居りますからこれから出掛けて行きます」といったところが、領事はどうも危ないというような様子で手を拱《こまね》いて居られました。

門出に奇禍《きか》を免る　七月十八日に一つの出来事が私の宿屋に起った。実に危ない話で私が死ぬべきところを助かった事ですからここに述べて置きます。私は出家の事とて一切到処皆帰《いっさいとうしょかいき》道場《どうじょう》という考えでこの宿屋でたびたび説法《せっぽう》をしました。ところが宿の主人は特別に優待せられて毎日湯を沸かすと一番新湯に入れといってくれるです。それが泊って居る間例のようになって居りました。この日もやはり例のごとく湯が沸きましたからお入り下さいと女中が言って来た。その時に私はお経を読んで居りました。すぐに出掛けて行ってもよいのですがなんだかぐずぐずして居りました。するとまた女中が来て「あなたがお入りになりませんと外の方が入りますからどうか早くお入り下さい」という。はいはいと答えをして置きながら私はその儘《まま》坐り込んで居りました。

ところが暫くすると轟然《ごうぜん》と酷《ひど》い音が聞えてその家が震え気味になったです。「はてな地震じゃあないか知らん。事によると外に出なくちゃあならん」と思ってずっと外の方を見て居りますと、別に地震の揺った様子でもないけれどもその音は非常で俄《にわか》に人が騒ぎ出しました。そこで様子を聞くとこの宿屋の風呂場《ふろば》が堕《お》ちたとのことで、一体その風呂場は二階にありますがシンガポールの家は随分二階と下の間が開いて居りましてほとんど一丈《じょう》もあるように見受けます。そんなに開いて居る二階からしてその風呂場が落ちたという始末《しまつ》。それへ指して私が入らなかったものですからある日本の婦人が先に入って居りますとどういうはずみか風呂と共にその婦人が落ちてしまった。で柱なり石なりがその人の頭といわず身体といわずそこらを打ちまして気絶してしまいました。非常な負傷《けが》をしたそうで私はお気の毒で婦人の傷《きず》を見に行くこともようしなかったですが、直《すぐ》に病院へ連れて行きました。その後死んだかどうかその婦人の事については聞きませぬが、ある人はどうもむつかしいといって非常に歎いて居られた。

もし私がこの時に女中の報知のままに直に湯に入りますれば確かに死んで居ったかあるいは死なぬにしろ不具《ふぐ》の身となってとてもチベット行を満足することが出来なかったに違いない。幸いにこういう奇禍を免れる事の出来たのもこれまたチベットへ入って奇禍を免れ安全に故郷へ帰って来られるという前兆《ぜんちょう》になったかも知れない。気の毒なのはその婦人で私の身代りにそういう難《なん》に陥ったようなものでございます。その後ダージリンにおいて聞くところによるとシンガポールの宿屋は非常に困ったそうです。それは板や柱の腐れ掛った所は土やペンキを塗って胡魔化《ごまか》してあるからちょっと見ただけでは分らぬといって、警察の役人が槍を持って来てズブズブ突き通して少しでも怪しい所があると皆取り換えさせたそうです。これはもとより当然の事でありましょう。

サラット師を訪《と》う　七月十九日英国汽船ライトニングに乗りペナン港を過ぎて七月二十五日

にカルカッタ市の摩訶菩提会《マハーボーデソサイティ》に着きそこに数日逗留《とうりゅう》して居りましたが、同会の幹事でチャンドラ・ボースという人があります。その人が私に向い「あなたは何の目的でこちらにお越しになったか」という尋ね。「私はチベットに行くのが目的でチベット語を研究するために参りました。」「それには大変好い所がある。チベットで修学した人で今チベット語と英語の大辞典を著しつつあるサラット・チャンドラ・ダースという方がダージリンの別荘《べっそう》に居る。そこへ行けばあなたの便宜を得らるるだろう」という。「それはよい都合《つごう》であるからどうか紹介状を下さらぬか」と頼んで紹介状を貰い、八月二日に在留日本人に送られてカルカッタより汽車に乗って北に向い広大なる恒河を汽船にて横ぎったり、また汽車に乗って椰子《やし》の林や青田の間を北に進行しました。我が国で見ることの出来ない大きな蛍が沢山飛んで青田の水にうつる影のおもしろさ。それがちょうど月が西原に沈んだ後の事でござりました。御仏《みほとけ》の昔も思い出でまして

御仏《みほとけ》のひかり隠れし闇ながら
猶《なほ》てりませと飛ぶほたるかな

翌三日の朝シリグリーというステーションで小さな山汽車に乗り替えました。その汽車が北に向ってヒマラヤ山にだんだん上《のぼ》りました。欝茂《うつも》せる大林すなわちタライ・ジャンガルを過ぎて汽車の紆曲《うきょく》することは大蛇のごとく、汽関車の声は幾千の獅子の奮迅《ふんじん》もかくやと思われるほどで山谷を震動して上りました。山道五十哩《マイル》を上りまして午後五時頃ダージリンに着きましたが、カルカッタよりは三百八十哩を経《へ》たのであります。停車場《ステーション》からダンリーという

山駕籠《やまかご》に乗って直にサラット師の別荘〔ラハサ・ビラ〕に参りましたが、大変立派な別荘で私はそこへ泊り込むことになりました。

第四回　語学の研究

サラット居士《こじ》の助力　私がサラット師の別荘へ着いた時にはインドのアッサム地方が大地震で、やはりダージリンもその地震の影響を受けたために家が大分毀《こわ》れたり歪《ゆが》んだりしていた。で、ちょうどその普請中《ふしんちゅう》でありました。その翌日直《すぐ》にサラット居士と共にグンパール【Ghoompahl】という所の寺に住んで居るモンゴリヤの老僧を尋ねました。この老僧はその時分七十八歳でなかなかの学者です。その名をセーラブ・ギャムツォ（慧海《えかい》）といって私と同じ名の人であった。その名に因《ちな》んで大いに悦《よろこ》ばれだんだん仏教の話も出ましたけれども、私はチベット語の一つも知らずサラット居士の通弁で幼稚な英語をもって話をしただけであります。その時に始めてこのお方からチベット語のアルファベット〔字母と母音の符号〕を学びました。それから毎日三哩〔四〕あるこの寺へ通うてチベット語を勉強致しました。一月ばかりやって居りますとサラット居士は私に対し「あなたはチベットに行くというけれどもそれはもう止《よ》しにするがよい。実に困難な事である。しかしその困難を犯しても成就《じょうじゅ》すればよいけれどもまず絶望の姿である。だから止すがよい。もちろんチベット語の研究はここで充分出来るからその研究をして日本へ帰れば充分チベット語学者として尊崇を受ける訳じゃないか」という話でありました。

「しかし私はチベット語学者として尊崇を受けるためにチベットに行くのじゃあございません。仏法修行のためですからどうしても行かなくちゃあならぬ必要があります」というとサラット居士《こじ》は「必要はあったところで到底成就しない事に従うのは詰らんじゃないか。行けばまあ殺されるだけの分《〔事〕》だ」という話。「しかしあなたはチベットに行って来たじゃあございませんか。私とても行かれぬ訳はないじゃあございませんか」と詰問《きつもん》しますと「それは時勢が違っている。今日はもう鎖国が実に完全になったから私とてももう一遍行くことは出来ない。その上私はよい方法を求め通行券を得てかの国に入ったのであるが、今はとても通行券を得ることは出来ないからそういう望みは止しにしてただ勉学だけして日本に帰る方が得策です」といって親切に勧められた。「私はとにかくチベット語を学ばなくちゃあなりませずその上にただチベット仏教の学問だけ研究してもつまりませんから、どうか俗語をも学びたい。さもなければかの国に入るに困難ですからその俗語を学ぶ方便《ほうべん》をして戴《いただ》きたい」と言って頼みますと仕方がないと諦めてかサラット居士は早速引き受けてくれました。

その別荘の下に小さな美しい二軒家があります。その家はラマ・シャブズン【Shabdung】という方の家です。けれどもそのお方はその頃市場の方に住んで居られてその家には居りませぬ。それをわざわざサラット居士が呼び寄せて「あなたの家内一同ここに引き移って、このジャパン・ラマにチベットの俗語を教えてやってくれまいか」と頼みますと、快く承諾してそのラマ・シャブズン師は家族と共にその家に引き移り私もその家へ寄寓することになりました。で、その俗語を習う月謝はもちろん私が払いますので、その上私はダージリンに在る官立学校へ通ってチベット語の教頭ツーミ・ウォンデンという人から正式のチベット語を学ぶことにしました。それらの学問に関する入費は皆私が払ったけれども食物は総《すべ》てサラット居士が特に施してくれた。私はそれに対し相当の代価を払うつもりで金を持って行きましたけれどもどうしても取ってくれない。「あなたのような清浄の僧に供養《くよう》すると私共の罪業が消滅して大いに福禄を増すことになるからぜひ受けてくれろ」という。私はもちろん金がなくって学問をして居るのですからせっかくの親切を無にするてもないと思ってその供養を受けることにしました。私がダージリンに着いた時分にはわずかに三百円しかなかったけれども家の借賃と月謝と書物代に小遣《こづかい》だけですからその金で一ヵ年半を支うることが出来た。もし食費を払うとすれば月に五十円位ずつはどうしても要《い》りますから五、六ヵ月しか学ぶことが出来んのです。

俗語の良い教師は子供　まことに好都合の事は昼は学校に行って学問上のチベット語を研究し夜は家に帰って俗語を研究することで、その上また学校へ行くまでの間にも朝御膳《あさごぜん》の時にもやはりその言葉を学ぶというような訳で俗語の進歩は非常に早かった。俗語を学ぶにはその国人と同居するに限ります。日に二時間三時間ずつ教師を聘《へい》して学んだところが到底本当の事は出来ない。同居して居ると知らず知らずの間に覚えることも沢山あります。その中にも殊に俗語の良い教師は男子よりも女子、女子よりも子供で、子供と女子とはどこの国語を学ぶにもそうですが、発音の少しでも間違ったことは決して聞き棄《す》てにはしない。あなたの言うのはこういう風に間違って居るとか、どういう風に間違って居るとか、何遍か言う。それがまた面白いと見えて私のよく言い得ない事は向うから発音して聞かせる。こちらは一生懸命になって口の開き方、舌の使い方、歯の合せ方を見ましてその音を真似ようとするけれどもなかなかいけない。ようやくに真似ることができたかと思うと一日経つとまたその音が出なくなってしまうというような訳で毎日笑われます。その笑われるがために俗語の発音の進みが案外早かったです。

　そういう風にして一生懸命学んで居るものですからわずか六、七ヵ月で一通りの事はまあチベット語で話せるようになった。かえって英語で話をするより楽になりました。日本では英語を二年余一生懸命に学んだけれども外国に出て見ると一向間に合わない。しかるに英語よりむつかしいかと思うチベット語がわずか六、七ヵ月学んだだけでちょっと話が出来るようになったというのも全く子供や女が喧《やかま》しく教えてくれたからでしょう。チベット語が分るに従ってチベットの事情を聞く事は毎晩の事で、殊にラマ・シャブズン師は非常な話好きで得意になって自分の難儀した話をされた。このお方はチベットで名高いセンチェン・ドルジエチャン（大獅子《おおしし》金剛宝《こんごうほう》）というチベット第二の法王〔パンチェン大ラマ〕の教師をして居られたお方の一弟子《でし》であります。この大獅子金剛宝《センチエン・ドルジエチヤン》という方は大変高徳な方でチベットではこのお方ほど学問の勝《すぐ》れた方はないという評判であった。サラット居士《こじ》がチベットに入った時このお方についてほんのわずかの間チベット仏教を学んだそうです。ところがサラット居士がインドに帰ってから英領インド政府の命令でチベットの国情を取調べに来たのであるということが発覚して、サラット居士に関係あった役人すなわち窃《ひそか》に旅行券を与えた者及び旅宿その他の者が獄に下された。その際にこの高徳なる大ラマも死刑に処せられる事になりました。その時の哀れな有様を聞いて私は思わず落涙致しました。ちょっとそのお話を致しましょう。

第五回　尊者の往生

大獅子尊者《センチエン・ドルジエチヤン》　当時チベット第一の高僧大獅子金剛宝は下獄の上死刑の宣告を受け而《しか》して死刑に処せられた状態を聞きますに、実に仏教の道徳を備えた御方《おんかた》はかくもあるべきものかと人をして讃嘆敬慕の念に堪えざらしむる事がございます。私の説くところはただにその弟子のシャブズン師から聞いたばかりでない。その後チベットに入りラサ府において確かな学者から聞きましたものでその話の中にはなかなか感ずべき事が沢山《たくさん》あります。始めサラット居士が帰るや否やチベットに流説が起りました。その時分に大獅子尊者はもはや自分に禍《わざわい》の及ぶことを自覚して居られたけれども、ただ自覚して居られただけでその罪から身を免れるということもせられなかった。その尊者《そんじや》の意見なるものを聞くに「私はただ仏教をチベット人に伝うるのみならず世界の人に伝うるのが目的であるから、仏教を教えただけで決して彼が仏法を盗みに来たとかあるいはまた国内の事情を探りに来たということについては一つも私の与《あずか》り知らぬ事である。またそういう素振《そぶり》も見えなかった。我は我が本分を守って仏教を伝えたが為に罪ありとして殺されるならばぜひもないことである」と言って自若《じじゃく》として居られたそうです。

この尊者《そんじゃ》は実に尊いお方で既にインドの方にも仏教を拡めたいという意見を持って居られたそうです。というのは「もと仏教はインドの国から起ってチベットへ伝播《でんぱ》されたものである。しかるに今はかえってインドでは仏教が跡を絶ってしもうてその影すらも見ることが出来ない。これ実に仏陀及び祖師に対し我々が黙視《もくし》するに忍《しの》びないことである。どうかインドの国へ仏教を布《し》きたいものである」という考えを持って居られた。それはただ考えだけでなくそれがためにわざわざ人をインドの方へ派遣《はけん》された。今ダージリンのグンパールの寺に居らるる蒙古《もうこ》の老僧セーラブ・ギャムツォ師もやはりその派遣者の一人であります。その外にも同尊者の命を受けて来た者があったがそれほど功をなさなかったという。同尊者はただに人を送るのみならず経文及び仏像、仏具等をインドの方へ送られて仏教を布くの材料に供せられた。それらの点から考えても尊者は宗派的あるいは国際的関係を離れて全く仏教の真面目《しんめんぼく》の意味を世界に布教したいという考えを持って居られた尊いお方であります。

日本の僧侶の中には外国布教の考えを持って居る者は沢山ありますが、チベットのごとき厳重なる鎖国においてそういう考えを懐《いだ》いて居らるるというのは真に尊い事であります。こういう尊い心の方であるからサラット居士《こじ》が行かれた時分にも快く仏教を教えてくれたのでありましょう。しかるに政府部内にはこの学識深遠にして道徳堅固なる尊者を嫉《ねた》む者があって、何か折があればこの尊者を亡き者にしたいという考えを持って居る人も沢山あったそう

です。ところへそういう風説が起ったものですからこれ幸いとその風説を元としてダージリ

ンの方に人を派遣し、だんだん取調べさせたところが、もとより事実でもありかつサラット

博士は英領インド政府の依頼を受けて行ったに違いないから事実通りに確かめられて直ちに

尊者は捕えられて入獄の身となり、またサラット居士に関係のあった他の役人らも皆入獄さ

れた。で罪状いよいよ定まって尊者は死刑の宣告を受けました。それは「外国の国事探偵を

その寺に任せしめてチベットの密事を漏洩《ろうえい》したるが故に汝を死刑に処す」という宣告であり

ます。

高僧の臨終　で、その宣告を受けて死刑に処せられた日は我が明治二十年の陰暦六月の何日であったか日は分らないが、六月の某日に同尊者はチベットの東方にコンボという国があってその国にコンボという大河があります。実はブラマプトラ川であるがコンボの領内を流れるからその土地の人がコンボ川と名づけて居るです。前にも申した通りいつもその第一弟子のシャブズン師が処刑当時の状況を話します時分には、その情真に迫って悲哀の感に堪えぬ様子で私も思わず涙を流して聞いた事でございます。当日尊者はそのコンボ河畔の大なる巌《いわ》の上に白装束のまま坐《ざ》せられて居ります。そこはいわゆる死刑に処する場所でありますので、尊者は静かにお経を読まれて居った。すると死刑の執行者は「何か望みがあれば言って戴きたい。また何か喫《あが》りたい物があるならば言って戴きたい」と申し上げたところが「私は何も望むことはない。ただ経文を少し読まなくてはならぬ。経を読みおわると私が三たび指を弾《はじ》くからその三たび目に私をこの川の中に投じてくれろ」と縄に掛りながら仰せられ、暫

大獅子金剛大ラマの水刑

く経文を唱えて居られたが神色自若《しんしょくじじゃく》として少しも今死に臨むという状態は見えない。ごく安泰に読経《どきょう》せられて居ったそうです。

その節この尊いお方が、人に憎まるるためにわずかの罪を口実に殺されるというのはいかにもお気の毒な事であるといって見送りに来て居った人が沢山ありまして、それらの人は皆涙を流して尊者の巌上にござるのを仰ぎ見る者もない位で、中には地に俯伏《うつぶ》せになって大いに声を挙げて泣き立てる者が沢山あったそうです。ただその諸人が泣くのみかその日の空は曇って霏々《ひひ》として雨が降り出しました。これ天地もかかる道徳堅固の尊者を無残にも水中に投じて死刑に処するということを悲しむにやあらんと思われるほど、空の色も陰鬱《いんうつ》として哀れげなる光景を呈して居ったそうでございます。元来尊者は身に赤色の三衣を纏《まと》わねばならぬ御身分ですが、罪人となって白い獄衣を着けて居られる上に荒縄で縛られたまま静かに坐禅して経を読んで居られましたが、やがて経を読みおわり縄目の間から少しく指を挙げて一度爪《つまび》弾きをされたその時は、岸辺に群がる見送人は一時にワーッと泣き出したそうでございます。

天人の悲嘆　尊者は弾指《だんし》三たびに及んでもはや我を死刑に処せよという合図を致しましたが、死刑執行官吏は自分自ら尊者に手を掛《か》けて川の中へ投げ込むに忍びず潸然と涙を流して見送人と共に嘆《なげ》きに沈んで居る様はいかにも悲惨の状態であったです。ところで尊者は静かに言わるるには「もはや時が来たのにお前達は何をして居るのか早く我を水中に投ぜよ」と促されて、立会官吏も泣きながら尊者の腰に石を括《くく》り付けその石と共に静かに川に沈め暫くして上に挙げて見ますと、尊者は定《じょう》に入られたごとくまだ呼吸を引き取って居りませぬ。そこでまた一度沈めた。もうお逝《かく》れになったろうと思って挙げますとまだ定《じょう》に入って居らるるようで死に切りませぬ。

この体《てい》を見るより見送人は「この際どうか助ける道がないものか」と歎《なげ》いて居りますと、死刑執行者も大いに歎いて今度は沈めることをようしなかった。その時に当り尊者は静かに両眼を開き役人に向っていわるるには「汝《なんじ》らは決して我が死を歎くに及ばぬ、我が業力《ごうりき》ここに尽きて今日めでたく往生するのは取りも直さずわが悪因業《あくいんごう》ここに消滅して今日より善因業を生ずるのである。決して汝らが我を殺すのでない。我は死後チベット仏教のいよいよ栄えんことを希望するのみである。早く水中に沈めてくれるように」とせき立てられて役人達は泣く泣く水中に沈めて上げて見るともはやお逝《かく》れになって居ったという。それから尊者の死体を解いて手は手、足は足で水に流してしまったそうです。私はこの事を聞いて悲しみに堪えられなかった。私がもしチベットに入って後にまたこんな悲惨な事が起るような訳ではどうも行くに忍びない。どうぞチベットへ入っても後にかかる惨事の起らないようにしたいものであるという考えはこの時からして私は充分に持って居りました。かくも仏道を拡むる事を本趣意とせられて居る尊《とうと》きお方が、かかる奇禍《きか》を買い悲惨なる処刑に遇いながら人を怨まず天をも咎《とが》めず自若として往生《おうじょう》せられたという尊者の大量に至っては、これ仏教者の共に欽《きん》慕《ぼ》すべきところでございましょう。

第六回　入蔵の道筋〔チベット入りの道筋〕

祝聖の儀式　明治三十一年の一月一日には例年のごとく祝聖の儀式を挙げ、天皇皇后両陛下及び皇太子殿下の万歳を祝するため読経致しそれから一首の歌を詠《よ》みました。

ヒマラヤに匂ふ初日の影見れば
　御国の旗の光とぞ思ふ

この一年間は実に昼夜チベット語を専門に修める事ばかりに費やしました。その結果として大抵これならばまあチベットへ行っても差支《さしつか》えあるまいというだけ俗語の研究も学問上の研究もほぼ出来て来ましたから、いよいよ翌明治三十二年にチベットへ行くという決定を致しましたけれども、道は

いずれの道を取るか　ということについて自ら調べなければならぬ。その道についてはダージリンから直《じか》に東北に出でニャートンを通って行く道もあり、その横に桃渓の間道【Khambu-Rong】もあります。それからまたカンチェンジュンガという世界第二の高雪峰の西側を通ってワルンというチベットの国境へ出て行く道もあり、その外《ほか》にシッキムから直に〔カンバ城に〕入って行く道もありますけれども、いずれも関所もありあるいは関所のない所には番兵が見張をして居りますから容易には入れない。サラット博士の説では「ニャートンの関所へ掛り、我は日本の仏教徒で仏教修行に来た者であるから入れてくれろといって

懇切《こんせつ》に話をすれば入れてくれぬ事もあるまい」といわれたけれどもそれは到底駄目《とうていだめ》です。私がチベット人について充分研究したところによるとそういう方法は取れない。その外にブータンとネパールとの両国について道を発見することが出来る。

その両国の中私にとって最も利益の多い道はネパールの方であります。ブータンには仏陀の古跡もなければまた研究するものも少ない。もっともチベット仏教の高僧の旧跡などはありますけれどもそういうものは私にとっては余り貴重〔必要〕の事でもない。ただ必要なのはネパールにはいろいろの仏跡もありまたサンスクリット語の経文もあり、よしチベットに入り得られぬまでもこれらを取調べに行くということはよほど有益な事であります。殊にこれまでは欧米人が入って居るけれども日本人でネパールへ入った者はまだ一人もないのでございます。我々の研究する価値のある国ですから道をネパールに取ることが最も必要であります。で、いよいよ

道をネパールに取る　ことにきめました。そこで直にダージリンから西に進んでネパールに行くことができれば美しい山水の景色を見ることもでき、また仏跡にも参詣することができて誠に好都合ですけれどももまた危険な事があります。このダージリンに居るチベット人はかねて私がチベットに行くためにチベット語を研究して居るということを皆聞き知って居るのですから、私がチベットの方向に向って出立すれば必ず跡を跟《つ》けて来て私を殺すかあるいはチベットまで一緒に行って、チベット政府へ告口《つげぐち》をすれば賞金を貰《もら》うことができるという考えで注意して居る人が随分あったです。それゆえにその追跡を免れるためには是非とも外

の方法を執《と》らなければならぬ。そこで私はサラット博士だけにはチベットへ行くという秘密を明かしたけれども、その他の私に語学を教えてくれたラマ達には俄《にわか》に用事ができて国へ帰ると告げてダージリンを出立しました。幸いにその時には国の肥下、伊藤、渡辺諸氏の尽力で六百三十ルピー送ってくれましたから、その金を持って一旦カルカッタへ参りましたのは明治三十二年の一月五日であります。その出立の時分に一首浮びました。

いざ行かんヒマラヤの雪ふみわけて
　法《のり》の道とく国のボーダに

ボーダというのはチベットの国の名でサンスクリット語でそういうのであります。

第七回　奇　遇

菩提樹下の坐禅　私はダージリンからカルカッタに着きいろいろ旅行用の買物をしましたが、その時にネパール国政府の書記官で今はチベットへ公使に入《〔行〕》って居るジッバードル【Jibbahadur】という人からネパール国に入ってから都合よく行くようにとのことで、二つの紹介状をネパールのある紳士に当てたのを貰うことができました。その月の二十日頃ブダガヤに参りました。その当時ブダガヤにダンマパーラ【Dhammapala】居士《こじ》が来て居られて、いろいろ話しましたが、折柄居士は「あなたがチベットへ行くならば法王にこの釈迦牟《しゃかむ》尼《に》如来《にょらい》のお舎利《しゃり》を上げて貰いたい」と言って舎利をおさめた銀製の塔とその捧呈書とそれから貝多羅葉《ばいたらよう》の経文《きょうもん》一巻を託《たく》されました。でダンマパーラ居士の言われるには「私も一遍チベットに行きたいけれどもなかなかあちらから来いというような許しでもなくてはとても入って行くことは出来ないだろう」と言うような話でありました。私はその夜ブダガヤの菩提樹《ぼだいじゅ》下《か》の金剛《こんごう》道場で坐禅を致しましたが実に愉快の感に堪えなかった。釈迦牟尼如来が成仏《じょうぶつ》なされた樹の下で私がまた坐禅することの出来るのは実に幸福《しあわせ》であると我を忘れて徹夜致しましたが、菩提樹には月が宿りその影が婆娑《ばさ》として金剛坐《こんごうざ》の上に映って居る景色は実に美しゅうございました。その時に

菩提樹の梢《こずゑ》に月のとゞまりて
明けゆく空の星をしぞ思ふ

という歌を詠じました。二日逗留《とうりゅう》の後ブダガヤから北に向い汽車でネパールの方へ出掛けました。一日一夜を経てネパールの国境に近いセゴーリという所の停車場に一月二十三日の朝着きました。その停車場から向うへ二日行けばネパールの国境に着くのですがそれから先は英語も通用しなければチベット語も通用しない。インド語を知って居れば進むに差支《さしつか》えはない訳ですけれども、私はインド語もよく知らなければネパール語も知らない。ネパール語を知らんでは何一つ物を買うことも出来ず道を尋《たず》ねることも出来ぬ。唖《おし》の旅行ではとても目的を達することはできないから、まずこのステーションに止まって幾分かネパール語の練習をしなければならぬ必要が生じたです。

ネパール語の俄稽古《にわかげいこ》　幸いにセゴーリの郵便局長をして居るベンガル人が英語も知って居れ

ばネパール語も知って居りますからその人に就《つ》いて学び始めた。まあ盗人を捉えて縄を綯《な》うような話です。けれども今日までは専らチベット語ばかり学んで居りましたから外の言葉を学ぶ暇がなかった。学んだ所は一々手帳に記し道を散歩しつつその手帳を頼みにネパール語の復習をするのですが、私がそこに着いてその翌日例のごとくネパール語の復習をしつつ散歩して居りますと、汽車から上って来た人の中にチベット服を着けた四十恰好《かっこう》の紳士と同じくチベット服を着けた五十余りの老僧とその下僕《しもべ》ともいうべき者が二人、都合四人連の一行がこちらを指して来るです。「こりゃよい所にチベット人が出掛けて来た。どうかこの人に一つ話をつけて一緒に行くような都合になればよいが」と思いましてその人の端《はた》に行き「あなたはどちらへお越しですか。」「私共はネパールの方に行く」という。「それじゃああなたがたはチベットから来たのですか。」「いやそうでもないけれどもこの中にはチベットから来た人も居る」という。で私に向っていいますには「あなたは一体どこか。」「私はシナです。」「どちらからお越しになったのか。海の方から来られたかあるいは陸の方から来られたか」という。

ここでもし私が海の方から来たといいますと彼らの疑いを受けて私は到底ネパール国にも入ることが出来ない位置に在るのです。というのはこの時分に海の方から出て来るシナ人はすべてチベットには入れぬ事になって居ります。陸の方から来たといえば大抵チベットから来たという意味になりますから、そこで私は「陸の方から来た」と答えて話をしつつ私の泊って居ります茅屋《あばらや》の方へ一緒に参りました。私の泊って居る所は竹の柱に茅葺《かやぶ》き屋根というごく粗末な家でその向う側にもまたそんなような家があります。それは皆旅人の泊る所ですが別段宿賃を払う訳でもなしただ薪代《まきだい》と喰物《くいもの》を買うてその代を払うだけの事です。その紳士の一行も向い側の茅屋《あばらや》に入ってしまいました。もちろんこの辺にはホテルなどという気の利《き》いたものもなくまた宿屋らしいものもない。その木賃宿が旅籠屋《はたごや》であるです。

奇智紳士を翻弄《ほんろう》す　暫くするとその紳士と老僧が私の所へ尋ねて来まして「時にあなたはシナ人であるというがシナはどこか。」「福州《フーチュ》です」というと「あなたはシナ語を知ってるだろうな。」こりゃ困ったと思いましたが「知って居ります」というとその紳士は大分にシナ語が出来ますのでシナ語を使い出したです。私はそんなに深く知らぬものですからちょっとした事しか答えは出来ぬ。甚だ困りましたが俄《にわか》に一策を案出した。「あなたの使って居るシナ語はそりゃ北京語だ。私のは福州の言葉ですっかり違うからとても話が分らぬ」というと紳士は「あなたはシナの文字を知って居るか。」「知って居ります。文字で話をしましょう」と言って鉛筆で書き立てますと彼には解《わか》る字と解らぬ字があったものですから「こりゃとても文字でも話をすることが出来ぬ」という。

「そんならチベット語で話をしましょう」といってチベット語で話をすることになりまして、だんだん話が進みついに紳士は「あなたは陸から来たというがチベットのどこから来たか」と尋ねますから「実はラサ府からダージリンを経《へ》てブダガヤへ参詣《さんけい》に来たのであります」というと紳士は「ラサ府のどこに居られるのか。」「セラという寺に居ります。」「セラにジェ・ターサンのケンポ【Je Tatsang, Kenpo】（大教師）をして居る老僧が居るがあなたは知って居るか。」「そりゃ知らん事はない」といって、幸いに私がラマ・シャブズン師から聞いて知って居った事ですからうまく答えが出来たです。知って居る話ばかり聞いてくれればよいけれどもそうでないと化《ばけ》の皮が顕われますからあまりむこうから尋ね掛けないように機先を制して、かねてシャブズン師から聞いて居った機密《きみつ》の話を持ち掛けた。それはシャッベー・シャーターという方はこの頃自分の権力を張るために大分にテンゲーリンに対し悪意を持って居る様子であるという次第を説明したところが、紳士は大いに私を信じてもはや一点も疑いないようになりました。シャブズン師に聞いたお話が大分に活用できた訳でございます。

尋ぬる人に邂逅《かいこう》す　その紳士は語を改め「あなたはこれからネパールへ行くというが誰の所へ尋ねて行くか。これまで行った事があるか」という。「いや一度も行ったことはない。それゆえに紹介状を持って来ました。」「それはどこの誰からの紹介状ですか。」「実はカルカッタにおいてネパール政府の大書記官ジッパードルという人から紹介状を二通貰って来ました。その紹介状はネパールの摩訶菩提《マハーボーダ》の大塔《だいとう》のラマにあててあるのです。そのラマの名は忘れましたがその書面には書いてあります。このジッパードルという人は領事としてチベットに八年ばかり居って大変によくチベット語の出来る人です」といって委《くわ》しくその紹介状を貰った手続を話しますと、紳士は「そりゃ妙だ。その紹介状を書かれたジッパードルという人は私の友達だが一体誰に宛ててあるのか私にその書面を見せてくれまいか」というから「よろしゅうございます」といって荷物の中からその紹介状を出して示しますとジーッとその上書を見て居りましたが「こりゃ奇態《きたい》だ、この書面で紹介された主は私です」という。

偶然盗難を免る　ネパールで友達というのはなかなか重いことでほとんど兄弟というほどの意味を持って居ります。それゆえに友達と縁を結ぶ時分にも一種奇態の礼式《れいしき》があって、ちょっと婚礼のような具合に沢山御馳走を拵《こしら》え多くの親類縁者を呼び集めてその式を挙げます。委しい事はくだくだしいから申しませんがつまり酒を飲む人ならば互いに盃を取かわし下僕《しもべ》らにも相当の祝儀《しゅうぎ》をやらなくてはならぬ。そう言う式を挙げた上でなくては友達ということを許されない。その紳士と私の持って居る紹介状の主とはいわゆる親友の間柄であります。

僥倖《ぎょうこう》にもその紳士が大塔《だいとう》のラマだといいますから私は「誠に奇遇であります。どうかよろしく頼む」といいますと「就いては明日一緒に行くことにしましょうがあなたは馬か車に乗ってお越しになりますか。」「私はいずれでもよろしい」というと「あなたのようなよい同伴《つれ》を得たのに馬に乗って話もせずに走って行くのは面白くない。この間大分に面白い景色の所もあるからぶらぶら話しつつ歩いて行ったならばよほど愉快であろうと思うがそうしたらどうでしょう」とこういう話。「それは願うてもない幸い、そう願えれば誠に結構です。」というのは私の考えではそういう話の中にもネパールの国からうまくチベットに入る道を発見することができれば大いに便宜を得ることであるという考えで、大いに喜んでいよいよ一緒に行くことになりました。ところへその紳士の下僕《しもべ》が一人真っ蒼《さお》になって駈け付け「大変です、泥棒が入りました」というような訳で老僧と紳士は慌《あわ》てて帰ってしまいました。衣類と三百五、六十ルピー入って居た鞄《かばん》を一つ取られたそうです。後に宿屋の主人に聞きますとかの泥棒は大変私の物を盗もうとて、うかがって居たのだそうです。私の難を紳士が受けたようなもので、まことにお気の毒でござりました。

カトマンズまでの行路　その紳士の名はブッダ・バッザラ【Buddha Vajra】（覚金剛《かくこんごう》）その老僧はラサ府レブン【Rebung（Drepung)】大寺の博士でマーヤル（継子《ままこ》）というなかなか剽軽《ひょうきん》なお方でした。一月二十五日早朝から出立して平原を北に進んで行きました。翌日にネパール国境最初の関所でビールガンジという所に着《き》て、そこで私はチベットに居るシナ人として通行券を貰いました。その翌出立《しゅったつ》してタライ・ジャンガルという大林《だいりん》でヒマラヤ山の玄関というべき入口より少し前の村で宿りまして、その翌二十八日大林入口のシムラという村を過ぎて幅《はば》四里の大林を一直線に横ぎってビチャゴリという山川の岸にある村に着て宿りました。夜の十時頃日記を認《したた》めつつ荒屋の窓から外を眺めますと、明月皎々《こうこう》として大樹の上を照らして居るに河水潺々《せんせん》としてなんとなく一種凄寥《せいりょう》の気を帯びて居ります。時に大地も震《しん》動《どう》しそうなうら恐ろしき大声が聞えました。なんの声かと宿主に尋ねますとあれは虎が肉を喰ってから川に水を飲みに来て唸ってる声であるとのことを聞いて思わず一つの歌ができました。

月清しおどろにうそぶく虎の音に
　ビチャゴリ川の水はよどめる

その後二日間渓流《けいりゅう》あるいは林中《りんちゅう》あるいは山間《さんかん》を経《へ》てビンビテー【Binbiti】という駅に着きました。この駅までは馬車、牛車、馬も通りますけれども、ここからは急坂ですから歩行

ヒマラヤ山中虎声を聞く

かあるいは山籠《やまかご》でなくば行くことが出来ませぬ。私共はやはり歩行で朝四時から大急なる坂を上りましたが、ちょうど一里余上りてチスパニーという関所に着きました。ここには税関があって出入の物品に課税して居ります。また砲台《ほうだい》があって守備の兵士も大分居ります。そこで我らは取調べを受けましてチスガリーという峰の頂上に上りましたが、ここから始めて白雪の妙光皚々《がいがい》たるヒマラヤの大山脈が見えます。これはダージリンあるいはタイガヒルなどで見た類《たぐい》でありませぬ。非常に壮観なものであります。

その峰を超えてその夜はマルクーという駅に宿りまして、翌二月一日早朝チャンドラ・ギリーすなわち月の峰に上りまたヒマラヤ山脈の妙光を見まして少しく下ると、山間におけるネパール国の首府カトマンズ付近の全面が見えます。同行のブッダ・バッザラ師は山原中に二つの大金色を虚空に放つところの大塔を礼拝して私に示していいますには、かの一つの大塔は迦葉波仏陀《カッサパぶつだ》【Kasyapa Buddha】の舎利塔で他の一つは尸棄《シキー》仏陀【Shikhi Buddha】の舎利塔であるといわれたから、私は大いに喜んで礼拝致しまして、その急坂を下りおわりますとブッダ・バッザラ師の出迎えとして馬二疋《ひき》に人が四、五名来て居りました。私共はその馬に乗りその村の近所へ着きますとまた二十四、五名の人が迎えに来ました。セゴーリという停車場からここまでおよそ五十里ほどであります。

第八回　間道の穿鑿《せんさく》

ヤンブー・チョェテンの由来　カトマンズの大塔《だいとう》村はいわゆるボーダという名で迦葉波仏陀《カッサパぶつだ》の大塔の周囲を廻って居るのであります。ブッダ・バッザラ師はすなわちこの村の長でまた大塔の主人であるです。このボーダの大塔をチベット語でヤンブー・チョエテン・チェンボ【Yambu Chorten Chenpo】という。ヤンブーはカトマンズの総称でチョエテン・チェンボというのは大塔というチベット語であります。チベットでは大なる塔のある所は直にチョエテン・チェンボというて居りますが、この塔の本当の名はチャー・ルン・カーショル・チョエテン・チェンボといいますので、これを訳すると「成すことを許すと命じおわれり〔おわる大塔〕」という意味でこのような名の起ったのには因縁《いんねん》のあることで、この大塔の縁起によりますと釈迦牟尼仏の前の仏で迦葉波仏がなくなってから後に、チャチーマという老婆が四人の子と共に迦葉波仏の遺骨を納めたとありますが、その大なる塔を建てる前にその時代の王にその老婆が大塔を建つることを願い出てその許可を受けました。

しかるにその後老婆と子供とが非常に尽力して大塔の台を築いた時分に、その時の大臣長者の人々は皆驚きましていいますには、かの貧困の一小老婆がかかる大塔を建てるとすると我らは大山のごときものを築かねば釣合の取れぬことだから、これは是非とも中止さすが好かろうと相談一決して王に願うてその次第を述べますと、王は答えて「既に我はかの老婆になすことを許すと命じおわれり。王者に二言なし、いかんともすること能わず」と。これによって「許成命了之大塔」という名になったのであります。しかしこの塔の出来たのは多分釈尊以後の事であろうと思います。〔ネパールが文殊菩薩によって開かれた後の事だと思われます。〕

毎年陰暦の九月中頃から二月中頃までチベット、モンゴリヤ、シナ及びネパール等から沢山な参詣人が来ます。夏季はヒマラヤ山中を旅行するとマラリヤ熱に冒されますから冬季に向ってから出掛けて来ますのでその中で最も多いのはチベット人であります。チベット人の中でも貴族とか郷士とかいうような参詣人はごく少ないです。一番多いのが巡礼乞食で、これらは糊口《くちすぎ》のために廻って歩くので冬分はこの大塔へ来て居りますが夏になればチベットの方へ出掛けて行きます。

入蔵間道を発見する方法　ここで私は一番肝腎《かんじん》な仕事は何かと言えばまずどこからチベットへ入ればよいかということです。ネパールへ来たとはいうもののネパールから入る道も沢山ありますからその道筋についてどこがよいかということを研究しなくちゃあならぬ。けれどもその事をブッダ・バッザラ師に明かす訳に行かぬ。というのは宿の主人《あるじ》は私はもちろん公道を通ってラサ府に帰りラサ府からシナへ帰るシナ人であると信じて居るからです。よしそれを明かしたところで、この人はやはりネパール政府のチベット語の訳官をして居るのですから、そういうことを知りつつ大王に申し上げない時分には罪になりましょうから、いずれ私が話をすればきっと大王に奏上するに違いない。さすれば私はチベットに行くことができぬようになりますから、そこで恩人ではあるがブッダ・バッザラ師に明かすことができぬのです。

ブッダ・バッザラ師は世間の人からギャア・ラマすなわちシナの国の上人《しょうにん》と言われて居る。というのはこの人の阿父《おとつ》さんはシナ人でネパールへ来て妻君を貰うてこの大塔《だいとう》のラマになったのです。このラマは旧教派に属して居ますからむろん妻君を貰うても差支えないのです。ギャア・ラマは私を同郷の人であると言うて大変好誼《よしみ》をもって世話をしてくれました。それはともかく私は外に何とか方法を求めて道を穿鑿《せんさく》しなければならぬ。幸いにこの大塔へ参詣に来て居る乞食の巡礼者はいずれも皆チベットから出て来た者が多い。これらについて道を尋ね研究することが必要であるという考えから私はそれらの乞食になるべくよけいの金銭を遣るようにしました。それも一度ならず二度も三度も強請《ねだ》らるるままにやるものですから大いに心服して、シナのラマはなかなか豪《えら》い方だと言って大いに私を信用するようになりましたからある時は私は「どうだ己《おれ》は名跡へ参詣したいが案内して行ってくれないか。」「ようございます。案内いたしましょう」という。その道々「お前はチベット人だというがこのネパールへ来るにどの道を通って来たか」と尋ねたところがテンリーから参りましたという者もあるです。

そのテンリーという道にもやはり三重、四重の関所があって容易に通り越すことが出来ない。で、その道筋の関所の在る所は間道を通っても容易に通れぬと言う。しかし関所の在る所を通って来る時分にはどうしても多分の賄賂《わいろ》を使わなければ通してくれぬということはかねて聞いて居りましたから、私はその巡礼に向い「お前は乞食の身分で関所のあるテンリーを通って来たというのは嘘だ。どこか間道から来たのだろう。そんな嘘を吐《つ》くに及ばぬじゃないか」と詰《なじ》りますと「あなたはよく御承知ですな。実はこういう間道があってそこを通って来ました。その道はあまり人の通らない所です」というようないろいろの話をするです。そういう話を聞いて居る間に道筋の幾つもあることが分って来たです。で一人の乞食に聞いた事を材料にしてまた外の乞食に向い「お前こういう間道を通ったことがあるか」と尋ねますと「その道は通らないけれどもニャアナム【Nyallam】の方にはこういう間道がありますす」というような訳でだんだん取調べて見ますとなかなか道が沢山あります。けれどもネパールの首府からチベットの首府まで達する間にはどうしても一つか二つ位本道の関所へ掛らなければ行かれない。例えばニャアナムの間道を取ればキールンの関所へは掛からずに済みますがその向うの関所で取り押えらるる憂いあり、またシャルコンブ【Sharkongpo】の間道を行けばテンリーの関所で取り調べられるというような都合でどうもうまく脱《ぬ》けることができない。

いろいろ穿鑿《せんさく》をしてみましたけれどもどうしてもネパールの首府からチベットの首府へ遠廻りをせずに行く間道はいずれも険呑《けんのん》です。必ずひと所か二所は関所を通らなければならぬ。そういう場合には巡礼乞食はどうするかというと一生懸命に頼み少しばかりの物を納めて通して貰うのだそうです。しかし私はチベットの乞食と違い押問答をして居る中には充分こちらに疑いを受けるだけの材料を備えて居りますから、そういう間道を通って行くことは甚だ危険であります。だんだん穿鑿をして居る中《うち》にここによい道を発見することが出来ました。しかしこの道は大変大廻りをしなければならぬ。普通なればネパールの首府から東北に道を取って行くのが当り前ですがそうでなく西北に進みネパールの〔国〕境のロー州に出て、ロー州からチャンタンすなわちチベットの西北原に出で、なお西北に進んでマナサルワ【Manasarovara】湖の方に廻り、一周してチベットの首府に行く道を取れば関所を経ずにうまく入れるという道順が分りました。これ実に私の取るべき間道であるとあらかじめ決定致しました。

第九回　ヒマラヤ山中の旅行（一）

入蔵の旅立　道はあらかじめわかりましたが何も口実なしにその道を通って行くと決めますと、どうもこいつは怪しい男であるという疑いをブッダ・バッザラ師に起される虞《おそれ》があります。しかるにここに口実として甚だよい材料を見出した。というのは、マナサルワ湖は経文にいわゆる阿耨達池《アノクタッチ》であるということについては学問上種々《しゅじゅ》の異論がありますが、とにかく普通の説に従えば阿耨達池であるという。その阿耨達池の傍に在る天然の曼陀羅《まんだら》なるマウント・カイラスは仏教の霊跡でありますから、その霊跡に参詣《さんけい》するという口実を設けて行くに若《し》くはないと考えました。で、ある時にギャア・ラマに向い「私は折角ここまで来たのにむざむざチベットを経《へ》てシナに帰るというのは誠に残念なことである。シナの経文の中にチベットにはマパム・ユムツォすなわち阿耨達池があって、その岸に聳《そび》えて居る山を蔵語でカン・リンボチエといって居るが、私はその山に参詣したいという願心《がんしん》が起ったからどんな難儀をしてもちょっと《〔ぜひ〕》行ってみたいと思うがどうでしょう。荷持《にもち》を頼むことが出来ますまいか」と言いますとギャア・ラマは「やあそれは結構《けっこう》な事だがお止しなさるがよろしい。行く道は大変困難でもあるし殊に西北原には道などはありはしない。私も是非一遍参詣したいと思って居るけれども第一容易に食物を得られないから行くには充分食物の用意もして行かねばならぬ。それに強盗が沢山居るから多くの同勢を連れて行かないと殺されてしまう。そんな訳で今まで延びて居るですがどうも荷持の一人や二人連れて行くのはつまり殺されに行くようなものですからおよしなさるがよろしい」と言ってだんだん私に説き勧められた。

　そこで私は「そりゃ殺されに行って死んでしまえばそれで役目が済みます。もと生れて来た限りにはいずれとも死んで行くのです。まず仏法のありがたい所に参詣するために殺されるというような事はこりゃ実にめでたい、結構な事であります。私は死ぬことはなんとも思わない。もし死ぬ時が来ればチベットの曠原《こうげん》で泥棒に殺されないでもここに豊かに暮して居っても死ぬにきまって居るから決して構わぬ。どうか荷持を世話をして戴きたい」と言ってだんだん私の決心を話しますと「それほどまでの御決心なら仕方がないからまあ一つ見つけましょう」と言って人をかれこれ捜してくれました。ところがカムという国すなわち泥棒の本場の国の人間ですけれども、大分に正直らしい巡礼を二人頼んでくれた。それに巡礼のお婆さんがある。そのお婆さんは六十五、六ですけれどもなかなか壮健《たっしゃ》で山を駈《か》け歩くことが出来ます。その三人と出掛けることになりましたが、ギャア・ラマはこの二人の荷持は親切にあなたに仕えるかどうかと見届けるためにツクジェ【Tukje（Tukuche)】という所まで送らせますからと言って人を一人〈ロドヱ・ニンポ。「大阪朝日新聞」一九〇二年十月九日〉つけてくれました。

山中の花の都　主従五人、私はギャア・ラマから買った白馬に乗って出掛けました。なかなか良い馬で、嶮岨《けんそ》な坂でもほとんど人が手足で登り駆けるかのごとくうまく進みました。ちようど三月初め方《かた》にカトマンズを出て山の中を西北に進み一日坂を登ってはまた一日降るというような都合で、里程およそ八十五里、十日の日数を経てポカラという山間の都会に着きました。ポカラという所はネパール山中では甚だ美しい都会であたかも日本の山水明媚《めいび》なる中に別荘が沢山建ててあるかのごとくに見えます。竹の林に花の山、新緑鬱茂《うつも》して居るその上に、魚尾雪峯《マチプサ》【Machipusa（Machhapuchhare)】より流れ来る水は都会の周囲を流れて遠く山間に流れ去るという。私が通った中ではネパール第一の美しい都会でありますが、その水の色は米の洗汁《とぎじる》のような色です。これは多分山間の土を溶かして来るのでございましよう。この都会はネパール国中で一番物価の安い所で、米などはごく安いのは二十五銭で四升位、普通二升五合位、それに準じて物も総《すべ》て安い。物産は銅で製した器具類。私はテントを拵《こしら》える必要がありますので六日ばかり逗留しましたが、二十五ルピー（一ルピーは六十七銭）で中で煮《に》炊《たき》の出来る位の広さのテントが出来ました。

それからポカラを後にして北方に進みましたがなかなか嶮《けわ》しい山で馬に乗れない場所が沢

山あるのです。それゆえにまず馬をわざわざ谷間に廻して半日位歩いてまた馬に乗るというような都合にして行ったです。ある日の事私の荷持は先に立ち馬を導いてくれるものですから、私は別段心も留《と》めず行く先々の事を考えつつ馬に乗って進んで行きますと自分の眼先に樹の枝が横たわって居ります。ハッと思ってその枝を避《よ》けようとする途端《とたん》に馬は進む。私は仰向けになるという訳でとうとう馬から落ちてしまいました。幸いに馬も気がついたと見えて走り上らずにジーッと踏み止まり、私もまた手綱《たづな》を放さずにしかと握って居りましたから、岩で痛く腰を打っただけで谷へは落ちませんでしたが、もしその時馬が驚いて駈け出すか、私が手綱を放しますと

千仞《せんじん》の谷間の鬼　と消えてしまったのでございます。これはいい塩梅《あんばい》だと思って立とうとするけれども、よほど酷《ひど》く腰を打ったと見えてどうしても立つことが出来ない。で、その山の頂上まで十丁程《ちょうほど》ある所を下僕《しもべ》二人に負《お》ぶさって昇りましたけれども、何分にも痛くて動けませんので二日ばかり山中に逗留《とうりゅう》いたし、幸いにカンプラチンキを持って居りましたから自分でよく腰を揉《も》んでそれを塗《ぬ》ったり何かしたので、格別の事もなく治ってしまいました。三日目に馬は谷間の方から先に廻し、私達は世に謂《い》う深山幽谷《ゆうこく》というのは真にこういう所を言うのであろうというような恐ろしい深山幽谷の間を歩いて参りますと、カックー、カックーという杜鵑《ほととぎす》の声が幾度か聞こえます。その時に

　ヒマラヤの樹《こ》の間岩間《まいはま》の羊腸折《つづらをり》
　　うらさびしきに杜鵑啼《な》く

そういう淋《さび》しい山の間《あい》を通って参りましたが、人は一日二日交わって居る間は誰も慎んで居りますからその性質等も分らんけれども、長く伴うに従って自《おの》ずからその人の性質も現われて来るもので、二人の荷持《にもち》のうち一人は非常に大きな男でごく果断な質《たち》、一人は甚だ温順ですがちょっと読み書きも出来るという訳で大分に自負心も強い。それが果断の人の気に喰わないで折々衝突が起ります。お婆さんの巡礼は正直な人で二人の荷持については何事も知って居るらしく見えます。私は誰にも同じように付き合って居ります。殊にそのお婆さんは大変に酒好きですから宿場に着くと荷持は申すに及ばずそのお婆さんにも同じように買って遣《や》ります。またいろいろ人からくれた物などがあると、殊に老人は可哀《かあい》そうですから沢山《たくさん》遣るようにして居りました。老婆はそんな事に感じたのかあるいはまた私が日に一度ずつ飯を喰《く》って少しも肉類を喰わぬということに感じたものか、何しろ大変私を敬《うやま》うて少しも巡礼視するような風が見えませんでした。で、そのお婆さんは何か私に秘密《ないしょ》で言いたいような素振《そぶり》が見えますが他の二人の男を憚《はばか》って居るらしい。

それから私が気転を利かしてある日お婆さんを先に立たして私は馬、二人の下僕《しもべ》は徒歩《かち》で出掛けましたが、彼らは荷を背負って居るのですから大分私より遅れ、私はとうとうお婆さんに追い付きまして共に話しつつ行きますとそのお婆さんは「あの二人の人たちはよほど後《あと》ですか」という。「そうさ二里位遅れて居るかも知れぬ。」「実はこの間からあなたに内々《ないない》申し上げたいと思って居った事ですが、実は彼の二人の荷持はあなたの身にとっては恐ろしい人です。一人はカムで人を殺しまた強盗をした人です。もう一人はそれほどにもないけれども喧嘩《けんか》をして人を殺した事のある人でどうせ二人とも人を殺すのを何とも思いはしません。しかし一人の温順な方はまさかそんな事はありますまいが、一人の方はあなたが西北原へお越しになればきっとあなたを殺してお金や何かを取るに違いありません。どうもあなたのような御親切な尊いお方がああいう悪い人のために殺されるかと思うとお気の毒で堪《たま》りませんからお話し致します」と言う。「なにそんな事があるものか。あの人たちは大変正直な人だ」といいますと、老婆は本気になりまして「南無三宝《クンジョスム》、もしこの事が偽《いつわ》りであるならば私に死を賜《たま》え」と証拠立てたです。これはチベット人の間に普通に行われて居る誓いの仕方であります。その上お婆さんのいうことは偽りであろうとも思われず、どうもその様子を見るに全く事実らしい。はて困った事が出来たとこれにはなんとか方法を廻《めぐ》らさねばならぬと考えました。

第十回　ヒマラヤ山中の旅行（二）

間道《かんどう》の守備　私は荷持二人を気遣《きづか》いながら四十里の路を六日間かかってヒマラヤ山中のツクジェという村に着きました。そこにはハルカマン・スッバという知事が居りますがその知事の宅へギャア・ラマの紹介で泊ることになりました。其家《そこ》へ泊って一両日経《た》ちますとギャア・ラマの好意で送られた下僕《しもべ》は、まあこの塩梅《あんばい》なら大丈夫でございましょうといって帰ってしまいました。けれども私はこの二人の下僕を追い払わなくてはチベット行を全うすることができぬと案じて居る矢先に、いろいろ話を聞きますとこれから北のロー州を過ぎて行く間道にはこの三ヵ月以前からチベット政府が五名の兵隊を置いて道を守らしむる事になったから、外国人あるいは風の変った人間は誰も入ることが出来ぬようになったという。それはこの間道ばかりでなくいずれの間道でも、人の一人でも通って来られるような所にはすべて五名ずつの兵隊に道を守らしむる事になったという噂《うわさ》、だんだん聞いて見ると事実で、とてもこの間道からチベット高原へ進むことが出来ぬようになりました。

危険極まる従僕を解雇す　ここに蒙古の博士でセーラブ・ギャルツァン（慧幢《えどう》）というお方が来て居りますが、なかなかの学者で僧侶《そうりよ》らに経文を教えて居る傍《かたわ》ら医者の真似をして居ります。その人がしばしば私の所へ遊びに来て話をしました。ある夜荷持二人が酒宴をして居りました揚句《あげく》喧嘩を始め、いよいよ悪漢の本性顕わして互いにその身の悪事を罵《のの》り合って居る所を聞くと、老婆の言う通りの悪漢でその互いに言うところを聞きますと、手前は強盗をして人を殺したに似合わず表部は猫のように柔和な姿をして居るが、時が来たら鼠を摑《つか》むようにシナのラマに荒い仕事をしようと考えて我を邪魔にするのであろうといいますと、一方はそりゃ手前の考えを手前にいって居るのだからよしおれが邪魔になれば退いてやろうというような事で、非常な争いをした揚句私の許《もと》に来て、彼が居れば私に暇をくれと互いに言いましたから、それを倖《さいわ》いに相当の礼金を遣《つか》わして断然その二人を解雇し、老婆にも小遣いとカタを与えて放してしまいました。

ところで私の執るべき方針は今直《ただ》ちに西北原へ進んだところが到底行けるものでない、といって後へ帰ることはむろん出来ない。なんとか方法を運《めぐ》らさねばならぬと考えて居ります中《うち》に、この間から私の所へ度々《たびたび》遊びに来る慧幢《ギャルツァン》博士はただに仏教上の学問あるばかりでなく文学上の学問もありますから、博士と相談の上私は博士にシナ仏教の説明をし博士は私にチベット仏教及び文学を教えるという約束で、博士の住んで居るロー、ツァーラン指して参ることにしました。その途中のチュミク・ギャーツァ（百の泉という意味）すなわちサンスクリット語にいわゆるムクテナート【Mukutinath】と言って居る霊跡に参詣致しました。

ヒマラヤ山中の霊跡

ムクテナートというのは首の蔵《おさ》め所という意味、すなわちマハーデーバの首を蔵めた所であるといって今インド教では名高い霊跡としインド教徒も仏教徒も共に霊跡として尊崇して居ります。百の泉というのは申すまでもなく百の泉から百条の水が流れ出るというところからそういう名を付けたので、なおその百泉という所にはサーラ・メーバル（土に火が燃る）、チュラ・メーバル（水に火が燃る）、ドーラ・メーバル（石に火が燃る）という名所があってなかなか名高い。どんな所かと思って行って見ましたところが、実に馬鹿気た話で縦二尺に横一尺位の岩の間に美しい泉がある。その水平線より少し上の岩の間に穴があってその穴から火が出るのですが、その火が水の上を匐《は》って上に騰《あが》るのです。愚民がこれを見ると全く水の中から火が燃えて出るように見えるのです。その他も皆そんなもので一向不思議《ふしぎ》な事はないが、この辺の山の一体の形を見ますと古昔《むかし》は噴火山があったのじゃあるまいかと思われるような形跡《けいせき》もあります。というのは雪の積《つも》ってある向う側には昔の噴火口の跡らしき池があるのみならず、この辺の岩は普通の山の岩と違って皆噴火山の岩

乗馬陥泥の難

であるからです。そこの参詣を済まし山を降ってカリガンガー【Kaliganga（Kali Gandaki)】という川の端に出て一夜を明かしました。

馬を泥中に救う　その翌日川に沿《そ》うて上りました。浅き砂底の川を対《む》うに渡らんとて乗馬のまま川に入りますと、馬は二足三足進んで深き泥の中に腹を着くまで陥《おちい》りました。私は早速馬より飛び下りましたが博士も馬上で驚いて居られたが、下馬していいますには馬はとても駄目だがあの荷物を取る工夫はあるまいかといわれました。そこで私は直《すぐ》に着物を脱いで山に少しく上りて大いなる石を一つ馬の居る側に擲《な》げつけましたが、馬は自分を打たるると思ってかびくびくして居りました。こんな事をしますのは大きな石を沢山泥の中へ入れて馬上の荷物を取るための足場を造るつもりです。ところでまた大きな石を前の石の上に擲げんとしますと馬は私の様子を見て非常に恐れて居りましたが、やがてズドンと一つ擲げますと馬は大変な勢いで飛び上って対《む》うの岸へ着きました。それから博士と共に博士の馬を渡す道造りに大石を泥中に沢山擲げました。およそ三、四時間土木業をやってようやくの事で自分らと博士の馬をも対岸に渡すことが出来ました。それからサーマル（赤土）という村に着きその翌日山の中をだんだん北へ北へと行きました。いわゆるドーラギリーの北の方に進んで行くのであります。

　ツクジエ村から下の山には松、杉の類がありましたけれどもこの辺にはそういう樹はなくてただ檜葉〔ねずの木〕が沢山生えて居るだけです。その檜葉《ひば》とても高さ一丈五、六尺から二丈位の樹があるだけでその外《ほか》には灌木《かんぼく》しかございませぬ。そういう雪山の中を五、六里ばかり参りますとキルンという小村がありますが、その村には柳の樹が大分に生えて居りました。外には別に変ったものはございませぬ。この辺に住んで居るのはチベット人ばかりでネパール種族は居りませぬ。ですからその屋根の隅々には皆白い旗を立ててありましてその旗には真言の文句を木版摺《ずり》にしてあります。これはチベットのどこへ行っても見ることが出来るので、たといテントを張ってある所でもそういうような旗が立ててあります。その村を通り抜けてだんだん北へ北へと雪山を進んで行きますとちょうど日が暮れたです。深い谷間には檜葉《ひば》の木が沢山生えて居りますが杜鵑《ほととぎす》は月の出たのを悦びてか幽邃《ゆうすい》なる谷の間より美しい声を放って居ります。

　　行き暮れて月に宿らむ雪山《ゆきやま》の
　　　淋《さび》しき空に杜鵑啼《な》く

ツァーラン村　やがてキミイ（福泉）という雪山の間の小村に着いて宿り、その翌日北に進んで行くこと四里ばかりにしてツァーラン村が見えます。もはやこの辺は西北原へ一日足らずで出られる所でありますから、雪山とはいいながらほぼ西北原と変らぬような有様で山はなんとなく淋しく樹は見えませぬ。私のツァーランに着いたのはちょうど五月中頃でございましたからようやく麦を蒔《ま》き付けた位でした。村の様子を見ますと四方は皆雪山をもって繞《めぐ》らし東西四里半、南北はごく広い所で一里半程の高原地にある村落で、しかして西の雪峰から東の方の谷間へかけてごく緩い斜線状になって居りますが、その斜線状に沿うて西の雪峰から流れ来る川があります。これがすなわちカリガンガーという大いなる川の源をなして居るのであります。

その川はツァーランという村の下を廻って南の雪峰の方に流れ去りその河岸《かがん》の遥か上に村があるのですが、その村のある一部に小高い山がある。その山の上にロー州の王の住んで居る城があります。ゴルカ種族がネパールを統一するまではこのロー州もやはり独立して居りました。その城と相対して大分大きな寺がありますが、これはチベットの旧教の一派でカルジクパ〔カーギュッパ〕という宗派に属して居るのです。で、その寺はやはりチベット風の四角形の石造りの堂で赤塗になって居ります。その本堂に沿うて建てられてある白塗の石造りの家屋はすなわち僧舎であります。その城と寺との西側の平地の間に当り大小三十軒ばかりの村が見えてあります。

第十一回　山家の修行

ツァーランの風俗　私は博士と共にいよいよ雪の山を踰《こ》えて行きますと広い原の入口に門が立ってあります。それは別段軍事上の目的で建てられたものでなくて、宗教上その門に仏を祭りあるいは神を祭りその村に悪神等の入り込まないように建ててあるところのものであります。ですから別段に門の両側に高塀があるとかなんとかいうようなことはございませぬ。ただ門だけ建てられてあるのです。その門の高さは四間ばかり、それに相応した大きさの石造りでありましてちょうど我が国における楼門に似て居ります。その門を通り抜けて半里ばかり行くとツァーラン村に着きました。博士はその村のある大きな家へ私を案内した。それがその村の長の家であります。前から我々が行くということを知らしてあったものと見えて、十四、五名も迎えに出て居りまして我々を導いて入ったです。チベットでもこの辺でも同じ事ですが少しよい家では別に仏堂を建ててあります。というのはこの辺でごく尊いお客さんといえばまずラマであります。そのラマを自分の住んで居る所に置くというのは穢《けが》れるだろうというところから、特に仏堂を設けて仏を祭ると共に自分の最も尊敬すべきラマの接待所にしてあるのです。

その堂の建て方も自分の家よりはよほど丁寧《ていねい》で中も綺麗になって居ります。その仏壇〔仏堂〕の傍《かたわ》らには特別に経蔵を設けまた仏像の中に経文を備えてあるところもある。これは何も自分たちが読むという目的よりは功徳《くどく》のためすなわち仏陀に供養《くよう》すると同一の敬礼をもって供養するためであります。いわゆる臨済《りんざい》の三乗十二分教〔経〕もその真を知らざれば故紙《ほご》に等しというような考えはチベット人には全く無い。解っても解らいでも仏法に対してはただこれを尊崇《そんそう》するというのがこの辺の人の習慣であります。その仏堂に私は住み込むことになりました。その仏堂の向いにまた小さな離れ家があって博士はそこに住んで居ります。で博士と私との御膳を拵《こしら》えるために一人の下僕《しもべ》を置きました。その村長の名はニェルバ・タルボと言って誠に温順な人で、その妻君は疾《とく》に逝《かく》れて二人の娘があるです。その頃姉は二十二、三で妹は十七、八、この二人の娘は日々男衆や女衆を使って牧畜あるいは農業をやって居る。その働きはなかなか感心なものです。さてこの村人の楽しみは何かというとやはり夜分歌を謡い踊を踊る位のもので、その外には折々摩尼講《マニこう》まあ日本で言えば念仏講とか観音講とかいうようなものでありまして、その摩尼講にラマ摩尼が出て昔の高僧とか仏法守護の大王の伝記などを詳しく説き聞かせるですが、それを聞きに行くのが無上の楽しみであるらしい。

汚穢《おわい》の習慣の修練　チベット人のごとくこの辺の人たちは非常に不潔であるいはラサ府の人間よりもこの辺の人間の方がなお汚穢です。ラサ府では折々洗うことがありますけれどもこの辺では私が一年ばかり居った間に二度位洗うのを見た位のものです。それとてもすっかり身体《からだ》を洗うのでなく顔と首筋を洗うだけですから、身体は真っ黒で見るからが嫌に黒く光って居ります。よく洗えば随分色の白い人もあるですが、もしもこざっぱりと洗って綺麗な顔をして居るとあれは不潔の女であるといって笑うです。ここで私はチベットにおいての汚ない事に堪える習慣をよほど養いました。もしここで充分その汚ない事に慣れなかったならば私はチベットに行ってよう物を喰い得なかったかも知れぬ。

ここでもやはり手洟《てばな》をかんだ手で直《じか》に椀を拭《ぬぐ》ってその椀に茶を注いでくれます。それを嫌がって飲まぬとむこうで忌《い》み嫌《きら》いますから忍んで飲まねばならぬような始末。実際はそれよりも酷い事があって実に言うに堪えない、見るに堪えない汚ない事をやります。折々はその習慣に慣れようと思いましてもいかにも不潔で窃《ひそか》に自分で茶椀なりあるいは椀なりを洗って喰うような事もあります。で私の仕事というのは毎日朝三時間ずつ博士に就いて講義を聞くだけです。しかし朝三時間の講義はむつかしいものを学んで居るから下調べもし復習もしなければならぬけれども、昼からの三時間はごくやさしい楽しみ半分の修辞学とかあるいは習字作文等が主ですからその時は折々議論をすることもあるのです。

奇怪なる修辞学　それはチベットの修辞学中には仏教上の事が沢山入って居ります。それも普通の仏説を応用して居るならば少しも怪しむに足らないですが、チベットには一種不可思議に卑猥《ひわい》なる宗教がありまして、その宗教の真理を修辞学に応用してあるのでございます。しこうして男女間の情交を説くのに仏と多羅尼《タラニ》、あるいは独鈷《どくこ》と蓮華《れんげ》との関係をもってし、またその蓮華の露の働きを男女の関係に及ぼしていろいろの説明をし、そうしてそのごく穢《けがら》わしい関係からして清浄無垢《むく》の悟りを開かしむるというような所に落し込んであるのです。こんな修辞学は恐らく昔はインドに在ったでしょうが、今はチベットに残って居るだけのことであろうと思われる。私は修辞学を非常に研究しましたが何しろそういう説明の仕方ですから博士と意見が合わんでしばしば激論したのであります。この両性交合教の開山は蓮華生《れんげしよう》【Padma Sambhava】という僧侶でありますが肉も喰えば酒も飲み八人の妻君を持って居った人です。その僧を清浄なる僧侶とし救世主として尊崇したのであります。

これは恐らく悪魔の大王が仏法を破滅するためにこの世に降《くだ》りかかる教えを説かれたものであろうと私は断定して居ります。ですから私は博士と意見は合わないので、博士は蓮華生その人は仏の化身であるということを信じて居ります。またこの辺の土民はこの穢わしい蓮華生の仏教を盲信することは実に酷《ひど》いもので、全くこの辺に行われて居るのは旧教ばかりで新教派は一人もない。博士はもと新教派の教育を受けたる清浄無垢の僧侶で、二十年間セラ大学で修行を為《な》し博士の名を得た人であるということは確かですけれども、女のために一旦その身を誤りそれがために蒙古に帰ることが出来ず、といってラサに住して居るのも面目ないというところからこういう山家に零落《おちぶ》れて、不潔な婦女子などを相手にして居るのだと村人はいいましたが、しかし非常に博学の人でありました。

第十二回　山家の修行（続）

博士との衝突　前回に述べた通り修辞学の上について博士と私との間に議論の起る事はしばしばで、ある時博士は怒って講義を罷《や》め「あなたは確かに外道《げどう》の人でチベットの仏法を破壊するために来た悪魔である。いくら金を貰《もら》ってもそういう悪魔に教えを説くことは出来ない」と言って二、三日講義を休んだことがあったです。私は打ち棄てて置くとモンゴリア人の癖として怒ることも早い代りにまたなおることも早い。暫《しばら》くすると忘れてしまって「いやこの間のことはあなたの言うのも少しは道理があるようだ。だんだん考えて見ると私の主張が間違って居ったようだ。まあ講義をやろうじゃないか」というてむこうから折れて来ます。「それじゃあお願い申します」というてまた講義を聴きます。

ある時などは無着菩薩《むちやくぼさつ》の論部の講義を聞いていました。その間博士のいわるるには「もはやこの菩薩の言うところより上に仏法はない」と断言しました。「いやそれは間違って居る。この菩薩は実に有難いけれども龍樹《りゆうじゆ》菩薩の主張された中道論には及ばない」といってだんだんその訳を説明しますと仕舞《しまい》には「どうもチベット仏教に侮辱を加えた。なぜならばチベットでは無着菩薩を非常に尊ぶ。そりゃむろん龍樹菩薩も同じく尊んで居るけれども無着菩薩の仏法が低いというのは確かにあなたはチベット仏教に侮辱を加えたのである。そういう悪魔はぶん擲《なぐ》る」というて前にあるレクシン（経帙《きょうちつ》の締木）を取り左の手に私の胸倉を捉《つか》まえて私の頭顱《あたま》をめがけてぶん擲ろうとしたです。

その時は私は大いに声を発して笑いました。するとその笑い声の奇態なるに驚いてレクシンを少し横にやったですけれども私の胸倉はやはり捉《とら》えて放さなかった。そこで私はいうた。「いやどうも無着の仏法を論じながらそんなに執着するというのは困ったものじゃないか」というと博士はその一言の尖先《きっさき》に打たれて捉えて居る手を放し歯を喰い縛って怒って居られた。暫くするともう顔を見るのも厭だというてほとんど人事を弁《わきま》えて居らんような有様である。こりゃ大方モンゴリヤ人普通の癖かと思われる。実にモンゴリヤに居る人たちは大抵こういう人たちが多い。皆そうとは言えんが私の出遇うたモンゴリヤ人には怒り易い人が多くって閉口しました。また怒るということは馬鹿の性癖であると悟りまして私はその後辱《はずかし》めに逢うても忍ぶという心を養成した訳でございます。こういう風で毎日六時間ずつ勉強して居りました。その間下調べといったらどうしても七時間掛からなければ終らんです。あるいは八時間九時間になることもある。そうすると日に十二時間あるいは十五時間位勉強する。その外に御膳を一度喰い茶を飲んでそうして散歩に出掛ける。

登山の稽古　日曜日は全くの休みで山の中へ指して散歩に出掛ける。その時は山をどしどし駆け登る稽古をやりました。この一週間に一度の大運動、これは私がこれから雪山の道のない所を蹈《こ》えて行く下拵《したごしら》えをして置くのでそうして修練しませんければ、私は高い山に登って空気の稀薄な所に至って重い荷物を背負って行く事が到底出来ないという考えでありますから、用のないのにわざわざ石を背負って山の上へ登る稽古をしたです。そして大いに肺部が強壮になって来たように思われました。実際身体も強壮でありました。ところでこの辺の人々の無上の楽しみはなんであるかといえば、女に戯れ肉を喰い酒を飲むことであります。

その外には物観遊山《ものみゆさん》というような事もない。また何か面白い話を聞きに行くというたところがわずかにラマ摩尼《マニ》のお説教を聞きに行く位の事で、それとても毎晩ある訳のものではない。夏は随分忙《せわ》しいから肉慾上の事もよけいに起らんですけれども、夏過ぎて少し暇になりますと彼らが打寄って話をすることは穢《けが》らわしい男女間の話よりほかにはなんにもございません。ちょっと考えて見るとほとんど動物のようです。心の中に思って居る事は喰う事と寝る事だけであって着物はどんな汚ない物を着て居っても構《かま》わない。それも年に一度ずつ新しい物と取り替えるに過ぎぬからバタと垢《あか》で黒光りに光って居るです。なお一年よりも二年着て居れば豪《えら》いと讃められるような風習であります。その間一度でも洗うという事はない。

身はそんなに穢らわしゅうて居るけれども喰う物と寝る事〔房事〕には大変骨を折ります。で、その心に熱心に欲するところは男子は女子を求め女子は男子を求める事で、これは老人から少年少女に至るまでそういう有様ですから婬風《いんぷう》は実に盛んであります。私はそういうような不潔な事をやる人と交際《つきあわ》んものですから一向始めの内は様子が知れなかった。日曜日には休みという事を知って居る村人らは折々病気を診て貰いに来ることがある。もう彼らはラマであると言えば未来の事を知って居るかのように思うて未来記を聞きに来る者もあります。自分の行末はどうなりましょうか、あるいはこれから先どういう風にしたらよいかと尋ねる。どの位断《ことわ》ってもそれをいわなければ何遍も出て来てこちらの時間が費《つい》えて誠に困るから、まずどっちとも付かぬような返事をしてやるとそれで満足して帰る、どういう心の置き方かこちらはわからんような事を言ってやるのですがそれがむこうにはわかるように聞こえるものと見えます。そう言うような風にして勉強して居る内に私は大変

村の評判　になりました。あのラマはただ書物を読むだけでその外には考え事ばかりして居られる。そうしてまた山の中へ行っても坐禅をして考えてばかり居る。あれはひととおりの人でないというような種々の評判が立ちました。その中に薬を遣《や》った病人が癒《なお》ったとかいうような事で、それがまた評判になる。何か話種〔話題〕のない村の内では私の事が話種〔話題〕の主なるものになって、そうして私と博士との間について色々の想像話を逞《たくま》しゅうするような事があります。それはなぜかというと私が博士と議論の揚句擲《なぐ》られ掛けたその時に、大いに笑ったその声が四隣を驚かした事もあり、またただ議論をして居る時でも互いに大きな声をして居るものですから、近隣の村人などは博士とシナのラマと今日喧嘩《けんか》をして居るというて大いに心配して外で聞いて居るです。ところがしまいには笑って事なく済んでしまう事もある。

そういう事が度々《たびたび》あって度々驚かされて居るものですからその噂《うわさ》がなかなか面白い。あの博士は仏法の事で議論して居るのではない。あれはこの間シナのラマがどこそこの貧乏人に喰う物をやった。それを自分の方にくれないというてああいう事をしたのであろうとか、あ

るいはまたこの間私共の方では麦を一升上げに行ったところが、その麦を乞食に分けてやってしまった。それだから大方博士が怒ってああいう事をしたんだろうというような詰らん事ばかりが評判になって居る。それも私は知らなかったが、私の住んで居る家の娘子は長くそこに住むに随って茶などをくれたり、あるいはその村で最も上菓子と珍重《ちんちょう》せるところの蕎麦《そば》パンを拵《こしら》えて折々私にくれるです。ある時もそういう物を持って来て「この間あなたとゲーセと大喧嘩《おおげんか》なされましたが、ありゃあなたがどこそこの乞食に金を遣ったからそれでゲーセが怒ったという世間の評判です」というような事をいって一々私に話をしてくれます。

それで私はなるほど世間というものは妙なものだ。我々は自分に考えて居る事しか世間の人の心中を忖《はか》る事は出来んが、実に面白いものだという感覚が起りました。ところでおよそこの世の中というものは純粋の親切ばかりで交際するということはほとんどむつかしいものと見える。利益の上の関係あるいは愛情の関係がなければ、交際は円満にして行くことはむつかしいものと見える。ツァーラン村に居る間に深くその事を感じました。私はただ普通どの人に対しても親切に尽すというつもりで居るのです。ところがその親切を誤解して私の夢にも思い寄らぬ事を言う者がありましたがそれは余りくだくだしゅうございますから省略致します。

第十三回　北方雪山二季の光景

ツァーラン村の夏の景　さて私はこのツァーラン山村には一年ばかりも住んで居りましたから四時の変る光景はよく解りました。しかしこの辺はチベットの内地と同じことで夏と冬との二季に分つのが至当であります。実際もそうなって居りますので、この辺の土人でも春とか秋とかいうような名を知らぬ者が沢山あります。この村の夏の景色の美しさはこの山人《やまびと》も自ら他に誇って居るように清くして美しい。麦畑は四方の白雪皚々《がいがい》たる雪峰の間に青々と快き光を放ち、その間には光沢ある薄桃色の蕎麦の花が今を盛りと咲き競う、彼方此方《かなたこなた》に蝴蝶《こちょう》の数々が翩々《へんぺん》として花に戯れ空に舞い、雲雀《ひばり》はまた華蔵《けぞう》世界の音楽師は我のみぞと言わぬばかりに謡うて居る。その愉快なる声に和して賤《しず》の女らが美しき声で謡う歌は楽器か、雲雀の声は歌か、いずれがいずれとも分ち難きに、なお天然の真妙を現実に顕わしたるカックー、カックーという美しき郭公《ほととぎす》の声はこれぞ宇宙自体真秘幽邃《ゆうすい》の消息であります。

冬の光景　それからまた数里を隔てたる西の山々は皆白雪《はくせつ》を戴《いただ》いて居りますが、その頂きに夕日が入り掛りますとツァーラン村の東に列んで居る雪の峰々は夕日の反射で珊瑚《さんご》色に光って居る素晴らしさ。夕日がだんだん山の端《は》に入るに従って珊瑚の色は薄らいで黄金色となり、其色《それ》もまた束《つか》の間《ま》に薄らいで白銀《しろがね》の色となったかと思いますと、蒼空《あおぞら》は拭《ぬぐ》うがごとく晴れ渡って一点の雲翳《うんえい》をも止めず、見惚《みと》れて居ります中に朧気《おぼろげ》に幽邃なる高雪峰《こうせっぽう》いな兜卒天上《とそつてんじょう》の銀光殿《ぎんこうでん》かと思わるる峰の間から、幾千万の真珠を集めたかのごとき嫦娥《つき》が得もいわれぬ光を放ちつつ静かに姿を現わして、皚々たるヒマラヤの雪峰を照す光景は、〔宝〕氷光か何とも譬《たと》えようのない光景であります。

冬の月夜は以上述べたようでありますが、さて雪が劇《はげ》しく降り出して四方の雪峰に積るばかりでなく自分たちの居ります平原地にも一尺、二尺と積り三尺と重なり、かてて加えて暴風が恐ろしい勢いをもってその雪を吹き散らしあるいは空に捲《ま》き上ぐるのみならず、雪峰より雪崩《なだ》れ来る雪の瀾《なみ》がその暴風と共に波を打って平原地を荒れ廻るその凄まじき声は、かのビンドラバンの大林の獣王なる幾千の大獅子の奮迅《ふんじん》して吼《ほ》ゆる声もかくやあらんかと思わるるばかりであります。この時に当ってもし旅人があるならば、その雪のために忽《たちま》ち捲き込まれて幾千仞《せんじん》の幽谷に葬られてしまうということは珍しからぬことであります。

降雪後の荒跡　ある所の田畑は砂を掘り立てられて荒地となり、また平原のある所には雪の山を形造るというは、これ雪の波と暴風の過ぎ去った後の光景であります。その跡を見ても身の毛がよだつばかりであります。〔暴雪風時に〕この時に当り外に出でて有様を見ようと思いましたが、ただその恐ろしい吹雪の音を聞くばかりで顔は雪に打たれて身体は凍え手足は痺《しび》れ眼も開くことが容易に出来ないという有様でございますから、どんな有様か確《しか》と見定めることが出来ませぬ。暴風降雪の過ぎ去った跡でさえなお雪を持て来る雲か、ただしは暴風を追う雲かは知らぬが、疎《まばら》に飛んで居るその下にごく細かな雪が煙のように翻《と》んで居ます。その切々の間から折々月影が朦朧《もうろう》と見えますが、その色は物凄き薄鼠色を現わして見るからがヒマラヤの

ヒマラヤ山村の夏景

凄絶、愴絶なる光景はかくもあるべきかと自ら驚きに堪えぬ程の凄い景色であります。私はこういうような山家に一年ばかり住んで居ったのですから真に愉快の観念に満されて居りました。で日々の学問はどれだけ勉強しても少しも身体《からだ》に応《こた》えるようなことはなかったです。

空気は稀薄ですけれども非常に清　浄《しょうじょう》な空気で、その上にごく成分に富んで居る麦焦粉《むぎこがし》を日に一度ずつどっさり喰って居ります。もっとも動物性の食物はただバタばかりでありますが、蕎麦《そば》のできる時分にはその新芽を酸乳《さんにゅう》でまぶしたちょうど白和《しらあ》えのようなご馳走もありますので身体は至極《しごく》健全でありました。陽暦の八月頃は蕎麦の花盛りで非常に綺麗《きれい》です。私はその時分に仏間《ぶつま》に閉じ籠って夕景までお経を読んで少し疲れて来たかと思いますと颯《さっ》と吹き来る風の香が非常に馥《こう》ばしい。何か知らんと思って窓を開けて見ますと雪山から吹き下《おろ》す風が静かに蕎麦の花の上に波を打ちつつ渡って来る風でございました。その時に一首浮びました。

あやしさにかほる風上《かざかみ》眺《なが》むれば
花の波立つ雪の山里《やまざと》

僧尼の奇習　このツァーラン村の人口は二百五十名、その内で坊さんが百十四、五名、なおその内《うち》尼が五十名で男の坊さんは六十余名、いずれも旧教派の僧侶ですから酒を飲み肉を喰うことは平気です。尼はもちろん男を持つことは許さないのでありますけれども五十名の尼の中で男を持たぬのは一人だけ、また女に触れない坊さんは二人すなわちその寺のラマとその弟子一人だけでその外は皆汚れて居るという話です。中には尼と坊さんと一緒になって居るのもあればは普通の娘と坊さんと一緒になって居るのもあり、また尼と在家の男と一緒になって居るのもあります。子が生れなければ別段人が何とも言わぬ。ところが子ができるといよいよ戒法に背いたということになるのです。実におかしい話ですけれどもその戒律に背いた時分にはシャクパすなわち懺悔《ざんげ》をしなければならぬ。

その懺悔の仕方がまた面白い。どっさりと酒を買うて百十四、五名のラマ及び尼さんを招き、銘々本堂の仏の前にずらりと並《なら》んで椀を持って居ります側からどしどし注《つ》いで廻《まわ》るのです。始めの間はいずれも殊勝《しゅしょう》らしくお経を読んで居りますがそろそろ酔の廻るに従ってお経の声は変じて管《くだ》を捲く声となり、管を捲く声が変じて汚穢《おわい》を談ずる声となる。その見苦しい事といったら何と評してよいか。始めて見た時分にはほとんど評のして見ようがなかったです。これが釈尊《しゃくそん》の弟子の集会日だとはどうしても思えなかった。で、その当事者たる尼と相手の男は別に寺に対して五円ずつの罰金を納めなければならぬ。しかしその当事者がもし男僧でありますとその男僧と相手の女は十円ずつの罰金を納めなければならぬ。これは同胞の間で犯したような者だから罰金が高いとのことです。

その外《ほか》に酒と肉とバタ茶との供養費が少くも二十五円や三十円は掛《かか》ります。少し派手にやると四、五十円も掛るそうですがなるたけ派手に酒を飲ますのを名誉とし、またよく懺悔が届いたと言って誉めるです。如来《にょらい》は酒はよくないものであると言って在家の人にさえ戒めた位でありますのにいかにツァーランの出家にもせよ、戒律を無にして仏の前で酒を飲み汚穢を談ずるというのは怪《け》しからぬ振舞でございます。私はこの有様を見た時ひそかに東方に向いわが堂々たる日本の仏教社会の僧侶諸君の多くも、あるいはこのツァーラン村の僧侶に対しどれだけの差をもって居らるるだろうかと思って実に悲しみました。

第十四回　また間道の穿鑿《せんさく》

新年の祝儀　明治三十三年の一月一日には例の通り祝意を表さなければなりませぬゆえ、この前からこの土地で得られるだけのご馳走を買い集めて揚物《あげもの》その他村人には珍しいような物を沢山拵《こしら》えました。で例のごとく元日に天皇皇后両陛下、皇太子殿下の万歳を祝しましたが、山海三千里を隔てたるこのヒマラヤ山中において明治天皇陛下の万々歳を祝することの出来るのは実に愉快であると思うて覚えず嬉し涙に咽《むせ》びました。その式終りて後村人らにそのご馳走を施したところが、彼らはこの村創《はじ》まって以来かかる珍味を得た事はないといって悦《よろこ》んで居りました。私がこの村に参りましてから満八ヵ月になりますが、村人らは全くこの村に私が生れた人かのように親しみ敬《うやま》うようになったです。それは折々私の遣《や》った薬がよく利《き》いた事もあるからですが、その薬は私の友達の広岡修造という医師から貰った薬も大分ありまます。また私がカルカッタで貰った薬も沢山あったので充分人に施《ほどこ》すことが出来ました。

それやこれやで私を余程必要な人間と認めてこの村に永住されん事を希望する者が沢山ありまして、折々は博士にその事を伝えるようになったです。博士は学問のある人に似合わず俗情に通じてそういう俗情にはごく一致し易い性質を備えて居ります。ところで博士はいろいろ方法を考えて見たけれどもどうも安全に止めて置くには妻を持たせるより外に策がないと考えたものか、しきりに自分の居る家の主人の妹を妻にしろと言わぬばかりに策を運《めぐ》らしたです。しかし私は釈尊《しやくそん》の教えを堅く信じこれを守らなければ自分の生命は無きものであるとまで確信して居りますから一向取り合いませぬ。ほとんど手の着けようがないものですから、博士は種々の方法を運らして私に酒をすすめあるいは汁の中へ肉の刻んだ奴などを入れて誘惑致しましたけれども、私は幸いにして仏陀の光明裡に接取せられて居りましたからそういう誘惑の中から免《まぬか》れる事が出来ました。もし私が雪山の垢塗《あかまみ》れの土人と一つになるようなことがあったならば、私は今時分はかのヒマラヤの谷間《たにあい》の黒坊主《くろぼうず》となって居ったかも知れぬ。

間道の穿鑿《せんさく》　かような訳で村人とは大分親しくなりましたから道のない山の間からチベットに進入する筋道はどこであるかということを探る便宜《べんぎ》を得ました。けれども特別にそれだけの事を尋ねますと疑われる虞《おそれ》があります。既に私については不思議な薬を持って居るとかあるいは色が白いとか、綺麗好きであるから西洋人ではないか知らんといって眼を着けて居る人もある際に、チベットへ入る道を尋ねますとどんな危険が起るかも知れませんから、うまく彼らの疑いを起さないように尋ねなければならぬ。そこで私は村民らが出て来ますと殊更に言葉を和げて「一体チベットあたりへ商《あきな》いに行く時分には税金を取られたりあるいは政府の官吏に賄賂《わいろ》を遣わねばならぬような道筋を行くのは不得策である。そういう場合には本当の道筋から行かずに外の道筋から行かぬばなるまい」と暗に問い掛けると「従来はそんな事もなかったがしばしば外国人が入り込もうとするのでこの頃は間道にも五名ずつの兵士を置いてある。だからそういう道を通って行くと兵士がぐずぐずいって荷物に対しやはり幾分か金を取ったり何かするから、大切な品物、珊瑚珠《さんごじゅ》とかあるいは西洋小間物を持って西北原に出掛ける時分には外の所から行かなければいけません」という。

「どんな道から行くのか。」「道はありませんけれどもこの西の山の隅へ指して行ってあの雪の山を踰《こ》えて降《くだ》って行くと川がある。その川はどういう所を渡ってどういう山の方向に進んで行けば人なき所を渡って行かれる」という詳しい話をしてくれるです。私は一々其《そ》れを書き取って置きまして外の人が来た時分にその話を材料にして尋ねると、そこにはこういう危い所があるとかあるいは注意しないと雪豹《せっぴょう》のために喰い殺されてしまうというような話を聞いた。

出発の苦心　そういう具合にして間道の研究をしたがさてこの村から突如《とつじょ》飛び出して道のない山の方へ行くことの出来ない事情があります。長くツァーランに住んで居ったものですから私が出掛けるについてはどの方面に出掛けるかということを非常に懸念するです。もし道のない所を無闇《むやみ》に進んで行こうものならそれがために村人の疑いを深くして追窮《ついきゅう》されるかも知れない。よってひとまず跡戻りをしてそれから村人らに気付かれぬように、またチベット兵士の守って居らぬ所へ出て行く道はあるまいかとだんだん穿鑿《せんさく》したところが、ドーラギリー【Dhavalagiri（Dhaulagiri）】雪峰の山北を横ぎってトルボ【Thorpo（Dolpo）】へ出てから道のない山の間を三日路ばかり辿《たど》って行くと、遊牧民の来て居る西北原に出られる道筋があるという。仮《よ》し遊牧民が来て居らいでも其原《それ》から一日か一日半行くとゲロン・リンボチエの居る所に出られるというような話を聞きました。

これ最も私の執《と》るべき道筋《みちすじ》でありますからその方向に進むことに極《き》めました。で、その時季を待つことにしましたがどうしても陽暦の六月にならなければ雪の山を踰《こ》ゆることが出来ないという。六、七、八月と三月は通り得られるそうですがもう九月に入って一度雪が降れば塞《ふさ》がってしまうそうです。もちろんこの三月の間とても雪の降らぬということはないけれども、まず夏の間は雪が降っても途中で凍《こご》えて死ぬほどの事もなくどうにか助かる範囲において進んで行くことが出来るという。

それらの研究までして時の到るを待って居りますとこのツァーラン村から南の方向に当りツクジェ村の近所にマルバ【Malba（Marpha)】という所があります。その村長のアダム・ナリンという人がツァーラン及び西北原の方へ商いに来るのみならず、西北原には四、五十頭のヤクを放ってありますので、その下僕《しもべ》がテントを張ってその番をしているという。で時々見廻りに出て行きますそうで、この人達は公然道のある所を通って行くのですから行こうと思えばいつでも行かれるのです。この度も見廻りのために出て来てちょうど私の世話になって居る宅に泊りました。その時に私がその人の請《こい》に応じて仏教の説明をして遣《や》ったものですから非常に悦んで私に言いますには「私がチベットから求めて来た一切蔵経が仏堂に供えてあるがまだ一度も誰にも読んで貰《もら》った事がない。是非あなたが私の宅へ来て供養のために読んでくれまいか」というたっての請求《せいきゅう》ですから、それではいずれ近い中《うち》にあなたの方へ出掛けることにしようという約束を致しました。

第十五回　行商の中傷

ツァーランを出立す　私がマルバ村長のアダム・ナリンと約束をしたのは三十二年の十月でございます。しかしその後その人はインドの方へ商業のために旅行したといいますからその儘《まま》に過ぎ去りました。話は戻りますが私がネパールから買うて来た白馬の処分に困って居ったです。ところがこのツァーランの寺の住職でニェンダクという方が私の馬を見て非常に欲しがりました。この人は種々の事情に通じて大酒を飲む人でありますから、こういう人に要《い》らざる口を利かすのもどうかと思って馬をやってしまいました。で、お経か何か礼にくれるものがあるならば貰いたいといいますと、喜んで〔紺紙金泥の〕経文四帙《ちつ》とサッキャア・パンジット【Sakya Pandit】の拵えたチベット語の仏教辞典（筆記物）とその外二、三の書物をくれました。およそこれらの書物を金に見積りますと六百〔六千〕ルピー位のものはありましょう。これは私がツァーランに居る間常に愛読して居った書物です。ちょうど三十三年の三月十日チベット暦《れき》の二月十一日にツァーランを出立することになりました。

私がツァーランに居る間に全く酒を罷《や》めさした者が十五人、それからこの村では煙草の葉を噛んでその辛い汁を吸い込むことが盛んに行われて居りますが、私が宗教上から説き付けて罷めさした者が三十人ばかりありました。それはいずれも私が病気を診察をして薬を与えた人々で、その薬代の代りに禁酒禁煙の約束を貰うたのでございます。一年も居りましたのでこの村で私を知合《しりあい》にならぬ者は一人もございませぬ。懇意な人たちが餞別であるといって蕎麦《そば》、パン、マル《(バター)》、乾酪《(チーズ)》、乾桃《ほしもも》、中にはカタと銀貨をくれた者も四、五名ございました。その日の午後三時頃二疋の馬に経文その他の荷物を負わせ、自分は一疋の馬に乗り一人の村人に案内されて村端《はず》れまで参りますと、私に按手礼《あんしゅれい》を受けんがために礼拝して列んで居る人が百名余りありました。一々に按手礼をし話をして居ります中にもはや午後五時頃、よほど遅くなりましたけれども次の村まで来て宿ります心算《つもり》で出立しました。で先に通って来ました村の入口の門の所に立ち再び跡を顧み「わがツァーラン村に居る間親切にしてくれた人々がますます仏道に帰依《きえ》して永く幸福を受けらるるように」という願いを掛けて別れました。

マルバ村へ戻《もど》る　で、もと来た路を後戻りしてその夜はキミイに一宿し、その翌日カリガンガーの河岸のツクという村に宿りました。そこにもまたお説教を聞きたいという者がありますから説教いたし、その翌朝出立しようとすると按手礼を請《こ》いに来た者が二十名ばかりありました。私の師匠の博士は私の出立の少し以前から他の方へ行って居られましたが、ちょうどこのツクという村でお逢い申して懇《ねんご》ろに別れを告げ、この日の夕暮マルバ山村のアダム・ナリンの宅に着きました。アダム・ナリン氏は未だ帰って居りませぬがその父のソエナム・ノルブーという方が私を綺麗な仏堂に導いてくれました。この仏堂にはチベット語の一切蔵《いっさいぞう》経《きょう》及び他の論部等も安置してあり立派な仏陀も沢山あります。室は二室あって前室の窓から望むと桃園があります。

この辺の土地はツァーランよりはよほど低いので物が二季に取れます。まず麦を取ってそれから蕎麦を取るのです。その畑の四、五丁向うにカリガンガーがあってその向うに低い松が生《は》えて居ります。その松山の上には例のごとく雪山《せつざん》が聳《そび》えて居る。実に清浄《しょうじょう》の境涯《きょうがい》でございます。家の主《あるじ》は長く止まって一切蔵経を読んで貰いたいという希望でありますけれども、私はただ雪峰を越す時季を待つために逗留して居るのでございます。で私は毎日チベット語の経文を読みあるいは抜書きなど致して居りましたが、チベット語の経典でも論部でも自由に解釈の出来るようになりましたのは、全く慧幢《ギャルツァン》博士が毎日六時間ずつほとんど一年間教授してくれたからであると大いに感謝致しました。

半月ばかり経ちますと私がツァーランに居りました時分にこのツクジェ村の者でインド、カルカッタへ行商に行く者がございました。その行商に託してサラット師に手紙を出しました。その手紙の内には日本へ送る手紙もあります。その男はサラット師の所へ手紙を持って行きまして返書《へんしょ》を持って来てくれました。その返書の中にマハーボーデ・ソサイティの雑誌が一冊ありました。その雑誌の中を見ると大谷派の能海寛《のうみゆたか》氏がチベットの国境まで行かれたが、その関所の官吏のために追い返されたという記事が、日本のある新聞から翻訳されて載って居ります。それは能海氏同行の寺本氏〈寺本婉雅〉がその事実を通信したということになって居りました。そこでサラット先生がこの記事の通りであるから容易にチベットには入れない。もちろんあなたはいろいろ成功する方法を考えて居なさるでしょうが無理な事をして命を落さないようにという注意書がありました。

行商の流言　ところが私がその手紙を頼んだ行商がいろいろの事を流言したです。あの人は英国政府の高等官吏に違いない。というものは私が手紙を託《ことづ》かって行ったサラット・チャンドラ・ダースという人は英国政府の官吏であって月に三百六十ルピーずつ貰《もら》って居る。どうもベンゴール人でそれだけの月給を貰って居る人は沢山はない。そういう人の所へ手紙を遣《や》るというのはどうも怪しい。あのラマはシナ人だと言って居るけれども実は英国人でなかなか沢山な金を英国政府から貰うてこの辺の地理を取調べ、それからチベットに入り込んで地理を穿鑿する心算《つもり》で来たらしい。論より証拠サラット先生が英語の書物を送って来たところを見ると英語が解っているに違いない。どうもあのラマをこの村に置いては為にならぬという流言。それもただ流言だけならよいが仕舞《しまい》には私の世話になっている主人に対しても告げたです。

その時分にはアダム・ナリン氏も帰って来ましてその事を聞いたものですから顔色を変えて私に向い「あなたの事をこうこういって悪く言う人がありますがもしもその言う通りであると、私共はどんな刑罰を受けるかも知れないが如何《いかが》でございましょう」という。アダム・ナリンという人は至って正直な人ですから私は「あなたがもし私に対して三ヵ年間私の言うた事は誰にも告げないという誓いを立てるならば私はあなたに秘密を明かしましょう。もし誓いを立てなければその流言は流言として打ち棄てて置くより外はない。いずれネパール政府から何とか言うて来るでしょうからそれまで待ちましょう」というと「よろしい、誓いを立てましょう。就いてはあのお経を私の頭に載せて下さい」といいますからその通りにしてそこで誓いを立てさせました。ところでその主《あるじ》は始終インド辺へ行商に来て英語の綴り位解る人でございますから、私は日本の外務省から貰うて参りました旅行券を示しました。

第十六回　高雪峰の嶮坂

雪山の旅立《たびだち》　私はその旅行券を示し「これは日本という国の政府から受けて来た旅行券である。日本という国は仏教国であって私はその仏教僧侶の一人である。で仏教を修行するためにこの山国に来りこれよりまたチベット国に行くので、決して人の疑いを受けるような秘密の用向を帯びて居るものでない。だからこの点において政府に訴える心算《つもり》なら訴えるがよい。事に依っては私に縄を掛けて差し出してもよい。しかし仏法は尊いからラマもまた充分保護しなければならぬという考えならば、私はこれからチベットへ向けて出立するから誰にも言わずに居るがよい」と説き聞かせますと、元来仏教を深く信じて居るのみならず私に対しても深心《しんじん》に信用を置いて居るものですから――殊に旅行券を持って居るものですから――その言うところを全く信任して「決して他言は致しませんからそういう訳ならチベットにお越しになるがよろしい。しかし道筋はどうなさるか。」「これから私はトルボ、セーに参詣し、それから少しく後戻りをしてドーラギリーの谷間に在る仙人の国すなわち桃源郷《カンブータン》【Khambuthang】という所はどんな所であるか、そこまで案内者を連れて行って見ようと思う。それから直《すぐ》にチベットに行くか行かぬかまだ分らない。とにかくあなたがたの迷惑にならぬようにこの六、七月頃になれば早速ここを出立《しゅったつ》して出掛けましょう」といったところが主人は大いに安心した様子でありました。

しかしその家に居るのも気の毒でありますから、この村の寺に移って読経することになりました。そこで着類あるいは食物、飲物等すべてを調《ととの》えましたが、ちょうど九貫匁ばかりの荷物が出来ました。その荷物を案内者に持たし自分は経文だけ背負って六月十二日にこのマルバ山村を出立しました。これからどういう風にしてチベットに入るかという困難のところに臨むのですが、これから二十日間程は案内者を連れて山の中を廻ることになって居ります。その後三日ほどの間は道のない所を出て行くのですが、もし一直線に進んで行けば十日位で西北原に出られますが、私はその辺の名跡を巡ったりあるいは山の様子を見て途中間違いないようにして向うへ出ようという考えがありますから二十三日間の予定をしたのでございます。で、いよいよ準備を調えて出立する時分に一首の歌が出来ました。

空の屋根、土をしとねの草枕《くさまくら》
雲と水との旅をするなり

しかしこれからの旅はこの歌のようではなかったです。実はこの歌はこれまでの旅に適合して居るので、これから後の旅は「空の屋根雪をしとねの岩枕」で雪と岩との間を旅するような訳でございました。

いよいよドーラギリーに向う　この村を出立して西北に向いてカリガンガー川に添うて一里ばかり登って参りますと雨が降り出しましたから小さな家のある所に宿りました。その翌日午前七時に出立して巌石突兀《とっこつ》たる狭い道を登って行くこと二里ばかりにして細い桃林のある谷へ出ました。其谷《そこ》で少し食物をたべそれから細い急な坂を二里半ばかり進みましたが、非常に急な坂で殊に空気が稀薄ですから、身体は疲れる呼吸は切れるという訳で進み兼ねましたから午後三時ダンカル【Dankar（Dangarjong）】村に着いて泊りました。ところが稀薄なる空気に打たれたのかあるいは他の原因か非常に疲れましたから翌一日逗留して十五日に出立しました。

今度は北に向い急な坂を登ること二里にして巌山の氷の谷を渡りなおそれよりごく急な坂を北に登ること一里半にしてやや広き急坂に出てだんだん登って行きますと、大分疲れましたので午前十一時ちょっと休息しましたがその辺には水がない。雪の少しく積ってある岩の間に小さな草の生《は》えて居る所があります。餓《う》えたる時は食を択《えら》ばずではない。渇したる時は水を択ばずというような訳でその草を引き抜いて根を噛《か》んでみたところがごく酸《す》っぱいです。それからその根を噛みつつ蕎麦《そば》の焼パンを喰いました。

雪山の嶮坂を攀《よ》じ登る　暫く休んで北に登ること一里にして西に折れ一方に千仞《せんじん》の谷間を望みつつ崖道の恐ろしい牟伽羅坂《ムカラざか》という坂を登って参りましたが、その坂路の嶮峻《けんしゅん》なることはなんとも形容のしようがございません。で、その坂の左側には高雪峰が剣を列べたごとくに聳《そび》えて居るです。それからその山の頂《いただ》きから直下してほとんど道のない岩と岩との間を猿が樹渡りするような具合に辿《たど》って行くのですが、さすがに山に慣れて居る荷持は重い荷を背負いながらヒョイヒョイとうまく飛んで行くばかりでなく、私にはよう飛ばぬものですからこうしてあしてといろいろ指図をしてくれた。また私自分の持って居る杖を岩と岩との間に突き立て転び落ちようとするのを防いだり、まるで杖をば船頭が櫂《かい》を使うような具合に自在に使う、あるいはヒョイと雪車に載せられて千仞の谷底に落ちようとする場合にはうまく岩の端へ杖を突き立てて防ぐ。その杖の先には鎗《やり》のような鉄《かね》が付いて居るです。もっとも沢山《たくさん》雪の広く積ってある所はそれほど巌も厳しくもなし、まあ平坦になって居りますから登り易いがそうでない所は実に危ない。

　そういう危ない間をだんだん登って行く間に雪に映ずる日光の反射のために眼を打たれて、その痛さが甚しいのみならずいかにも空気の稀薄なるために呼吸をすることが困難で、胸膈《むないた》を圧迫されて居るのかあるいは胸膈が突き出るのか訳が分らぬが今思い出してもぞっとする位苦しかった。案内者兼荷持は「こういう急な坂ですからあまり急いで行ってもいけませんが、しかし長くここに止まって居てこの辺の悪い空気を沢山吸うと死んでしまいます」という。けだし荷持は空気の稀薄なることを知らんのです。勇を鼓《こ》して上に登れば登るほど空気が稀薄になりますので動悸《どうき》は劇《はげ》しく打ち出し呼吸は迫って気管が変な気合になり、その上頭脳の半面は発火したかのごとく感じてどうにもして見ようがない《〔困った〕》。もちろんその辺には水は一滴もなし雪を噛《か》んでは口を潤《うるお》しつつ進みましたけれども、折々昏倒《こんとう》しかかるその上に持病のリューマチのために急に足部が痛み出してほとんど進行することが出来なくなって来ました。

第十七回　チベット国境に入る

行路難　いかにも苦しくて堪らんのでその雪の上へ寝てしまいたくなった事が度々ありましたけれども、ここに寝て居って時間を費やすと死んでしまいますという注意がありますので案内者に引っ張られて進んで行きました。この際は実に危険であると思いましたがこの危険はなおドーラギリーの一番高い所を踰《こ》ゆる時に比すればまだ優しかったです。ほとんど自分は生命あることを覚えて居らぬ位、ある山腹のごときは雪崩《なだれ》のために積雪と岩とを持ち去られて砂ばかり残って居る所があります。そういう坂道を進んで行く時分には砂車のために谷間に落ちそうになりますと、例の杖をもってこれを防ぎつつ向うへ渡って行きましたが、随分熟練してうまく杖が使えるようになりました。けれどもまだ案内者のごとくにはいかぬ。案内者は猿よりもうまく通って行くです。

そういう危ない所を通り抜けてまた平坦な岩の上に出ましたがもうそこで倒れたくなってどうしても仕方がない。ジーッと立ち止まって居りますともう少し下へ行けば水があるからと言ってくれたけれども何分《なにぶん》にも進むことが出来ない。そこで案内者は水を汲んで持って来てくれた。その水を飲んで少し宝丹を含んで居りますと大分に気持が快くなって来た。自分の手の痛い所へはカンプラチンキを塗り少し休息して居りましたが、日は既に暮れて星の光と雪の光が闇を照して居るだけであります。ようやく気分も爽快になりましたからその星と雪の光を頼りに甚だ急なる岩の坂を西北に降ること一里半、ほとんど坂落しのような山です。やがてサンダー【Sanda（Sangda)】という十軒《けん》ほどある山村に着きました。

雪村に宿る　この村は一年の間に三ヵ月間他の村と交通するだけで後の九ヵ月間は雪のために閉じられて交通することが出来ないのです。その交通する道筋は私が通って来た道筋であります。こんな驚くばかりの危ない所によくまあ人が住んで居ったものと思われるようです。その辺の雪山及び岩山の景色といったら物凄いようでまたその奇観も一々いうに暇ないが、私の身体《からだ》はそれほど疲労して居るにかかわらず精神は豪壮を感ずるの情緒勃発し来りて真に愉快に堪えない。それがために自身の身体の苦しみも忘れてしまう位です。けれどもその翌日はとても進めないから逗留いたし、その翌日もまた逗留して十八日に出立しました。

この村では妙な物を喰って居ります。ターウと言って蕎麦《そば》のような物でありますけれども蕎麦よりはまだ悪い。この村ではこういう物しか出来ぬ。それも年に一遍《いっぺん》です。それからだんだん西北に進んで一里余も行きますとまた砂車の坂へ出ました。この坂では去年も巡礼がこの砂車に乗せられて死んだというような気味の悪い話のあります所で、その坂を過ぎるとまた達磨《だるま》の座禅して居るような雪峰がありますが、その雪峰の前を通りだんだん進んで谷間に降りますとその谷間の岩の間にもまた檜《〔ねず〕》の古木が生えて居りますがその檜《〔樹〕》は実に美しいです。そういう谷間の大いなる流れに沿うて西南方に登って行くこと一里ばかりにして午前十一時にターシータン（栄光渓）という美しい渓《たに》に着きました。

谷間の猛獣と薬草　それから数々の山及び猛獣の棲んで居る山際を通り、あるいは一歩を誤れば数千仞下の谷間の鬼となってしまわにゃあならぬ所を沢山進んで行きましたけれども、案内者がありますから道に踏み迷うような気遣いはございません。何しろ道かと言えば道のようなものですけれども、どうにか足や手で駈け登ったり駈け降《くだ》ったりする所があるという峻《けわ》しい坂路を通って行くのですから随分難儀です。谷間にはやはり樹もあれば美しい草花が咲いて居ります。その中には薬草も沢山あり、また麝鹿《じゃろく》も沢山棲んで居ります。その夜は雪山の間の巌の中に泊り、その翌十九日もまた同じような道を西北に進みターシンラ【Tashila】という大きな雪山の坂に懸りましたが何分にも寒くて堪《こた》えられない。

寒いばかりではない、もう苦しくて荷を背負って居る荷持に縋らなくてはならぬ〔荷物を下さなくては苦しい〕けれども景色もまた佳《よ》いです。よく見る勇気もなかったが起伏蜿蜒《えんえん》、突兀《とつこつ》として四端《あたり》に聳えて居る群雪峰は互いに相映じて宇宙の真美を現わし、その東南に泰然として安坐せるごとく聳えて居る高雪峰はこれぞドーラギリーであります。あたかも毘盧沙《びるしゃ》那《な》大仏《だいぶつ》の虚空に蟠《わだかま》って居るがごとき雪峰にてその四方に聳えて居る群峰は、菩薩のごとき姿を現わして居ります。苦しいながらも思わず荘厳雄大なる絶景に見惚《みと》れて居りますと「久しくここに止《とど》まって居ると死んでしまいますから早く降《くだ》りましょう」と言って手を引いてくれますので、この日は四里ばかり山を降ってやはり巌の間に泊りましたがなかなか寒いです。その時苦しい中にも一首浮びました。

ヒマラヤの雪の岩間に宿りては
やまとに上る月をしぞ思ふ

行路の骸骨　六月二十日また出立して例のごとく恐ろしい山を登って行きました。この辺には灰色の斑紋《はんもん》あるナーという鹿が居りまして、多い所には二百疋も三百疋も谷間に群がって居るです。だんだん山の中へ進んで行きますと山ヤクも居りますし、また雪豹とか山犬《チャンクウ》というような猛獣も遥かの山に見えて居ります。そういう奴が折々出て来るそうで、ある場所には喰われたのか死んだのか動物の骨の散らばって居る所もあり、また雪の中に凍え死んだ死骸の骨の散らばって居る所もありますが、頭の皿と足の骨は一向ないです。これはチベットの仏具に使うために倒れた人があると通る人が皆持って行ってしまうのでただ残って居るのは肋《あばら》の骨位です。そういう物を見る度に無常の観念に打たれるです。私もまた何処《いずこ》の山の端でこういう風になって果てるか知らんと思うと、幾許《いくばく》か先に死んだ人の事を想い出して後を弔う心も起りました。

その山を踰《こ》えて〔二十三日〈この山喜房版の訂正は誤り。『日記』により二十日が正しい〉〕トルボという村に着きました。そこはツァルカ【Tsaka（Tsarka）】ともいう。この一村はチベットの古代の教えなるポン教を信じて居ります。同じような山の中を毎日進んで行きましたがそ〔二日逗留してから、トルボ、セーの霊場を廻りに行きました。この霊場〕の間には景色のよい所も沢山あり、また仏のような姿をして居る天然の岩もありその他珍しい植物や動物も沢山見ました。けれどもこれは略します。〔ちょうどわが国の妙義山を広大にしたような山で、石門も天空駆けるように見える岩も見えます。〕とにかく険しい山路をある時は一日ある時は二日位逗留して英気を養いつつ七月一日まで進みました。そこで私に付いて来た案内者を還《かえ》すことにしました。その間に大分食物を喰いましたから荷物は一貫五百匁《もんめ》ばかり減って八貫匁位になりました。それを今度は自分で背負って行かねばならぬ。で、いよいよ

チベット国境の高雪峰

を踰《こ》えねばならぬ。私は荷持に対し「私はこれからドーラギリーの山中にある桃源郷に行かなければならぬ。だからお前は帰ってくれろ」と言ったところが荷持は一緒に帰ることと思いの外、ドーラギリーへ行くと聞いてびっくり愕《おどろ》き「それはいけません。あんな所へは仏様か菩薩でなければ行けやしません。あなたもそういうお方か知りません。あすこへは昔から一人か二人しか行った者がないという話です。恐ろしい所だそうですから行けば必ず死んでしまいます。そうでなくとも桃源郷の外を守って居る猛獣のために喰われてしまいますからお止《よ》しなさい」と言って親切に止めてくれましたけれども、私の目的はそこにあるのだからとていろいろと言い聞かしますと彼は涙を流しながら立ち去りました。

私はその朔日《ついたち》の朝彼の去るのを影の見えなくなるまで見届けまして、それから八貫匁ばかりの荷物を背負い桃源郷には進まずにかねて聞いてあります北方の山の間へ進んで参りました。これからは実に言語に尽くし難いほど困難を極めたけれども、山はそれほど厳しくなかったです。突兀《とっこつ》たる岩などは誠に少なかったから割合に安楽でありましたけれども、何分雪の中ばかり一人で進んで行くのですから堪《たま》らない。夜は雪の中へ寝た事もありまた幸いに岩陰でもありますとそこへ泊り込むことにして、ただ磁石を頼りにかねて聞いてある山の形を見てはだんだん北へ北へと進んで行きましたが、聞いた通り少しも違わず荷持と別れてから

国境雪峰よりチベット内地を望む

三日路を経てドーラギリーの北方の雪峰を踏破し、いよいよチベットとネパールの国境たる高き雪山の頂上に到達することが出来ました。

チベット国境無限の感想　ここはすなわちネパールの国端《くにはず》れでチベットの国の始まりという絶頂です。そこで一番にやらにゃあならぬ事は自分の背負って居る荷物を卸《おろ》す事ですが、それはちょっとどこへでも卸すという訳にはいかぬ。その辺は一面の積雪で埋って居りますから……で都合のよい石のあるような所を見付けてそこの雪を払ってまずそこに荷物を卸し、ヤレヤレとそこでまず一息して南の方を眺めますとドーラギリーの高雪峰が雲際高く虚空に聳えて居る。高山雪路の長旅苦しい中にも遥かに北を眺めて見ると、チベット高原の山々が波を打ったごとくに見えて居るです。その間には蜿蜒《えんえん》たる川が幾筋か流れて居りましてそのよって遠く来る所を知らずまたその去る所をも見ることが出来ない。雲の裡に隠れて居るという有様でござりますが、実にその景色を見た時には何となく愉快なる感に打たれてまずその南方に対しては、これより遥か以南なる釈迦牟尼如来《しゃかむにによらい》が成仏《じょうぶつ》なされたブダガヤの霊場を追想し、曩日《のうじつ》彼の霊場において誓願を立てたがこの国境までにはまずどうにか無事に着いたかと思うと、かつて郷関を辞する時分には今より三ヵ年の後にはチベットの国境にはいることが出来るであろう、何かの準備を整えなくては到底望みを達することは覚束ないからまず三ヵ年と見積らねばなるまいという考えをして参りましたが、ちょうどその予考《よこう》通りに三ヵ年の日子を費やした。

明治三十年六月二十六日に出立《しゅったつ》して明治三十三年七月四日にこの国境に着いたのであるか

ら自分の予期の違わざりし嬉しさに堪えられなかったです。とにかく身体《からだ》が非常に疲れて居るからまずその辺で一休みとこう思うたけれども雪ばかりでどうもよい所がない。……そこでまあ袋の中から麦焦《むぎこが》しの粉を出して椀の中に取り入れそれに雪と幾分かのバタを加えてうまい具合に捏《こ》〈捏〉ねるです。それからまた一方の椀には唐辛子《とうがらし》と塩とを入れて置きまして、そうして一方の麦焦しを雪とバタとでよく捏〈捏〉ねてその唐辛子の粉と塩とを付けて喰うのです。そのうまさ加減というものは実にどうも

極楽世界の百味の飲食《おんじき》　もこれに及ぶまいかと思うほど旨《うま》かったです。でまあ椀に二杯位喰いますとそれでその日の食事はすむのです。もちろんこれまでとてもいつも一食《いちじき》しかやりません。朝はちょっと樹の実の乾したものすなわち乾桃とかあるいは乾葡萄とかいう物を喰って居ったです。で昼だけ麦焦粉《むぎこがし》のねったものを椀に二杯ずつ喰べる切り。その椀も随分大きな椀ですからなかなか腹が太くなるのです。ちょっと注意までに申して置きますがその麦焦粉もかの地のはなかなか力が強い。どうも寒国に出来た麦は余程成分に富んで居ると思われるです。でまあそれをゆっくりと喰いまして四面皆雪という雪中に坐り込んで四方を眺めて居ると何となく愉快というだけで、誰もが居らずただジーッと独りで考え込んで居るだけでこれからどちらへ出掛けたらよいのかさっぱり見当が付かない。

第十八回　雪中旅行

雪山唯一の頼みは磁石　どっちみち北の方に降って行くのであるが、さていずれの方面に降ったならば今志すところのマナサルワ湖の方面に近いか知らんという考えから、まず山中ただ一つの頼みとする磁石の指し示すところに従ってまず西北の方に向って雪の中を降ろうと決定した。まあこの方向が一番よさそうなという道筋を山の絶頂からよく望んで置きまして、それから荷物をやっとこさと背負って息杖を頼りにその雪の中を進んで行ったです。ところがこれまでは日表《ひおもて》の山の方であるから雪も格別沢山はない。五、六寸積って居る所もあればまた積って居らぬ所もある。あるいは諸所に雪融《ゆきどけ》の痕があって石がゴロゴロ転がって居るというような所も随分あったです。

ところが〔今おりる道は〕日裏《ひうら》の方ですからどうもその雪の深いことといったらなんとも堪えられない。それはどれだけ深いか分らぬけれどもグッと踏んで見ると一尺四、五寸は確かに足がはいってしまう。稀には七、八寸位ですむこともあるけれどもどうもその足を抜くのが困難です。それゆえに杖をもってよい塩梅《あんばい》に舵《かじ》を取ってズブリズブリ渡って行くようにしてだんだん降って行きましたが、雪の積ってある下に石の高低があるものですから、折にはその石と石との間に足を突っ込んで足を抜くに非常に困難したこともあるです。まあそんな具合でぼつぼつと下の方に降って行きました。昇りと違って八貫匁の荷物も下りはごく平気なものですがどうも雪のために足を抜くのが困難でこれには閉口したです。ちょうど一里ばかり降って行きますともうはや雪もなくなった。さあそうすると石磧《いしかわら》です。ようやく

雪山を踰《こ》ゆれば石磧　でゴロゴロした石が一面に散らばって居てどこに足を突っ込んでよい

のか解らない。チベット履《くつ》を穿《は》いて居ますけれどもその履が石磧のために破れてしまいました。もちろんそこへ来るまでには大分長らくの時日も経って居るものですからその履の破れるのも当り前の事で、履は破れる、足に出来て居る豆が破れて血が出る、そうしてそのゴロゴロした石にその血が染って行くという訳で、もうその痛さといったら実に堪えられないです。それもただ円い石だけならよいが角の立った石が折々あってそれを踏《ふ》まなければ行かれない所がある。その上に重い荷物を背負って居るものですからどうも身体《からだ》を軽く扱うことが出来ない。ヒョッとその角石《かくいし》の上に乗るとその荷の重みと共に足を踏み付けるものですから、要らない所に足を辷《すべ》らしてまた怪我《けが》をすることもある。履が破れた上にも破れてしまったです。

で二里ばかり行きますと雪融《ゆきどけ》の水の集った周囲の二里位の池と周囲一里位の池がある。その池がちゃんと並んで居る。その一つの池は長方形で一つのは円い池、その池の端《はた》に出ますと誠に美しい鴨が居る。茶色や赤色や白い所に黒点の混って居る大小幾羽の鴨がその池の辺に遊んで居るです。誠にその水の清冽《せいれつ》なることは透き通るばかり、雪融の水の集まった清浄な池といってよい。そういう所に来るとまあその景色のよい所に荷を卸して一つよく眺めたら旅の疲れも充分休まるだろうと考えて、池の端にドッカリ坐り込んでゆっくり眺めて居るその時の愉快さはまたとない。足は痛み腰は棒のようになって折曲げするのも実に辛いが、しかしその景色を見るとその苦しみは忘れてしまって遂には我を忘れて居るというような有様、しかしこういう所に昔から誰が来たことがあるか知らん、ないか知らんなどいう考えが

起って来るです。独り旅ですからな。とにかく私がここへ行き当ったんだから一つ名を命《つ》けて遣ろうと思って長方形の池には

「**慧海池**」それからまた円い池には私が別名の「仁広池《じんこう》」という名を命けたです。そんな池を発見したところで手柄でも何でもありませんけれども、まあそこは昔から人の来た跡もないような所ですからチベットに入った記念のためにそういう名を命けたのです。しかしそんな事をしてそこに居ても仕方がない、まだ大分の時間もあるものですからもう少し西北の方に向って進んで行こうという考えで、だんだんとその池の縁を伝ってまた下へ指して降ったです。下の方へ降って行きますとちょうど瓢《ひさご》の形をして居る池がある。それはその形によって「瓢池《ひさごいけ》」と名を命けて置いた。その池の周囲《めぐり》は恐らく半里位しかなかったろうと思います。それからだんだん下に降って行くと、ずっと向うに雪山がある。その山の西北の方を見るとテントが二つ三つ見えて居る。奇態だどうも、この辺にも人が住んで居るのか知らん、遊牧民でも来て居るのか知らんというような考えが起りました。

それはともかく私はそこで一つの心配が起りました。ははああの家のある方向を指して行くとあるいは彼は道のない所から出て来た、怪しい奴だと疑われるような事があるとわがチベット進入の目的を達することが出来ぬかも知れない、こりゃ外の道を取るがよかろうといって外の方向を見ますと実に深山重畳《ちょうじょう》として外に取るべき途はどこにも見当たらぬ。その雪の山辺《やまべ》のテントのある横に大変低い山間《やまあい》があってその山が西北の方に向って走って居る。まず間道でもあるであろうかというような所がちょっと見えて居る、どうもその方向へ指し

て行きたいような心持もした。ともかくどうにか極《きま》りを付けなければならんと言ってその荷物を卸してそれからまあそこへゆっくり坐り込んだ、というのは私は例の理論上で極められぬ事があるといつも断事観三昧《だんじかんさんまい》に入って事をきめるのであります。その例の手段を執ろうと思ってそこへ廓然無聖《かくねんむしょう》と坐り込んだ訳です。そもそもこの

断事観三昧　ということはおよそ事柄が道理で極められる事はその道理によりて善悪の判断を定めると言うことはむつかしくない。ところが理論上において少しもきめられぬ事で将来に対してはどういう事が起って来るか、未定の問題については何か一つきめて置かなければならぬ事がある。それは私は仏陀の坐禅《ざぜん》を示された法則に従ってまず無我の観に入るのであります。その無我の観中発見された観念のある点に傾くのをもって執るべき方法をいずれにか決定するのでござります。そこで仮にこれを断事観三昧という名をつけたのでござります。すなわちその方法によって向う所を決しようと思ってそこに坐り込んで坐禅を組んで我を忘れて居ったのですが、その時はどの位多くの時間を費やしたかも自分ながら分らなかったのでござります。

第十九回　入国の途上

方針一決　断事観三昧の示すところによると深山の方へ行くのはよろしくない。テントのある方に行くのが安全であるという決定でありますからそこでまた荷物を肩に背負うてぼつぼ

つと出掛けました。普通の考えからいうとどういう困難な道でもまず人家《じんか》のある方には行かないのがよいのですけれども、しかし人家がないからといって全く道のない所に出てしまってはまた困難な場合に陥るから、とにかくこれまで通り断事観三昧の指示するところに従ってやはり進行したのであります。それでちょうど夕暮にそのテントの少し前に着きますと大変大きな恐ろしい犬が五、六疋もやって来てワイワイ吠《ほ》え立てた。

平生肉と糞ばかり喰って居る犬ですからその顔付は甚だ猛悪で毛は非常に長い。大きさは今の西洋の大きな犬よりまだ大きい。そういう奴が五、六疋も私の周囲を取り捲《ま》いて吠え立てるのですから随分気味が悪い。けれどもかねて教えられて居ることがあります。それはなんでも犬に遇った時分には決して犬を打つな、静かに杖の先で犬の鼻先を扱《あし》ろうて居ると犬は決して嚙《かじ》り付かぬということを教えられて居るからその通りやったです。ところが果たして喰い付かないで、テントの中の人に声を掛けると老婆が一人出て来られて私の姿を見て、ああこりゃ巡礼の方だわいとこういいました。

深山老婆の親切　別に疑って居るような様子も見えない。で私はラサの方から参ったものでこれからカン・リンボチェへ参詣する者ですが、戸外《そと》へ寝るのも非常に寒くて困難ですからどうか一夜の宿《やど》りを願いたいと言ったところが、案外快くそんならばまずこちらにお入りなさい、大層大きな荷物で重うござりましょうというような話でじきに家裡《うち》に通してくれたです。一体この辺はあなた方のお越しになる所ではないがどうしてこんな所にお越しになったかという。いや実はゲロン・リンボチェ（僧侶《比丘尊者》）の許《もと》へ尋ねて参ろうと思って図らず道を失ってこういう所に参りました、ああそうですかというような話で早速沸してある茶などをくれました。その茶も日本のような茶でなくってバタも入って居れば塩も入って居る、ちょうど実のない吸物のようなものです。よい具合に味が付いて居てなかなかうまい。と言ったところで我々日本人には始めの中《うち》は鼻先へ持って来られるような物じゃない。嫌な匂いがして飲むことが出来ないけれども久し《〔少し〕》く辛抱して用いて居ると遂《つい》には好い味になって来るです。

　まずその茶を飲み終ると麦焦《むぎこが》しの粉をくれるという始末《しまつ》。ところでいつも私は午後にはそういう物を用いない。すなわち非時食戒《ひじじきかい》を持って居るのでこれは戴きませんと断ると、そのお婆さんは大層感心して、こういう旅の中で非時食戒を守る人はごく少ない。そりゃあなた結構な事だ。しかしこれからそのゲロン・リンボチェの所にお越しになるには、ちょうど一日ほどの道がござります。あのお方はチャンタン（チベットの西方《せいほう》の高原を指していう）の名高いラマ（上人）でござります——チャンタンという一体《〔言葉〕》の意味は北の原ということになって居るがチベットでは西の原を指してチャンタンといって居るです——で、チャンタン中のラマであるあのお方に逢えば誠に尊い利益が得られます。折角《せっかく》都からお越しになったのだからお逢いなさい。その中《うち》に私の息子も帰って来る筈ですが川の水が非常に冷めたくてなかなか徒渉《かちわたり》するのは困難ですから、明日息子と一緒にヤク（牛の類）に乗ってお越しになったらよかろう。息子にもこのゲロン・リンボチェへ参詣《さんけい》するように言い聞かすでござりましょうからとこういうような話。

こりゃ大変によい都合を得た。ところが私の差し当っての困難がある。履《くつ》が破れてしまって一歩も進むことも出来ない。で、お婆さんに尋ねたです。この履をどうにか直す工夫はあるまいか。「そりゃ困ったものだがここでじきに直す訳にはいかない。どうせ二日位逗留しなくちゃあその履を直すことは出来ない」という。それはどういう訳かと尋ねますとそれはヤクの堅い皮を水に浸《しめ》して充分柔かにしないと縫うことが出来ないので二日位かかるという。

雪山下の仮住居　ところで婆さんのいうには私の所では明日一日この山に居って明後日は他の方へ指して移るのでござりますから、明日ゲロン・リンボチェの方にお越しになってあすこへ二、三日逗留してその履をよく為《な》さるがよかろう。明日は息子のあまった履を穿いてあちらにお着きになったら息子に還して下さればそれでよい、と万事好都合。その晩はそこへ泊ることになりました。ちょうど寝ようとして居る所へ息子が帰って来ての話に、かのゲロン・リンボチェという方は神通力《じんつうりき》を得て居って、人の心に思うて居る事またこれはどういう人であるということを見分《みわ》けもし、大騒動の起ることを前知して人に知らしてくれる事も沢山《たくさん》あった。この間も既にこれこれであったと色々面白い話をしましたがそれは余談ですから申しません。もしもその息子のいうごとく真に神通力を得て居るものであれば大いに喜ばしいと思ったです。けれどもチベットには随分山師坊主が沢山ある。そういう窟屋《いわや》に住んで居りながら金を沢山拵えることを考えて、己れは隠者という名義をもって財産を集めるところの手段にして居る似非《えせ》坊主が沢山あるものですから、もしやそういう奴ではあるまいかと

雪中遊牧民の布屋に向う

案じられてその夜は瞬《まんじ》りとも出来なかった程想像に駆られたです。

ヤクに騎《の》る　夜が明けるとその息子はいそいそしくお婆さんの言付けを聞いてヤクを連れて来た。そのヤクという獣はまず日本の牡牛よりよほど大きいものです。また小さな奴は牝牛位のものもある。少し背が低くて毛深いことは実に非常なものです。またその尾と言ったらばちょうど画に描いたような、獅子の尾のように太くて房の形になって後に下って居るです。法華経《ほけきょう》にいわゆる「犛牛《みょうご》のその尾を愛するがごとし」とあるその犛牛である。これをチベットでヤクと言って居りますがこの獣は西洋にもないものですから翻訳が出来ぬものと見えてやはり英語でも「ヤク」といって居る。その牝《めす》をリー【bri】といいます。牛のような顔をして居ますけれども眼相《めつき》の鋭くして恐ろしい事は驚くばかりで時々ギロリと睨《にら》むですな。

始めの中は随分今にもその鋭い角で打ちはすまいかと恐れる位な勢のある獣に見えるですけれども、その性質は案外おとなしくしごく人の役に立つもので、日本の牛よりもなお温柔であるというてもよい位。そのヤクがいかにチベット国を利益して居るかはいずれまた後に折があったらお話致しますが、一疋のヤクに、私の泊った宅の息子はゲロン・リンボチェに上げるところのチーズやバタなどを載《つ》け、二疋は自分らの乗って行くものに供するつもりで都合三疋のヤクを連れ出した。婆さんは誠に親切な人でお茶を拵えてくれたり麦焦《むぎこが》しの粉やらチーズやらバタなどをくれたです。これがチャンタンにおいては非常に優遇だそうです。それから

ラマの岩窟を尋ねる

つもりでだんだん西北の方に向って半里ばかり昇ってまた半里ばかり降り、それから今度東方に見える山に進みかけたです。ところが大変な霰《あられ》が降り出してどうも進んで往くことが出来ない。しようがないからヤクの背から荷物を卸《おろ》してその荷を霰のために濡《ぬ》れないように囲って路端に二時間ばかり休息して居ながら、自分の目的地に達し得らるる道筋などを尋ねて大いに利益したです。その中に霰も歇《や》んだからまたそのヤクに乗って出掛けると半町ばかりの川がある。幸いにヤクに乗って居るから苦もなく渡った。そんな川を二つ渡ってちょうど二里半ほど山を登りますと白い岩窟が見えたです。それで私は白巌窟と名づけた。婆さんの息子がその白巌窟を指してあすこがゲロン・リンボチェの居られる所であると示したです。

それからだんだん上へ昇って行きますとその白い窟《いわや》の前にまた一つ窟がある。これは白くない、少し灰色がかった黒みの岩であってその窟中《くっちゅう》にはゲロン・リンボチェのお弟子が住んで居る、其窟《そこ》へまず案内してくれたです。で、その息子が窟の主に対して、途中で霰に降られたから時間までに参ることが出来ませなんだが、もうゲロン・リンボチェはお逢い下さらんでしょうかというのが午後の三時頃。すると、いやもう今日はとても駄目だ明日でないと。その息子のいうにはそれでは此品《これ》はパーサンと言う者が上げたいと言って遣《よこ》したからどうかゲロン・リンボチェにお上げ下さい。私は明日移転するのですから明日まで待って居る訳には行かないと言ってその男は荷物を置いて帰っちまった。そこで私はその窟の中へ泊り込んだ。

第二十回　白巌窟の尊者

巌窟の主人　というのはやはりラマで其窟《そこ》に坐禅をして居るんです。坐禅して居る〔修業者、巌屋住居の隠者〕と言えば何にもしないようで居るようですが、そうでもない。随分日用品や仏具なども沢山ある。そこには炊事場も寝所《ねどこ》も皆調えてある。その前にお婆さんから貰って来たヤクの乾皮を水に浸した。此窟《ここ》で二、三日逗留さして貰っていろいろ話を聞きますと「これからカン・リンボチェの方に出掛けるのはよほど困難だ。まず二、三日行けば人の居る所に着いてそれからまた二、三日間は人の居る所を通るが、そこから向うは十五、六日無人の地を行かにゃあならんがあなた道を知って居るか。」「いや少しも道を知らない。」「それじゃあとても行かれまい。それにまああなたの着物はよし大分荷物も持って居るようだから泥棒が付きますぞ。」「泥棒が付いたら遣りさえすればいいが何しろ道が分らんでは閉口する。誰か案内者を見付けることが出来まいか」といって尋ねました。

するとこ「どうしてこの辺は最も人の少ない所ですからなかなか案内などする者はありませぬ。あなたはまああの有難やのお婆さんに出遇うたから大変な厚遇を受けてここに来られたが、これから一人で人の居る所に行ったところが誰だって留めてくれやしません。殊に人の居らぬ所が多いから到底無事に行かれはしない。この通り御覧《ごらん》なさい。これから幾里の間どこにもテントの張ってある所は見えない位だから、とても案内者を見付けて上げることは出来ません」とこういう訳。それから私があなたはカン・リンボチェの方に行かれたことがあるかと言ったら、二、三度参詣したという。これから道があるかといや道のある方に行こうと思うと廻《まわ》り路になる、道のない所から行ける場所がある、どうしても行きたいというなら私がその道を説明して上げるからお聞きなさい。この山を下へ降ると大きな川がある。その川を渡ってこういう風に行くんだと綿密《めんみつ》に教えてくれた。まずこれで二、三日行くだけの道順が分ったという訳。

巌窟中の坐禅　それからその晩は窟の中で坐禅をやりました。その坊さんもやはり坐禅をやると言う始末。十二時頃にころりと寝ました。よい気持で眼が覚めて見ますともうその坊さんは起きてから表の方で火を拵えて茶などを沸して居るです。私も早速起き上って当り前なら口を漱《すす》ぐところでありますが、口も漱がず眼をこすりながらお経を読むという訳です。それがまあチベット人の風俗（習慣で）、臭い口でお経を読むのは誠に辛いけれど、そうやらんではチベットのラサから来たということを信用されない。じきに疑われるです。朝起きて口を漱ぐという習慣はあちらには決してないのですから。その儘お経を読んで居ると茶をくれた。例のバタと塩と混った茶、それを漱がぬ口で飲むのです。その時分には慣れて居るから飲み辛いということはないけれど、随分嫌なもので人の見て居ない所なら口を洗って飲むがどうもそうは行かない。よほど我慢をして飲むという訳です。

それから例のごとくやはり麦焦《むぎこが》しの団子に唐辛子と塩とを付けて喰ったです。それが一番うまい御馳走。で十一時過まで話をして居りました。それは専門の話ですから無論お話する必要もない。そこで十二時前ちょうど逢う時が来たというので参詣に来て居る二十名位の人と一緒にその巌窟《いわや》へ指して逢いに行ったです。その巌窟の主人はその辺ではなかなか尊いラマであってどこへ行っても「ゲロン・ロブサン・ゴンボ・ラ・キャブス・チオー」という。意味は比丘《びく》賢解主《けんげしゅ》に帰依《きえ》し奉ると言って、その辺の土民は毎晩寝際《ねしな》にその巌窟の方向に向って三遍ずつ唱えて三遍ずつ礼拝《れいはい》するです。それを見てもその人がどれだけか高徳であるかはよく分る。で数十里隔った所からわざわざ参詣に来て種々な上物《あげもの》をするという次第です。参詣人はいつもその巌窟のある山の麓へ泊って待って居って、その着いた翌日の十一時過ぎから一時までの間に逢うのです。その余は誰が行っても逢わしてくれない。巌窟の外に垣のようなものがあって時間外は締め切ってあるからどうしても逢われない。ところが時間になるとその方が巌窟のちょっと外に出られて皆の参詣人に逢われるです。

ラマと参拝者　上り物はお金を持って来る者もあるが物品を上げる者が多い。めいめい持って来た物を上げてそれからお説教を聞いて摩尼《まに》を授かるんです。というのはまずそのラマが唵摩尼吠嚙吽《オンマニペツミホン》【Om mani padme hum】という六字を唱《とな》えますと参拝者がそれについで和するのです。それからまた種々の教えを受ける前に逢うとすぐに三礼を致します。それから例の通り腰を屈《かが》め舌を出して敬意を表しつつ机の置いてある前まで進んでラマの前に頭を差し付けます。するとラマは右の手を伸ばして頭をさすって〔にふれて〕くれるです。少しいい人〔上流の人々〕なれば両手でやってくれる。また自分と同等の人あるいは自分より豪《えら》い人であれば自分の額をこちらの頭に突き付けてくれる。これを名づけてチベット語で

チャクワンを受ける　と言って居る、すなわち按手礼《あんしゆれい》であります。その按手礼に四通りある。一は額頭礼《がくとうれい》、額を頭《かしら》に付ける礼、一は按双手礼《あんそうしゆれい》、それから按隻手礼《あんせきしゆれい》と、按法器礼《あんぽうきれい》の四つでありますが、三つは前に言った通りで大抵分って居りましょうが第四番目のは普通に用いない。首府のラサでは法王がこの礼を用いるです。第二の府シカチェ【Shigatse】ではパンチェン・リンボチェがこの礼を用いて居ります。それはそういう尊いラマが俗人の頭に手を着けるということが出来ないから、そこで采配《さいはい》のような仏器を拵《こしら》えてその器《うつわ》で頭をさすってやるのが按法器礼であります。ちょっと見ると頭をぶんなぐって居るように見えて居るです。これはごく高等のラマが俗人に対する応答の礼です。そこで私が

巌窟尊者の風采　その尊者の風采を見ますとほとんど七十位の老僧で白髪にしてその言語の鋭いことと実に驚くばかりです。そうしてその容貌の魁偉《かいい》にしていかにも筋骨の逞《たくま》しきところは、ただその禅定《ぜんじよう》だけやって坐って居るような人と見えないほどの骨格の逞しい人で、一見してぞっとするような凄《すご》みのある人でありますけれど、その行なうところを見るとそういう凄い殺伐の方でなくって、人に対して慈悲善根を施し人を愛するということにおいては実に驚くべき観念を持って居られた。その点においては私は一見して充分敬服した訳でありました。こういうような恐ろしい〔尊い〕方もまた半野蛮のチベットに住んで居るものか知らんと思って実は呆れ返った。こういう人ならば彼のお婆さんの息子が言った通り私の内心をよく見通すことが出来る人であるかも知れないから、これは大いに喜ばしいという考えで話をするにもなお一層の悦びと勇気とをもってすることが出来たのであります。それですから後

に話をする時には自然私の様子にもその様が現われたろうと思う。

尊者との問答　そこでまず私も腰を屈め舌を出して進んで頭を突き出しますと按双手礼をやってくれた。自分とほぼ同じ程に見た位の礼をしてくれた。それからじっと私を眺めて「あなたはこういう所に来る必要はないが何のためにここにお越しになったか」とこう尋ねられたです。「いや実は仏法修行のために諸所の名蹟を廻って苦行〔行脚〕して居るものですが、あなたのお徳の尊いということを承りましたからどうかその仏法上の事をお尋ねしたいと思って参りました。」そうするとゲロン・リンボチェのいわれますには「ふうむ、どういうことを尋ねたいのか。」「私はあなたが衆生《しゅじょう》を済度《さいど》なさるのはどういう方法を用いてなされてござるか、どうかその方法の微妙なる点をお伺い申したい。」すると「そういうことはお前の皆知って居る事なんで、一切の仏法はお前にあるので、私に尋ねる必要はない」とこういったです。

　そこでちょっと日本の禅宗坊さんが問答をやるようになりましたから、私は直《じき》に禅宗坊主の真面目《しんめんもく》でその問答に応じました。「固《もと》より一切の仏教はいかなる者にも存在して居るに相違ないけれども、昔善財童子《ぜんざいどうじ》が五十三人の善知識《ぜんちしき》を天下に尋ね廻ったということがある。その経歴の苦しかった事は実に我々仏教僧侶の手本として学ぶべきところである。私は及ばずながら善財童子の跡に倣《なろ》うてこの修行に出掛けてかくもお尋ね致した訳でござる」とこういうと「私の衆生済度の方便《ほうべん》は唯一である。その唯一の方法は大解脱経《だいげだつきょう》というお経に依ってやって居るのである。」その大解脱経というものは私はまだ読んで見たことがなかったから

「それではそのお経を私に見せて戴くことが出来まいか」というた。

大解脱経　するとその白巌窟の禅定者《ぜんじょう》は直《すぐ》に立上って自分の巌窟内に入ってそのお経文一冊を持ち出して来てくれた。それからその経を請《う》け取りまして私はまた直に「この経の真面目は何であるか」と言って尋ねると「それは三乗は即ち一乗であるということを説明した経文である」と答えた。それからその経文を持ち帰って読んで見たところが法華経に似たところのお経でありました。あるいは法華経の一部を抜き取ってこういうお経の名を付けたものではないかと思われたようなところもあった。それから例の履《くつ》を繕《つくろ》わなければならんからその日もその儘泊り込みになってその翌日もまた泊り込み、でそのまた翌日尊者の所に逢いに行ってその大解脱経を読んだ所見についていろいろ問答をした。つまりシナ及び日本風の仏法とチベット風の仏法とが大分喧嘩をした訳であったけれども大いにこの尊者も悦んだ訳でありました。

第二十一回　山中の艱難

白巌窟を辞す　七月七日になお一度禅定者に会ってそれから履の修理をやりましたが、もちろん一度もやったことのない仕事だからその困難は非常なものでややもすると針を手に突き立てて飛び上るような痛い目を見る。そこで窟の主人が見兼ねてこういう風にするのだというて教えながら大方自分でやってくれました。これでまず履の用意も出来ましたから七月八日の朝十貫匁ばかりの荷物を背負って立つことになった。実はその時尊者の言うには是非麦《むぎ》焦《こが》しの粉を少し余計持って行かないとこれから先買うところがあるまい。よしテントがあったところで誰もくれはしないから重くもこれを持って行くがよい。それでないと途中で死んでしまうような事が起るであろうという注意から、麦焦しの粉とバタと乾葡萄を多分にくれたです。そういう物が殖えたものですからちょうど十貫匁余の荷物になったです。その時の重いことと言ったら堪《たま》らなかった。けれども仕方がない。漸《ようよ》うの事でそれを背負い出立したです。なかなか重い荷物を背負って坂を下るというのは足の疲れるもので、漸《ようや》く教えられた川端に着いた時はちょうど十一時頃でございましたから、そこで麦粉《むぎこ》を喰いましてそれから自分の穿《は》いて居る履を脱ぎ股引も取ってしまいずっと裾を上まで捲り上げて、かねて川の深さは尋ねて置きましたから浅そうな所へ飛び込んだ。

寒水徒渉《としょう》の難　ところがびっくりするほど冷たい水で自分の身が切られたかと思うほどの感じに打たれたから一遍に後戻りして飛び上った。こう冷たくては堪らない。一町半もあるこの冷たい川を渡《わた》ってはあるいは川の中で死んでしまうかも知れないと暫く考えて居りましたが、もうその冷たさがずっと身体《からだ》に廻って参りまして少し震え気味になった。こりゃいけない、どうしようか知らんと考えて居るとふと思い付いた。かねて堺の岡村の丁子油《ちょうじ》を持って居る。これを塗るべしと思って早速丁子油の瓶を出して身体にも足にも塗りつけたです。幸い日が照って居るし油をぬり付けて摩擦したので身体も大分温かになったです。

それからぼつぼつ渡るべしと言ってまた飛び込んだ。それでも実に冷たい。始めは冷たくって痛かったがしまいには覚えがなくなって足が川底に着いて居るのか居らんのか少しも解らない。ただ杖が二本あるものですからまあその二つの杖を頼りにして漸く足を支えて向うの岸まで転げそうになって上ったです。川はかなりの急流で深さは腰位まであったです。向う岸に上った時は実に到彼岸《とうひがん》というような快楽を得ました。それからまあ冷たくなって居る所を摩擦するのが役ですから日に乾して摩擦しようと思ったがなかなか動くことも出来ない。もちろん荷物はそこに卸してその辺に転がって見たりいろいろな事をして暫《しばら》くそこに居たです。大分よく成りましたしほとんど午後の二時頃にもなったものですから、少し進んで行ったらよかろうという考えを起して、だんだんと教えられた山の間を向うに進んで行くという考えで立ちました。ところがどうも足がだるくなって抜けるかと思うような具合でなかなか歩けない。

寒冽《かんれつ》骨に徹す　余り寒気に打たれたものですから、この筋肉の働きが鈍くなったということは察せられますけれども、いかにも向うに進めない。それで暫く休息してぼつぼつと杖を頼りに登って行ったです。するとどうも足はだるくて堪らない。荷物も以前より重くなって居るから実に苦しい。二、三町行くとその荷物を石のある所にうまく卸して休まなくちゃあ歩けない。寒いのに腋《わき》の下から汗が出るという始末、実に苦しい。これでは歩けないならこの杖を二本合わしてそうして荷物を二つに分けて、ちょうど日本で天秤棒《てんびんぼう》で荷《にな》うような工夫で荷って行った方がよかろうと思って、荷物を二つに分けて荷った。それから一、二町行くと元来が丸い杖を二つ合わして荷って居るのですから、どうもその肩の痛いことといったら何とも仕様がない。で重いことは前と同じように重い、別に軽くなったとは思われない。そこでどうにもこうにもして見ようがない。背中に背負って見たりまた天秤棒で担《かつ》いで見たり、幾度かあれがよかろうこれがよかろうと考えて、漸《ようや》く七、八町山を登ってそれから向うの方へ指して降《くだ》ることになりました。降りは案外楽なもので困難の中にも半里ばかりの道を降って川の端《はた》に着いたです。その時はちょうど四時頃でもう一歩も動けない。ここで泊るより仕方がない。それにまた早くその辺へ野宿と極め込んでまずヤクの糞《ふん》とキャンという野馬の糞を拾う必要がある。それを薪《まき》にするのでござります。

野宿の炊事　荷物をある場所へ置きまして例のチベット服の大きな裾を上の方に袋形に端折ってその袋の中へ糞を拾い溜めて来たです。で中位の石を三つ集めて五徳の足のような具合に置いてそこで集めて来た糞を塀のような具合に組み立てるのです。それから糞の最も乾いた奴を手で練って粉にして真ん中にふっさりと置くのです。そのふっさりとしたる間へ火口《ほくち》に似た木の葉で拵えたものを入れてそれから日本の昔の流儀で燧火石《ひうちいし》を打って火を移すのです。そうして皮の鞴《ふいご》でぼつぼつと風を送るんです。その送り加減がなかなかむつかしい。私はその

稽古には随分困りました　火を拵えるに大変長く掛るところがある。もちろんよく乾いて居るヤクの糞を入れると火が早く出来るがどうかして湿って居ると半日掛っても出来ない。それで非常に困難する事があった。ヤクですが、それは北海道で馬を飼って居るように飼放《かいはな》しにしてあるのですから糞を拾うには不自由はない。漸く火が出来てぐるりに壁形《かべなり》に積んであ

るヤクの糞に火が付きましてから水汲みに出掛けるので、チベットの鍋《なべ》をもって水汲みに川へ出掛けたです。で、その鍋に水を汲んで来てそれから湯を沸かす。湯は高い山の上で空気の圧力が弱いから奇態にじきに沸く。沸騰《ふっとう》すると茶を手で揉《も》み砕いて入れます。それから茶を煮る時には天然のソーダを入れます（チベット山中にあるソーダ）。どうしても二時間位煮ないと茶がよい色になって来ないです。よく煮ないとチベット人の言いますには毒だと申しますからよく煮るのです。そうしてよく出来上りました茶〔湯〕の中にバタと塩とを入れてそれから実は摩擦すればよいのですが、そんな器械はございませんからその儘指で掻き廻してそれを飲むのです。茶はシナの番茶の固まったのです。それを鍋に一杯の水を入れて煮るです。鍋はおよそ一升入り、その代り昼後は飯は一切喰わない。

露宿《ろしゆく》の危険　さて自分が集め得られただけのヤクの糞および野馬の糞を、一旦湯を沸して真赤な火になって居る上へ一面に継《つ》ぎ足《た》してそうしてその上へ砂を打掛《ぶつか》けて埋め火にしてしまうです。もちろん夜通しカンカン火を焚いて居ると大変都合のよい事がある。というのは猛獣などがその火を見てやって来ないです。雪の中に居る豹で実に恐ろしい奴がある。これは英語にスノー・レオパルド、学名をフェリス・ユニガ【(*Panthera unica*)】というのでチベット人はただシクと呼んでおる。また雪の中に居る猫で大変に人に害をするものもある。そういう獣は夜中火を焚いて居るとやって来ない。それですから本当の望みの方からいうと火を夜通し焚いて居ることは必要であるけれども、それを焚いて置くと或は山の上かどこからか知らんが泥棒などがその火を認めまして、おおあすこに火があるからきっと人が居るに

広原中の露宿及び雪豹

違いない、行ったらよい仕事が出来るだろうと言って、その火を的にどこかの山の端から尋ねて来られる憂《うれい》があるのです。

随分猛獣の迫害も恐ろしいものでございますけれども、それよりもなお人間の迫害の方がよけいに怖い。何故ならば猛獣はこっちでよく寝て居る時分にはどうかすると寝息を聞いても喰わずに行ってしまうこともあるです。それですから泥棒の迫害を防ぐために砂を蔽被《おっか》ぶせておく。翌日の朝までその火がよく保てるようにして置くです。するとまず非常の寒さのために凍えて死ぬの寝られんのというようなこともない。朝は氷が張って居る位ですから温度は氷点以下です。そこでまずその晩寝ましたがちょうどそれが陰暦の六月十三日の晩ですから

月は皎々《こうこう》と寒天に輝いて自分の野宿して居る前を流れて居る川に映《うつ》っているです。語るに友なし折々聞ゆるは猛獣の声、ただその前面を流るる水の音と明月とが私の旅中の困難を慰めるという次第。それがまた非常に佳い景色のように感ぜらるるものですからもちろん山の形などは巌窟《いわや》や禿山《はげやま》ばかりで面白くも何ともないが、ただ月の水に映って居るだけが非常に愉快に感ぜられたのでそぞろに故郷の事なども忍ばれて一つの腰折が出来たです。

チベットの高峰《たかね》ケ原に出る月は
天津《あまつ》御国の君とこそ思へ

まあ寝ましょうとしますけれども、なかなか火があっても背中が寒かったり腰の辺が凍《こご》えて来たりするからやはり睡られない。それで

苦しいながら坐禅　をするのです。で、うつうつして居ります中にいつしか夜が明けました。その火を掻き捜すとまだ火がある。それから水汲みに出掛けた。朝は川の端には氷が張って居るからその氷を叩き割って水を汲んで来てそうして残って居る火に暖めて居る中に自分の荷拵《にごしら》えに掛る。まず自分の着物の着方のぞんざいになって居るのを直します。その中に微温湯《ぬるまゆ》になったところで直にその湯を飲んでまた乾葡萄の貰ったのを喰いまして、腹が出来たから荷物を背負ってだんだん出掛けて行く。さてその川に沿うて登って行けと言われたのか降って行けと言われたのか不意と忘れました。確かに登って行けと言われたように思いますけれども登って行く方の側へ行くと実に山が高いのです。ああいう高い所には大きな荷物を背負ってはとても登れない。よしんばこの山を登って良い道があったにしたところがこの荷物を持って行っては死んでしまう。だからまあこの川に沿うて降って行こうと思いましてだんだん川に沿うて降って行きました。すると路が間違ったのか、どうも教えてくれたところの石に大きな仏さんが彫り付けてあるという場所へちっとも出ない。どれだけ行っても出ない。出ないはずです。登って行くのを降ったから。

第二十二回　月下の坐禅

路窮して巡礼に逢う　ずっと川に沿うて二里ばかり降ると大分広い原に出たです。向うを見ると原の広さが七、八里もあり横幅が三、四里もある位。いやまあこういう所に出れば安心。山の中でこの荷物を背負って居ちゃあとても堪《たま》らない。そこで磁石を振り廻して見ると西北に向うには自分の降った川を向うに渡らなくちゃあ行かれない。ところがその川を渡るのは嫌です。冷たいのが一番苦しいから……どうしようか知らんと暫くそこに立って居ると向うからお坊さんが渡って来た。それもやはり私のような巡礼者であって、カムという国からわざわざゲロン・リンボチェに会いに来たんだそうです。そこで私はこの人に道を尋ぬるために言いました。「これから私はカン・リンボチェの方に行かなくちゃあならないがそのカン・リンボチェに行くにはどう行ったらよかろうか。」「それは向うに行かねばならん。これから二日ほど行くと人の居る所に出られるからそこで尋ねるがよかろう。これをずっと行くとここから見えて居らないがその原の中にテントがある。そこへ指して行けば必ず泊る所が得られるから」という始末……

そこで私はその坊さんに休息して下さい。少しお頼み申したい事があるからと言って、それからその坊さんに乾桃を多分に遣《や》りました。実は自分でも重くって堪らんですから沢山《たくさん》遣ったんです。そうしたところがその坊さんびっくりして悦んだ。で、あなたにこんなに貰う訳がないお気の毒だと言う。いや実はあなたに頼みたいことがある。この荷物を向うの岸まで渡してくれまいか。そうでないと私は大分病気でヒョロヒョロしてどうもこの荷物を持って渡った分にゃあこの急流に押し流されてしまうかも知れないからどうか渡してくれまいかと言って頼みますと、いやそれは何でもない事だ、渡して上げよう。ちょっと見たばかりでも誠に強そうな坊さん。そのはずです。カムの

いわゆる強盗商売〔本場〕の国の人間ですから非常に強い者でなくちゃあ巡礼が出来ないです。そこで何でもなく私の荷物を持ちまして平気で私を引っ張って向う岸に渡してくれたです。その時にはまあありがたい事でした……それからその坊さんはもと来た道に引き返し私はその荷物を背負ってだんだんテントのある方へ指して進んで行ったです。なかなかテントは見えない。ところでその時は疲労がだんだん烈《はげ》しくなって仕方がなくなって来たです。心臓病を起したのかどうしたのか知らんが息は非常に急《せわ》しくなって来まして少し吐気《はきけ》が催しました。こりゃいけないと思ってそこへ荷物を卸しますと背中の方にも荷物を背負ったためにすりむくれが出来ましてその痛いことと言ったら堪らないです。その痛みよりも今吐《は》き出しそうになって居る奴が非常に苦しくって何か胸に詰って来たようになったからじきに宝丹《ほうたん》を取り出して飲みました。

無人の高原に血を吐く　するとドッと一つ血を吐きました。こりゃ大方空気の稀薄の所ばかり長く通ったものですから、こういうことになったのか知らんと思いました。私は元来心臓病はないはずだがなぜこういう風に心臓の加減が悪くなったか知らんと疑いましたが、これもやはり空気の稀薄の加減であろうと察したです。もっともチベット人は空気の稀薄に堪え得られるだけの非常に強壮な肺を持って居るです。私どもの肺はチベット人の肺に比すると大方半分しかなかろうと思います。ですから肺が自然と圧迫されるのか突き出すのか分りませんが、非常に胸膈《きょうかく》が苦しくなって来ましてどうもして見ようがなくなった。で、まあ大病というような形状を現わして来た。こりゃうかうか進んで行くとつまりテントの在る所に達し得ずして死んでしまう。だからまあ今夜ここでお泊りだ。そうしてまあ明日になってぼつぼつ出掛けて行こうというような具合でその晩また野宿と極め込んだです。その距離は二里ほど下って一里ほど来たからその日は三里しか歩いて居らない。どうもその病気の様子といい一方ならぬ有様になった。こりゃ困ったと思いました。実にヤクの糞を拾いに行く勇気もなくなっちまいましてまあそこに倒れ込んで前後知らずに寝てしまったです。それは大方昨夜寒くて寝られないところから前後を忘れて寝たような事であろうと思います。

霰《あられ》に打たれて覚《さ》む　すると何か顔をば酷《ひど》く打つものがあるのでふと眼を覚すと大変大きな霰が降ってるのです。顔といわず身体《からだ》といわずすべてバラバラと打ち付けて居るんです。それからまず起き上ろうと思って坐りかけますとどうも身体の各部がリュウマチを煩《わずら》って居るようにメリメリと痛いのでそのまま静かに坐り込んでジッとまあ考えて居りました。大分に心臓の鼓動、肺の圧迫等が静かになって来たものでございますからこの様子なら死ぬほどの気遣いはあるまい。だが背中の破れた所が痛い。足の疵《きず》が痛い。それに何しろ重い荷物を背負ったのですから筋肉等がすべて痛んで居ると見えてどこもかも痛いです。

これでは今日はとても進むことが出来ないから今晩はもう一晩ここへお泊りという考えを極めましたけれど、差し当り困った事には例のヤクの糞を捜しに歩くことが出来ないのです。身体が痛くて堪らんものですから……。たとえそれを捜しに歩くことが出来てももはや霰が降って地の温度で霰が融けて行くという有様でヤクの糞も馬の糞も皆湿《しめ》って居りますから到底行って見たところが駄目なんです。それから例のツクツク【tuk-tuk】（裏は赤き羊毛、表は厚き帆木綿のごとき切布にて製したる四布《よの》蒲団のごときものにて目方はおよそ三貫目位のもの）という羊毛の大きな夜着のような物を頭から被《かぶ》って下には羊の毛皮の敷物を敷きましてそれでそこへ坐禅と極め込んだです。別に飲物を拵えようとしたところが薪がないから仕方がない。

高原月下雪山の景　そのままジーッと考えて居りますとおいおい夜分にもなって参りまするし、ちょうどそれが陰暦六月十四日の晩でございますから月も明らかに漠々たる原野を皎々《こうこう》と照して居るというような訳で、自分の身体に苦しい所がなかったならばこの境涯は実に愉快極まる高原の夜景であろうと思われたです。何故ならばその漠々たる原野の遥か向うの月下に朧《おぼろ》に雪の山が光って居る様はあたかも雪の中に神仙が現われて居るような有様でありますから、そういう有様をよく観じて見ると決して苦しいどころの騒ぎでなく非常な快楽を感じたことであろうと思うけれども、何分にも身体の各部が非常に苦しいものですからまあ坐禅をして居るもののただその苦しみに心を奪われて、始めは何ということなしに暫く過しましたが、どうもただ苦しい方にばかり観念を奪われてはますます苦しくなる訳でありますから、まあここで本当に苦しいところを押し強く坐禅の妙境に入ってみようというような具合で自分の心を転じたです。するとその辺の場所の愉快なことも分りまして実に面白く感ずるところから五条の橋の上で坐禅された大燈国師の歌を思い出しました。その歌は

坐禅せば四条五条の橋の上
ゆききの人を深山木《みやまぎ》にして

というのでありますが私はその歌に応えるつもりで一つの腰折が出来ました。

坐禅せば高野ケ原の草の上
　ゆききの人も深山木《みやまぎ》もなし

こういうのでございますが大方大燈様が居られたならばあるいは破顔微笑されたかも知れません。あるいは叱咤《しった》の声と共に三十棒を喰わされたかも知れませんなど思うて、だんだんそういう観念が深くなるにつれて自分の苦しみも忘れ我と我が身を忘れたような始末になって来たところから不意とまた歌が出たという訳です。その時には愉快でした。その歌は

苦しめる我もなき身のゆきの原
　法《のり》の光に解くる心は

というような訳でその観念の為にその夜は寒気《かんき》の苦しみにも打たれず、また夜の明けぬにも頓着せずについ暁まで坐禅をそのままに押し通したというようなことでございました。そうして翌日になって乾葡萄を喰ってそれからその荷物を集めに掛ると身体の各部の苦痛は大分薄らぎました。疲労はかなりして居りますけれどもこの様子なれば進むに気遣いはないというのでその荷物をよく整理して、それからだんだん北東の方に向って出掛けました。そこで身体も大分によろしいものですから余程道が進みまして朝の中に四里ばかり進行しました。そこでついその辺に小流れの水があったから例のごとく焼麦粉《むぎこがし》を喰ってその小川を渡ると小さな岡がある。その岡を踰《こ》えて向うを見ると遥かの彼方に白いテントと黒いテントが見えて居ります。

どうも不思議だ　黒いテントはあるべきはずだが白い布のテントのあろうはずはないがどうしたのか知らん。一体このテントはヤクの毛で拵えたもので、土人がヤクの毛を口でくわえて手で延ばしつつ撚《ひね》りつつ糸にしてそれを織るのでございます。で、その布を縫い合せて家の形のようなものを拵える。ですから大抵は黒いのです。もっともヤクには白い毛のものもありますけれど稀ですから白い毛を集めてテントを拵えるということは全く向うではないのです。だから私の不審に思ったのは無理のない事でどうもそれは分らなかったけれども、とにかく五、六個のテントが見えて居りますからその方に向って行けば今晩はそこへ一宿出来る、事によれば二、三日この病気を療養して静かに休まなくってはなるまいという考えも起った。それから勇を鼓《こ》してテントのある所へ指して二里ばかり進んで行った。そこへ着く半里ほど手前から余程苦しくなったけれども、何分向うに目的がちゃんと極《きま》って居るからそこまでどうやら着きますと、最初にお迎いに預ったのは恐ろしい例のチベット北原の猛犬五、六疋ワイワイと吠《ほ》え立ててお迎い下すった。そこで例の杖の先で犬の鼻をあしらって居りますと、その一番大きなテントの中からチベットには稀なる美人が顔を出して私の様子を暫く見て居りました。

第二十三回　美人の本体

美人の一声　それからその美人が門口の紐で括《くく》ってあるテントの扉《ひらき》を明けてこっちへ進んで

高原稀有の美女と猛犬

来てその犬を一声叱り付けますと、今まで非常に吠えて居ったところの犬はその主人に叱られたので俄《にわか》にポカンと耄《ぼけ》たような顔をして皆チリヂリに逃げてしまったです。その様が実に滑稽で面白かったです。で私は笑いながらその婦人にどうか今夜一晩泊めて貰えまいかと言って頼みますと、一応私のラマに尋ねてお答えを致しますと言うて家に入りそれからまた出て来て、よろしゅうございますからお入りなさいといいますのでまあその中に入ったです。どうもそういう所に入ったのは極楽世界の蓮華《れんげ》の中に入ったよりか身体《からだ》の上からいうと結構に感じました。そこでその夜は何かの話をしてそのまま過しましたが翌日も身体の療養ということでやはり泊って居りました。その翌日もまた泊って居ったです。その間にいろいろ道筋の話を聞いて見ますとこれから半日ばかり馬で行くとキャンチュ（野馬川）という川がある。その川はなかなか大きな川でブラマプトラに注いで居る。その川を渡るには渡る場所があってうっかり渡ると水に持って行かれてしまうという話である。ですからその川を渡る便宜も得なくちゃあならん。

ところでもはや二日ばかり療養して大分に身体も快《よ》くなりましたから、翌日は発足したいと思ったけれども明後日《あさって》すなわち十三日でないとその便宜を得られないということであったからそこで休んで居ることになったです。ところがちょうど十二日の晩ですがそこに居る四、五軒《けん》の遊牧民が私に請うて説教《せっきょう》をしてくれということがあった。それは私の居る主人のラマが私をもって誠に尊いラマであるからこのラマの教えを聞くことが必要であるというて外の人に説き勧めたものですから、沢山なといったところで三十名ばかりの人ですがその人たちに対してその夜は説教しました。それでだんだんチベットに在るところの仏教の有難い例話などを引いて説教の後に三帰五戒を授けて遣りましたところがめいめい布施物を上げました。その中に娘が一人居りましたが自分の首に掛けて居る**珊瑚《さんご》の飾《かざ》り**です。珊瑚珠《さんごじゅ》が七つばかりでその間に宝石が一つ入って居るその飾りを上げたです。それは一旦取りましたが必要のない物ですから折角下すった志《こころざし》は確かに受けたがこれは入用がないからお還し申すと言って還して遣りました。ところでそれじゃあ何にも上げる物がないと言って大いに困ってその内の宝石一つだけくれました。その宝石だけはどうしても貰わないという訳にはいかない。外の人も是非請け取って遣ってくれと勧めますからその宝石だけ貰いまして今もなお記念として私の手にその宝石が残って居る。その翌日白いテントの主人が出て来て乾葡萄、乾桃、乾棗《ほしなつめ》などを持って来まして私の泊って居る主のラマと交易《こうえき》しました。それは何と交易するかと言うと羊の毛あるいはバタと交易するんです。その交易に来た人はラターク【Ladak（Ladakh)】の商人《あきんど》です。おかしなチベット語を使って話も漸《ようや》く分る位に出来るんです。

その男は余程仏教信者と見えて私にいろいろ仏教の事を尋ねますから相当の返辞をして仏教の有りがたい事を説いてやりました。ところが大いに悦んでどうか私のテントの中に一遍来て下さい、お茶を上げて供養したいと思うから今日昼の御膳はここで上らずに私の所に来てくれというからそこへ参りました。すると乾葡萄など大分高価な物を沢山くれてなおその日そこで出来得るだけのご馳走をしてくれた。で、その主人が明日いよいよその川を渡って商いの都合で向うの岸に居る遊牧民の所へ共に行くということになったです。

しかるにその私の泊って居ったラマというのは実に新教派のラマで妻帯もしなければ酒も飲まないという側の清浄な方であったのでその名をアルチュ・ツルグー【Alchu Tulku】と言うて居る。すなわちアルチュにできたところの化身という意味です。その方がその辺での非常な美人に思われたのか、自分が思ったのか、どういう関係から一緒になったか知らんがその美人を女房としてそうして清浄な僧侶の品格を全く汚して居ったのです。けれどその人の心は余程慈悲深い寛大な人で善い方で、財産も余程あるものと見えてヤクなども五、六十疋《ぴき》飼ってたです。羊も二百疋あるです。大きな財産家ではないですけれどまずその位あればちょっとよい方の側で妻君もなかなか気の利いた美人です。ですから一家の内は和楽して実は悦ばしく過して居たのです。また世間から見ても財産もあり万事整うて居るから非常に安楽であろうとこう見られる訳で私どももつい結構な活計《くらし》だなと思って居りました。しかるに私がそのラタークの商人の宅から帰って参りますと

美人夜叉《やしゃ》と変ず　で何か家内《うち》で非常な喧嘩が始まったような声がして居る。何か知らんとテントの内へ入って見ますとその菩薩のような美人の妻君は夜叉のような顔になって角は生えて居らなかったけれど真赤《まっか》な顔になってラマに対して悪口を言って居る。その憎気な言い草と言ったら通常の耳をもって聞くことが出来ない。よその腐《くさ》れ女をどうとかしたとか女が出て来ると要らぬ物まで遣《や》るとかあるいはどこそこの女にこういう事をしたとか、それから自分の親類の者には内の物を沢山遣っていながらおらが親類の者には何もくれないとか、お前

のような者は畜生である、犬であると罵《ののし》るその鋭い有様というものは全く狂気の沙汰と外見《ほか》えないようです。ところがそのラマはごく温和な人ですから黙って居られるけれど、いかにも私が帰って来たのでその手前もあったものと見えてこの畜生と言って立ち上ってその美人を一つ打つ真似をしたんです。すると大変です。さあ殺せと言ってラマの足元へ坐り込んで眼をつぶって夢中になって、さあ殺せそこに刀があるからその刀でもって殺せ。貴様は人間でない夜叉であるから**おれを殺して喰え**　さあ喰え、坊主の所作も出来ない癖に坊主ぶって人を誑《たぶら》かす悪魔である、という。その言いようの憎げなことは今思い出してもぞっとする位。私はその時感じました、ああどうも僧侶の身分で女房を持ったというものはこんなに辛い苦しいものか、人目から見た時分には随分よく見えるがどうもこの様は気の毒なものだなあと思って実に呆れ返った訳でございましたが、さて打《う》っ遣《ちゃ》って置く訳にいかないものですからまずその婦人をよく宥《なだ》めてまあ静かに寝さしてしまうような方法を取りました。それからそのアルチュの化身ラマには外へ行って貰うようにして私がラタークの商人の宅へ指して誘導して参りました。それでその夜はうまく事が収まったというような訳でございました。いやもうチベットの坊さんばかりではありますまい。堂々たる日本の坊さんでも女房を持ったり子を拵《こしら》えたりして居る人はこれと同じような難儀を見て居ることだろうと思うて、窃《ひそ》かにその夜は涙を流しましたが実に女房を持った坊さんほど気の毒なものはないです。

第二十四回　一妻多夫と一夫多妻

裸体にて川を渡る　それから翌日私はそのラマから借りた馬に乗って、そうして荷物はラタークの商人の騾《らば》に載せて川端を指して参りました。ちょうどその時にはほとんど北に向って参ったんです。高低《たかひく》な高原地で、雪はチラバラ、草が少しくあっちこっちに生えて居るというような所を通りまして五里半ばかり行きますとキャンチュの川端に出ました。その川はそこからずっと西北の方をながめますと二十余里も向うの方にどっかりとすわって居る大きな雪山《せつざん》の間から流れて来て居るです。その流れて行く先を見ますと東南の山腹の中に入ってしまってその行く所を知らず、川幅は広い所は三丁あまり水が平に流れて居るが狭い所は半町余りない所もある。その川の狭い所は巌と巌とが迫っているような所です。で、その川端で休んで昼食することにしました。ラタークの同行者は五、六人もあるからそれらが薪を拾い集めに参りまして私はお客さんで坐り込んでお経を読んで居たです。それから私がアルチュ・ラマから貰って来た米を煮ました。その米はネパール地方から輸入されて居るので一升七十銭位の割合です。その米を私に五合ばかりくれたからそれをみな煮て外の人と分けて喰いました。久々で米を喰って実にうまく感じたです。

それで馬に乗ってじきにその川を渡れば誠に楽ですが、大変砂深い川ですから馬の足が深く入り込んであるいは馬に害を及ぼすことがあるか知れないというので、重い荷物は馬から下して人が向うに運び付けるという訳にしたです。そうですから私共も馬に乗って渡ることが出来ない。やはり裸体になって渡って行かにゃあならんです。ほとんど臍《へそ》位の深さの所ばかり渡りましたが、それは案内者に引っ張って貰って渡って行くのです。水幅が三町半ほどで、その水の中には朝、氷の張ったのが融《と》けて上流から流れて来た小さき氷塊があるからその氷が足や腰の辺に当ると怪我をする。水の冷たいことは申すまでもない。まあそういう風で上り終ったところでその冷たい感じのために暫くは歩むことが困難です。

幸い他の人は荷の上下《あげおろ》しをしたり馬に荷を載《つ》けたりして居るその間、私は暫く休息して日に暖たまりながら自分の身体を摩擦して居ますと、荷物を皆馬へ載けてしまったです。で私も同行の人たちも共に馬に乗ってその川端に沿うて西北の方へ遣って行ったです。で六里ばかり行くと一つの遊牧民の集まって居るナールエという所に着いた。それがちょうど七月十四日です。ここはやはりキャンチュの北岸でそこに七、八軒のテントがある。その内で一番大きいカルマという老人の家へ着きました。この辺は皆仏教信者ですから向うで疑いさえ起さなければなんの事もなく厚遇をしてくれる。私は殊にアルチュのラマから馬を送られた位ですから大いに私を厚遇してくれたです。

同胞一妻の習慣　そのカルマという人の家は実に奇態な家でチベットにはほとんど例の少ない遣り方の家でした。元来チベットでは大抵兄弟三人あっても五人あっても嫁《よめ》さんは一人しか貰わんです。兄さんが嫁さんを一人貰ってその外の者はその嫁さんと一緒に居てやはり夫婦の関係になって居るです（婚姻についての面白い話は後にお話しします）。いわゆる多夫一妻です。チベットの国は痩《や》せた国ですから兄弟銘々に妻を持つことになると、財産を分配しなくちゃならんというような関係からかかる習慣が仏教の入る前から形造られて居ったように思われるです。ところがこの家には妻君が三人ある。その主人は五十位の人で一番の女房は四十七、八の盲目、次のが三十五、六の女、その次が二十四、五です。一番末の女房に子が一人ありました。

こういうのはチベットでは類が少ないです。全く無い事はありません。娘が二人あるいは三人で養子を一人貰って済《す》まして居る家もその後見た事がありますから無いことはないが、こういう風に始めから自分一人で三人も女房を持って居るというような有様はその後私はどこでも見なかったです。その家でお経を読んでくれないかといいますから宜しいといって自分の身体を休める必要もありかたがたお経を二日ばかり読みました。で、どうしても履《くつ》を一足余計に買って置かぬと破れた時分に非常に困るからそこで履を一足買って悪い所を修復したです。で十八日に大きなチベット羊を一疋買いまして、その羊に荷物の幾分およそ三貫目ばかり割いて背負わして私が六貫目ほどの荷物を背負うことにしたです。

大分楽になった訳で、それでヤクの尾で拵えた縄でその羊の首を括《くく》って自分も荷物を背負って、そこの家を辞《じ》してカン・リンボチェの方向に進んで行くことにした。そこで一、二町は素直に行きましたがその羊が逃げようとして非常な力を出して私を引き摺《ず》り廻すです。大変な力のものでどうしても向うへ進まない。一生懸命に引っ張って行こうとすると後退《あとずさ》りしてなかなか進まない。後から杖で打擲《ぶんなぐ》って追い遣ろうとしてもどうしても動かない。そりゃどうも非常な力のものでかえって私が引っ張って歩かれるという訳。遂にはもう羊と戦い草臥《くたび》れてしまってどうにもこうにも心臓の鼓動は激しくなって来るし呼吸も忙《せわ》しくなって来たです。で様子が変になったからこりゃ

羊と喧嘩　ばかりして居て自分の身体を悪くしてしまっては困るから今日は後戻《あともど》りをして一つ聞いて見なければならん。この羊をどういう具合にして遣るかということをよく尋ねなけ〈れ〉ばならんという考えで、後戻りをしてまたそのカルマという人の家へ来まして、その日はそこへと逗留することになったです。で、その主人に訳を聞いて見ると「こりゃまだ人に慣れない奴だからいうことを肯《き》かない。もう一疋買うと友達が出来るからどうにか進んで行くことが出来るだろう。人に慣れて居る少し好い羊を上げようからお買いなすったらどうか。」「いやそれでは分けてくれ。」その羊の値は一円二十五銭位のものです。小さいものなれば七十銭位からあるです。そこでまず羊が二疋出来ました。その羊へ荷物を三貫目ずつ分けると自分の背負う分は三貫目、非常に楽になった。これならばずんずん進めるという考え。するとその日の午後三時ごろにホルトショ（その辺一体の地名）の酋長ワンダクが自分の手下を引き連れて私の居る所に出て来たです。

私の主人とも話しまた私とも話をしたがジロリと私の顔を眺めてどうやら疑いのありそうな趣が見えたです。そこで此奴《こやつ》は疑わしいという話を仕掛けられて花〈話〉に花が咲いては困る事が起るであろうからと気遣って、私はじきに話の緒口《いとぐち》を開きました。それはゲロン・リンボチェの事を言いました。そうするとゲロン・リンボチェは酋長の非常に信仰して居る

人ですからお前はゲロン・リンボチェに逢《あ》ったかという話です。逢うてこうこういう話をしていろいろ鄭重《ていちょう》な品物をくれたばかりでなく菩提薩埵《ボーデサッタ》、摩訶薩埵《マハーサッタ》の行を完《まっと》うせよということを言われたという一伍仟什《いちぶしじゅう》を語りました。そこでその酋長はすっかりと疑いが解けてしまいまして大いに私に好意を表して、それでは明日私の宅へきてお経を読んでくれというような事でまず翌日はその人の宅へ行くことにきまったです。

機一髪殺活自在　にやるというのは禅宗坊主の特色でありますが、私もその端くれの一人ですから日頃心掛けて居った事がこういう時に大分間に合ったように思いました。で、その翌日ワンダクの宅へ馬に乗って出掛けたです。荷物は皆運んで貰いまして三里ばかり行くとその人の宅へ着きました。山の中で雪の大分ある所でございましたが大きなテントで成程ホルトショの部落の酋長と言われるだけの大きな財産を持って居りました。その翌日も逗留して酋長の請《こい》に従ってお経を読みそこでまた道の順序を尋ねました。で、その翌日二里半ばかりの道を馬でも〔に〕って荷物だけ積んで人一人付いて送ってくれまして、これから先はむつかしくはない、今夜一晩野原に泊りさえすれば翌日は遊牧民の居る所に着けるであろうという。それからその言った通りにその晩はある池の端に泊ってその翌日進んで参りました。

ところがもう荷物は羊二疋に背負わして自分は僅か三貫目の荷物ですから歩くにもごく安楽でまあいろいろの面白い考えも出来る。非常に苦しい時分にはなかなか悠長《ゆうちょう》な考えをして居る暇もない。幸いにある池の端でテントの四つある所へ指して着きました。例のごとく猛犬にお迎いをされたです。こりゃお極《きま》りですからこういう所に着いた時分にはこんな事があったということをこの後はお話することを止《や》めます。そこである家に宿りました。それから一日ほどの所にブラマプトラという大河の源流《げんりゅう》である、チベット語のタムチョク・カンバブ【Tamchok Khanbab】という川に着くことになって居るんです。その川はチベット唯一の非常な大河でありますから案内者を頼みまた荷物を向うへ渡して貰う人を頼まなくちゃあなかなか危ういです。で、その便《べん》を得るためにそこでだんだん頼みましたが幾ら金を遣るからと言っても誰も行ってくれない。それからいろいろ珍しい物や何かを遣ったりして頼んだですけれども誰〔も〕あって行こうという者が一人もないです。

第二十五回　大河を渡る

薬を施して馬を借る　ところがその近所に病気で困って居るお婆さんがありまして、その病人が出て来てどうか薬を下さい、大変悪いようです、いつ頃死ぬのか診て貰いたいという。様子を見ると随分危ない病気で、肺病のようであったからどうも私共の手に負える訳でもございませんけれど、かねて肺病の容体など知って居るものですから逐一《ちくいち》摂生法を言い聞かせたです。それから薬を遣らないと安心しないから間に合い薬を遣りました。すると大いに悦んで、何をお礼したらよいか、こんな尊《たっと》いお方からこういうように結構な目に遇《あ》うということは願うてもない幸いだから何かお礼したい。どうかあなたの方からおっしゃって貰いたいといいますから、それならどうか人二人《ふたり》ばかりと馬三疋ばかり世話して貰えぬだろうか。ここに馬も五、六疋居る様子だから明日川端まで送って貰ってこの荷物を向うまで運んで貰えまいか、川の中は羊では荷物を渡すことは出来ぬというから是非そうやって貰えまいかというと、ようございますとも私がその事を計らいますと言ってすっかり引き受けてくれました。

まあよい都合で馬を三頭と、それから人二人を借り受けその馬の鞍《くら》に掛けて荷物を四貫匁ずつ位積み、そうしてチベット人の常例としてその上に人が乗るのですが私の荷物は馬三疋に割って何でもなく積んでしまった。それから羊は馬の上からその人たちが引張って行くということになって、馬三疋で羊二疋を引っ張りながら、タムチョク・カンバブの大きい川端に着きました。朝五時頃に出て十一時頃に着いたのですがその間ほとんど七里ばかりの道を進行したです。そこでそのブラマプトラ川の清らかなる水を取って茶を沸《わ》かし麦焦《むぎこが》しを喫《た》べて例のごとく腹を拵えました。

チベット第一の川を渡る　川底の砂が深いから馬を川に入れない。水のある川の広さは十五、六丁、それから川原になって居るこちら側の広さが一里ばかり、向う側の広さが半里ばかりある。ですから実に広大な川でまずこちらの川原を通り過ぎて川端へ着いたのです。ただ今申した通り時刻はちょうど宜しゅうございますからそこで清らかなる水を取ってまず昼飯を済まし、それから私は例のごとく身体に丁子油《ちょうじ》を塗った。しかし塗るのをその人たちに悟《さと》られてはいかないからお手水《ちょうず》に行くという都合にしてある岡の蔭《かげ》に隠れて油をすっかり塗って来たです。それからこちらに出て来てさあこれから入ろうといって川の中へ入ったです。で二人の人はその荷物を二つに分けて背負って行く。私を導いてくれる人は羊を引っ張って行く。それで十五、六丁ある水の流れて居る所を渡るのですが浅い所は腿《〔ひざ〕》ほどしかない。それも水は五、六寸位のもので底が見えて居るですがやはり砂の中に足が嵌《はま》り込むから腿《〔ひざ〕》まで入る。また深い所は大抵腰の上まである。

どうやら渡り終った所でその二人は荷物を卸《おろ》した。私はその人々に礼物としてチベット流のカタというものを遣《や》った。これは白い薄絹《うすぎぬ》です。人に進物をする時分には物にその薄絹を添えて遣るのが礼です。もっともカタばかり贈って礼意を表することもあるからそれを一つずつ男たちに遣りました。するとその男たちの言うには、これから西北の山と山との間を通って行くと、マナサルワ湖の方へ出てカン・リンボチェに達することが出来る。しかしこれから多分十五、六日間は人に逢うことは出来ますまいから充分ご用心なすって、雪の中の豹《ひょう》に喰われないようにお経でもお読みになってお越しになるがよかろう。私共はここで帰らないとまた遅くなるからと言って別れを告げて帰ったのです。さあこれから

十五、六日間無人の高原　を往かなくちゃあならんかと早速その荷物を背負って半里ばかりある磧《かわら》をドシドシ行って参り、そこから堤ではないけれど高くなって居る所をずっと四、五丁も上りますと平地に出ました。平地の間にも山がちょいちょいあるです。そこまで来ると羊に草を喰わせにゃあならず、自分も大分疲れて居るから草のある辺《へん》で草を喰わし自分も荷物を卸して休みながらずっとブラマプトラ川の流れ来る西北の方向を見ますと、大きな雪の峰が重なり重なってちょうど数多《あまた》の雪達磨《だるま》が坐禅をして居るように見えるです。雪が山の裾《すそ》

まで一面に被《かぶ》さって居る有様はとてもダージリンやネパールの方からは見ることは出来ない。これがすなわちチベットの高原地から雪山を眺めた時の特色であることを感じたです。それからずっと川の行先を眺めて見ますと遥かの雲の中に隠れてどこへ流れ込んだか分らなくなって居るが、その蜿蜒《えんえん》と廻り廻って上から下までずっと流れ去り流れ来《きた》る有様はちょうど一流の旗が大地に引かれて居るような有様に見えたです。そこで例のヘボ歌がまた胸の中から飛び出した。

　　毘盧遮那《ビルシャナ》の法《のり》の御旗《みはた》の流れかと

　　　思はれにけるブラフマの川

どうもこの歌が出来た時には歌人《うたよみ》から見るとむろん詰《つま》らんものでもありましょうが自分の考えからすると実に愉快に堪えられなかった。まあこういう所に出て来ればこそこんな歌が出来たんで、この景を見なかったならばどうしたってこんな歌なんか自分の脳髄から飛び出すようなことはあるまいと感じて非常に嬉しく自分独りで満足して居ました。で草は既に羊に食わしてしまったから自分が荷を背負ってだんだん西北の方向に向って山の間に登って行きましたがもう楽です。荷物が軽いからどんどん進行が出来る。その辺は山の間あるいは高原の間には池が沢山あるです。山の上などに上って参りますとここにもかしこにも池が見えて居る。その池の大きさは大きいのは十丁あるいは二、三丁また一丁位のもある。この辺の名は何というか知らんけれどもコンギュ州の中であろうと思います。で私はその辺を名づけて「千池《ちいけ》ケ原」と言いました。それから午後四時頃その池の端に着きまして荷物を卸し羊は草のある所に置いて自分は例のごとく野馬の糞《ふん》を拾いに行きました。**遊牧民の跡だもなし**　その辺はどうも遊牧民の来ない所と見えてヤクの糞がない。大抵野馬の糞ばかり。そこでその野馬の糞を沢山集めて火を拵えてその夜はそこで過しました。その晩は非常に寒いのでやはり寝ることが出来ずそのまま夜を明《あか》した位ですからまた一首の腰折が出来ました。

虫の音も人声もなき高原に
　おとなふ月の友は唯われ

翌日また進行して四、五里西北に進む間はやはり池もあったですから、その池の水を汲んで例のごとく昼飯を済まし、だんだん西北へ指して進んで行くと西北に当って大きな雪山が見えます。どうもその雪山を登って行くには非常に困難ですから、東の方に行かにゃあならぬという考えも起ったです。仕方がないから雪の山と山との間でも通って向うに踰《こ》えようか。あるいは東の方の雪のない山を踰えて行こうか知らんと暫く考えに沈むと何とも判定のしようがないから例のごとく断事観三昧《だんじかんさんまい》に入って決定して行く。それが誤らずにうまく行ったです。だんだん進んで行くと今度は池も何もちっともなくなった。**水なき広原に出《い》ず**　それから水は少しもなくなったです。どうか水のある辺まで行って今夜茶を沸《わか》して飲んで寝たいものだと思って四時頃になってもなお歩みを続けて、山また山を踰えて行きましたがちっとも水がない。ちょうど七時頃まで歩きましたが何もない。その日はおよそ十一里位歩いたです。もう羊も疲れてしまってなかなか進まない。自分は喉が乾《かわ》いて仕方がないけれども幸いに草があるから羊に草だけ喰わして今夜はここへ寝るべしと決心したです。その代り火を焚《た》く世話もいらぬ。もちろん夜分になっては火など焚いて面倒が起ってはならんから焚くことも出来ませず、そこへ寝込《ねこ》んだです。ところが昨夜寝られないのと十一里ばかり歩いて疲れて居るのとで随分寒くて苦しかったが、苦しみも慣れて見るとさほどでないと見えてウツウツと寝込んだです。

第二十六回　渇水の難風砂の難

水の代りに宝丹　その翌日五時頃に起きて、羊は草を沢山喰って居るから荷物を背負わせ自分も荷を背負うことにして向うの砂原を見るとどうやら水がありそうに見えて居る。川があるそこまでは少なくとも三里ばかりはあるようですからまああすこまで行きゃあ今日は水を得られるという考えから羊を追い立ててその方向に進んで行った。その前日から水がなくって困って居ったから非常に喉が乾いて実に堪《た》えられない。宝丹などを口に入れて漸《よう》く渇きを止めて居るがどうしてもいかない。早く水のある所へ着いたらと思って急いで行って見ると実に失望した。遠く望むと水の流れて居る川らしく見えます。そこに着いて見るとあに図《はか》らんや水はすっかり涸《か》れて奇麗な白石ばかり残って居る。ちょうどそれが水のように見えて居ったです。

で私はその時に思いました。餓鬼《がき》が水を飲みたい、水を飲みたいと思って行くとその水が

漠々たる広原に渇死せんとす

火になって大いに困るという話があるが、私のは水が石と変じてしまったと思って大いに失望した。これでは仕方がない。ここからどちらに水を求めに行ったらよいか知らんと思ってあちこちを見たがその辺には何もない。五分ばかり伸びて居る草がちょいちょいある位の事で何にもない。どうも仕様がない。そこで西北の方向を取ってどこかに水があってくれれば好いと思ってまたやっ《〔漸くやっと〕》て行くと向うに砂原があってキラキラ水があるように見えて居る。悦んで行くとそれは不意に消えてしまって陽炎《かげろう》であったか、つまり砂が日光に反射して水のようにその辺に現われて居ったものと見える。こりゃ本当に

水に渇する生きたる餓鬼　だと思ったです。腹の中から水を求めて居るようになったけれども仕方がない。だんだん進んで行くけれどもどれだけ進んでもさて水のある所が見付からない。今夜も水を得られずにいた日にゃあこのまま死にはせぬかと非常に苦しくなった。その度《たび》に宝丹を出して飲むけれども飲むとかえって余計喉が乾く位、しかし幾分の助けにはなったろうと思います。それからだんだん進んで十一時頃になると向うの方にちょっと低い溜《たま》りのあるような所が見えた。あすこに水があるだろうと思ってそこへ指して砂を踏み分けつつ行きますとなるほど水がありました。その時の嬉しさは何とも堪え得られんほど嬉しかった。まあこれを一つしっかりと飲んでそれから茶を沸かそうともう片時も待って居られないから、早速荷物を卸して懐ろから椀を出して汲もうとすると

その水が真赤　になって居る。これは何か知らんと思うとチベット高原にある一種の水なんで、それは何百年この方そういう風に腐敗してそこに溜って居ったものであろうかと思われ

る位。早速汲んだところが細かな虫がウジウジして居る。これじゃ直《す》ぐ飲むという訳にはいかない。殊に虫のあるような水を飲むことは私共には許しませず、どうもこいつあ困った、しかしこれを飲まなくちゃあ立ち行かず、飲んじゃあ仏戒にも背くし第一自分の身体を害するがどうしたら宜《よ》かろうかと暫く考えて居りましたがじきに案が浮びました。かねて釈迦牟《しやかむ》尼《に》如来《にょらい》が戒法をお立ちになった中にもし水の中に虫が居たならばその虫を切布《きれ》で漉《こ》して飲めというお教えのあった事を思い出して、こりゃいい事を思い出したというので早速切布とチベット鍋を出してその水を切布で漉したです。そう致しますと外側に虫が残って水が下へ落ちた。それが清水かと思うとやっぱり赤い。けれども虫のウジウジして居るのが眼に掛からんからそれを椀に盛って一盃飲んだ時のその味は

極楽世界の甘露《かんろ》　も及ばなかったです。一盃は快く飲みましたが二盃は飲めない。これをどうか湯に沸かして茶を拵えて飲んだらよかろうというので、その辺を駈け廻って野馬の糞を集めて来て沸かして居ると十二時間近《まぢか》になって来た。十二時過ぎると飯が喰えないことになるからまだ湯は沸かないがその微温《ぬるま》な水で麦焦しを捏《こ》〈捏〉ねて充分麦の粉だけ喰ったです、例の唐辛子と塩を付けて……。実にうまかったです。それから一里ばかり砂の中を行くと午後三時頃から非常に風が吹き出した。どうもその砂が波を揚げて来るので荷物は砂に押《お》っ被《か》ぶされてしまうし、バアーッと眼の中へ吹き込むから眼を開いて歩くことが出来ない。と言って眼を開かんでは方向を見る訳に行かず、眼を開けば砂が一ぱい入って来るという訳ですから何とも仕様がない。そうかと言ってジーッと坐り込んでばかり居る訳にもいかな

い、**砂が波を立てて来る**のですから……。ああいう荒い凄まじい景色は日本に居る時などは夢にも見たことがなかった。砂がドシドシ波を立てて来る。ですから堪《たま》らんです。砂地がほじくられたようになってドーッと荒《すさ》んで来る。ですから暴風のために今前にあった岡が失くなってまた向うに砂の岡が出来て居るというような始末。どうもそういう中ですから坐って居ることも出来ず進むことも出来ず進退これ谷《きわま》って心中に経文を読んで居りましたが、その暴風は幸いにして一時間ばかり経つとヒョッとやんでしまいました。大いに安心してその砂原の中をだんだん進行してちょうど五時頃当り小さな草も生えて居れば棘《とげ》のある低い樹の生えて居る所に着きました。その樹は日本の茶畑のような具合にぼつぼつと生えて居てみな針がある。寒い所であるから葉は青くなって居らんで真っ黒になって居る。こりゃよい所に着いた。この辺《へん》の水の在る所で今夜はこの枯れた樹を集めて、まあ火がよく出来るという考えでその辺の池のある所に荷を卸してまた例のごとく枯芝《かれしば》を集め野馬の糞を拾ってその夜はごく安楽に、その泊った所も誠に池の中のような所に入ったから案外風が来ないで暖かでその晩ばかりは心安く休んだです。ところがその翌日また

一大困難が起ったです。それでその池の端から出て例のごとく羊を駆ってだんだん山に登ってある山の中腹《ちゅうふく》に参りまして遥か向うの方を見渡しますと大きな川がある。その川の折々〔所々〕に池がある（池また川、川また池となるの意）。池はさほど大きなものではありませんけれどもそういう池が沢山にあるのです。で川はみな雪峰から出て来て居るのですが私の見たと

広原の大風砂礫を捲き来る

ころでは池がその辺に五、六ヵ所ありました。それはもちろんブラマプトラに注いで居る川でその川の名を後で聞いて見るとチェマ・ユンズンギチュ【Chema-yungdung-gi-chu】（卍《まんじ》の砂の川という意味）という。それは川が流れて池となり池また流れて川となるで、その池の配合で川の流れ塩梅《あんばい》が卍のようになって居るのかも知れません。で、その川でわが生命を失うかどうかという困難が起って来た。固《もと》より山の中腹から望んだ時はそんな事の起ろうとは夢にも知りませんけれどもその山から望んだ時にはまたこの川を渡らにゃあならんかと思いました。なぜならばその冷たい、冷たい川を渡るのはちょうど**地獄の氷の川**を渡るような感じが起るからです。もっとも私は地獄に行って氷河を渡った覚えはないがそれほど辛く思ったです。固より困難は承知なれども差し当りの困難に対してはいや随分困ったなと考えの出るものでございます。とにかくだんだんその川の方に進行しなくちゃあなりませんからその川へ指して降って参りました。ちょうどそれが午前九時頃でしたけれどもまだその川端には少し氷がありますし、今渡った分にはとても寒くっていけない。第一氷で怪我をするからま少し融けてからでなくちゃあいけない。その間に茶でも拵えて昼飯でも喰いましょうという考えでその通りにやりました。やがて十二時頃になってから自分の身体へ例の丁子油を塗付けました。で深さを探って見ると大分に深いです。まず羊を追い入れようとすると羊は深いということを知ってでも居るのかどうしても入らない。

第二十七回　氷河に溺る

羊を牽《ひ》いて氷河を渡る　仕方がないから荷物をそこへ置いてまず羊二疋を引っ張って渡ろうという考えで自分はそれほど深いと思わないから、乳の所まで着物をたくし上げて例の杖をもって向うへ指してやって行きました。するとは水が乳の所までではなくってほとんど肩の辺までありまして着物がすっかり濡れてしまった。けれども羊は泳ぐことが出来るから首だけ上げてずんずん向うに渡って行くです。もちろん私が縄を持って引っ張って居らんければ羊は流されて死んでしまうのです。まあよい都合に向うに渡り切りましたがどうもその寒い事一通りでない。早速羊を石に括《くく》り付けて自分はまた自分の手で出来るだけ身体を摩擦《まさつ》して暖気を取りました。で一時間ばかりもそんな事をして費やしたですがその川の広さはちょうど一町半ばかりある。そこでその着物をすっかり脱いで素《す》っ裸《ぱだか》になり、濡れた着物は風に持って行かれないように石でもって押え付けてよく日に乾くようにして、自分はまた素っ裸で川に飛び込んだです。こっちで三十分ばかり暖を取ってそれからまた油を塗り付けてその着物を頭の上に載せて渡って行ったです。やはり前の川筋を行ったのですけれども荷物の重みもありますし、川底に大きな石があってその石に苔《こけ》が生えたようになって居るものと見えて

不意に辷《すべ》り転《こ》けた　すると頭の上にあった荷物が横になって片手で上げにゃあならんようになった。もう杖《つえ》は間に合わぬようになってずんずん流された。もちろん少し位は泳ぐことも

知って居りますから、右の手でしかと荷物を押え左の手で杖を持ちながらこうやって（手真《てま》似《ね》をして〈次の図のごとく〉）泳ぎ泳ぎ流されましたけれどなかなかうまい具合に行かない。その時ふと考えた。こりゃ自分の命を失ってはならんからこの荷物を捨ててしまって自分だけ泳いで上ろうか知らんと思いました。しかしこの荷物を打っちゃってしまうとたちまち自分の喰物が失くなる。これから十日余り人の居ない所を歩かねばならぬということを聞いて居るからそうするとすぐに飢えて死んでしまう。どうにか足がくっつくか知らんと思って下へ指して杖を立てて見ると杖が立たんです。その中にだんだん押し流されて水を飲む。腕も身体も感覚が鈍くなって利《き》かんようになった。もう一丁ばかり向うの方へ流されると大きな池の中へ持って行かれるにきまって居る。こりゃこの川で死んでしまうのか。どうせ喰物がなくなって死なねばならんのならいっそ

水で死ぬ方が楽　かも知れんという考えを起して臨終の願を立てていいました。十方三世の諸仏たち幷《なら》びに本師釈迦牟尼仏《しやかむにぶつ》、我が本来の願望は遂げざれとも我らの最恩人たる父母及び朋友信者らのためにもう一度生れ変って仏法の恩に報ずることの出来ますようにと願いを掛《か》けまして、もうそのまま死ぬ事と決定して流れて行ったです。流れて行くとふいと何か杖の先に当ったからハッと思ってしかと握って居った杖を立てて見ると杖が立ちました。やこれはと思うと勢いが出ましたからウムと立ち上って見ると水はちょうど乳の所までしかない。これならうまいと思ってずっと向うを見ると水がどういう加減に流して来たものか向う岸の方に流れついて居る。もう二十間も行けば向うへ指して上り得られるような所に流されて来

漂河瀕死の難

た。

　こりゃありがたいと思ったから腕も何もよくきかないけれども一生懸命に、その水の中に在る荷物を頭の上に挙げようと思ったけれども重くなって居るから上らない。荷物は皮の袋や何かですから、すっかりと水が中に浸みて居りませんから濡れ切っては居るがそれほどに重くない。それをまあ引っ張りつけてだんだん向うに進んで行ったところがおいおい浅くなってきて向う岸に上ることが出来た。やれやれと思うともうその荷物を水から取り上げることが出来ない。閉口《へいこう》したですが荷物をそのまま抛《ほう》っては自分の命の糧《かて》がなくなるから一生懸《いっしょうけん》命《めい》力を籠めて両方の手で荷物を上に引き挙げた。まあこれでいいと思ってどっかり坐ってホッと一息吐《つ》きました。どの位流されたのか何でも羊の居る所とは二町ばかり離れて居るです。で羊は二町ばかり上の方に何にも知らずに草を喰って居る。私はもう其《そ》岸《こ》へ上った所で少しも動くことが出来ない。大体**手も足も痺《しび》れ切って**どうしてその荷物が上ったのか後で考えてもその理屈が分らん位ですがもう足を屈《かが》めることも出来ず、凍《こご》え切って立つことも出来ない。そのまま、こいつあ困った、このまま死ぬのじゃないか知らんという考えを起したです。どうもして見ようがない。それからまあどうやらこうやら出来るだけ自分で摩《ま》擦《さつ》をした。指は延びないから拳骨《げんこつ》で胸膈《きょうかく》の辺《あた》りを摩擦して居ると、手に暖まりがついて大分指が動くように感じましたから、指を延ばして全体に対し摩擦を始めたがなかなか暖まりも着かない。で大方一時間ばかりも摩擦をやって居ると大分暖まりがついて指も自由が利くようになったから、今度は荷物を解いてその中から宝丹を出して飲みました。その時にはありがたく思いました。

いつも難儀するとこの宝丹が役に立つが、これは大阪の渡辺市兵衛の奥さんが出立の時分に親切に送ってくれた。それがまあこういう時にこうも役に立つかと思って大いに悦《よろこ》びました。そうして暫く居るとガタガタ震《ふる》い出した。その震動がなかなか烈しくなって少しも止らない。どれだけ歯を喰い縛ってみても止らないです。仕様がないからそのまま倒れて居るとやっぱり震えて居る。まるで瘧《おこり》が起ったような有様。……で大方二、三時間も震えて居ったでしょう。その中に五時過ぎになりまして大分日光の力も薄くなって来たが、どうやら震えも少し止《とま》って立つことが出来たから、荷物を二つに分けてそこへ半分残して半分だけ背負ってどうにか羊の所まで行きたいと思って出掛けました。その半分の荷物の重さといったら堪《たま》らないです。昔の監獄で負石《おいいし》の責に遇《あ》わすということはかつて聞きましたが、その罪人の辛さもこんなであったろうとそぞろに〔はなかったかと〕その苦しみを思いやって涙を溢《こぼ》したです。で、その荷物を二度に羊の所に運びました。その晩は火も何もない。濡《ぬ》れた着物が少し乾き掛けた位ですからその濡れて居る側を外にして乾いて居る側を内にして、例のズクズクの夜着をば冠ってその晩はそこで過しましたが、さてその後に至ってから実にまたそれよりも酷《ひど》い一大困難が私の身に起って来たのであります。

第二十八回　山上雪中の大難

一難免れてまた一難　その翌日よい都合に日も照ったものですから濡れた着物と経文を乾かしました。その濡れた痕《あと》の付いた法華経《ほけきよう》、三部経のごときものは今なお私の手に記念物として保存してあるです。その記念物を見る度にどうしてあの時助かったろうかと不思議な感じが起る位です。ちょうど一時頃荷物を整えてだんだん西北の山の方に進んで参ったところが、昨日の疲れが酷いのと荷物はほぼ乾いて居るけれども一体に湿気《しめりけ》を帯びて居るので非常に重い。その上少しは羊の荷物をすけて遣らねばならんような場合になったのでなおさら自分の荷物が重いのに、川底の石で足の先を切ったものですからその痛みがまた非常に厳しい。

だから進むに非常に困難でしたが、しかし一足向うに行けば一足だけ目的地に近づく訳でありますからとにかくぼつぼつと進むべしというので、ゆるゆると構えながら二里ばかり行きますと雪が降り出して風も大分はげしくなりましたから、その辺に泊る所を求めてある小さな池の端に着きましたけれども薪も何も拾う暇がない。大変な雷が鳴り出して暴雪暴風という凄《すさま》じい光景ですから、着物なり荷物なりはまた濡れてしまい折角乾かしたものをすっかりとまた濡らしてしまいましたから、翌日またそれを乾かさなければならん。茶も飲まなかったから随分腹もすいて居る。けれども薪がないからどうすることも出来ない。乾葡萄《ほしぶどう》だけ喰って昼までその着物を乾かしてそれから出掛けたです。この日が真に

大危難　の起った日でそういう事が起ろうとは夢にも考えませんでした。さて西北の方に高い山が見えて居る、しかし外の方を見るとどうも行けそうな道がないから、とにかくあの西

北の雪の峰を踰《こ》ゆれば必ず目的地のカン・リンボチェすなわちマウント・カイラスの辺に達することが出来るであろうという考えを起しました。後に聞いて見るとその雪の峰はコン・ギュイ・カンリという二万二千六百五十尺〔呎〕の高い山であったです。その山にだんだん進んで急坂を四里ばかり登って参りますともはや、午後五時頃でまた暴風が起って大雪が降り出した。そこで考えたことは、これからこの山をドシドシ登って行ったならば今夜はこの高山の積雪のために凍えて死ぬような事が起るであろう。だから目的地へ指して行くことは後の事にして差し当り山の麓《ふもと》の川へ向って降って行かなければならんと思い、それから方向を転じて北東の方へ降って行くと雪はますます降りしきり日も追々暮れて来たです。

のみならず坂は非常な嶮坂《けんぱん》でなかなか降るに困難である。四辺《あたり》には泊るに都合の好い岩もないものですからどこかそういう場所の見つかるまで降ろうという考えで進んで参りました。どこを見ても雪ばかりで岩もなければ隠れ場も分らない。途方に暮れたが、といってその辺に坐り込む場所もなし。雪は既に一尺ばかり積って居るです。とにかくどんな所か見つかるまで行こうという考えで羊を追い立てますと余程疲れたと見えて少しも動かない。無理もない、相当の荷物を背負って居る上に今日昼までは草を喰って居りましたけれども、その後は高山に登って来たのですから草も得られなかった。さあ進むことが出来ないといって進まずにゃあ居られないから、可哀そうではございますけれども押強く後から叩き付けてみたり種々《いろいろ》な事をしたが羊はもう動かない、座っちまって……。漸くの事で首に掛けてある綱を引っ張って二間ばかり進むとまた

羊が雪中に坐り込んでしまって一歩も動かない。どうもして見ようがない。はてどうしようか知らん。この雪の中に寝れば死ぬに極《きま》ってる。もう既に自分の手先に覚えがないほど凍えて居りますので、羊の綱を持って居るその手を伸ばすことが出来ないほど苦しゅうございますけれども、このまま積雪の中に立往生する訳にいかんからどうかこの羊を起して進ませんければならんという考えで、また一生懸命に力を籠めて羊と戦いながら半町ばかり行きますとまたどっかり倒れていかにも苦しそうな息をついて居るから、こりゃ今晩此山《ここ》で凍え死ぬのか知らん。どうにか方法がつかないか知らん。どこにかテントのある所が分って居れば羊を棄てて出掛けるけれども、この間聞いたところでは十四、五日も人に逢わんであろうというからどこへ行って見たところがどうせ人の居る所に着かないに極って居る。こりゃもうどうしても羊と一緒に死なねばならんのかと途方に暮れて居りました。どうもして見よう《〔いたしかた〕》がないから羊の荷物を卸して夜着を取り出してそれを被《かぶ》り、それから頭の上から合羽《かっぱ》を被ってしまいましてそこで羊の寝転んで居る間へはいって**積雪中の坐禅**ときめこんだです。羊もその方がよいと見えてジーッと私の側へ寄って寝て居ました。これが随分暖みを持つ助けになったろうと思う。その羊も余程私に慣れているものですから、まるで私の子のような具合に二つが左右に寄り添うて寝て居ったです。可愛いようにもあり可哀そうでもありジーッと見て居ると二疋ともさも悲しそうな声を出して泣いて居る。いかにも淋しく感じましたがどうもして見よう《〔しかた〕》がない。何か遣《や》りたいと思っても其辺《そこら》に草もなし。自分はもとより午後は一切喰わんのが規則ですからただ懐中から丁子油を

雪中に坐禅して羊と共に凍死せんとす

出して夜着を着て居る窮屈な中で身体へ塗り付けました。すると大分に温度が出て参りました。

一体油を塗るということは外界の空気の侵入を禦《ふせ》ぐと同時に体温を保つ効能があるようです。殊にこの丁子油は体温を保つ目的をもって拵えたものであるから非常に暖みを感じたです。それからまた口と鼻から出るところの呼吸を止めるような塩梅《あんばい》にして居りましたが、それはこの呼吸が当り前に外へ出たり内に入ったりして外界と交通しますと身体の温度を保つに困難であろうという考えであったです。こうして余程温度を保って居りましたが、十二時頃からどうもだんだんと寒さを感じて非常に感覚が鈍《にぶ》くなって何だかこう気が変になってぼんやりして来たです。人間の臨終《いまわ》の際《きわ》というものはこういう具合に消えて行くものであろうかというような感覚が起って来たです。

第二十九回　山上雪中の大難（続）

雪中の夢うつつ　こりゃどうも危ない。しかし今更《いまさら》気を揉《も》んだところで仕方がないからこのまま死ぬより外《ほか》はあるまい。仏法修行のためにこの国に進入して来た目的も達せずに高山積雪の中に埋れて死ぬというのも因縁であろう。仏法修行のため、この道に倒れるのは是非がない。そう歎くにも及ばないがただ自分の父母、親族及び恩人に対してその恩を報ずることの出来んのは残念である。どうか生れ変ってからこの大恩に報じたいものであるという考えを夢心に起しましたがそれから後はどうなったか少しも知らない。もし人があってこの境遇を評したならば全く無覚である。我を失って居るものである。あるいは死んだ者であるといわれるような状態に陥ったものであろうと後で想像されたです。その時は全く何も知らなかった。すると自分の端《はた》で動く者があるから不意と眼を覚して見ると

羊の身顫《みぶる》いに夢を破る　二疋の羊が身顫いし雪を払って居るです。それがちょうど私の身体の雪を払うようになって居るのです。フッと現《うつつ》に帰りましたがまだ夢路を辿《たど》って居るような心地で、こりゃ奇態だという感覚が起った。その中に羊は自分の雪を払い終ってしまいましたから私も雪を払おうと思って身体を動かしかけると何だか身体が固くなって容易に動かない。それから例のごとく摩擦をして空を見ると夜前降った雪の後の空にまだ恐ろしい黒雲が斑《まだら》に飛んで居りまして、その雲間に太陽が折々光って居るという凄《すさま》じい空模様である。大分、気分も確かになったから時計を出して見ますと午前十時半頃、それはその翌日の十時半であったか翌々日の十時半であったか、時を経たことはよく分らない。それから麦焦《むぎこが》しを喰おうと思いましたけれど例の水がないものですから傍の雪を取ってバタを入れてそれでまあ麦焦しの粉を一ぱいばかり喰いました。で羊にもやはり麦焦しの粉を沢山に遣《や》りました。

彼らは始めの程は草より外喰わなかったけれどだんだん慣れるに随って麦焦しの粉を食べるようになりました。その時は余程腹のへって居ったものと見えて沢山喰いました。それから羊に荷物を背負わせ自分も荷物を背負って雪の中をぼつぼつ下の方に向って参りました。それからもうこれから上に向って進んで行くという勇気はない。まあ谷間で身体を休めてそれから進

行しなくってはとても身体が持てないという感覚が生じましたからだんだん下へ指して二里余り降りますと川が一筋ありました。その川へ着こうという手前からまた綿のような大雪がドシドシと降り出した。今晩もまた雪の中で凍え死するような目に遇うか知らんと思って居ると、ふと降りしきる雪の中で実に美しい声で啼き立つるものがあったです。何の声か知らんと思ってよく見ると

雪中河畔の群鶴《ぐんかく》　鶴が七、八羽その川端を徐《おもむ》ろに歩いて居るです。その景色には実に旅中の困難を慰められた。その後そこの景色を思い出して詰《つま》らぬ歌を詠んで記念にして置きました。その歌は

ブラフマの、川の渚《なぎさ》の砂地《いさごぢ》に、牡丹やうなる白雪の、降り積りたる間より、コ、コウ、コ、コウとなのる声、いづくよりかと尋ぬれば、静かに鶴の歩むなり

それからその一町余りある川を渡ってだんだん低い方に進んで参りますとその辺は谷間でそんなに高低もなし、だんだん行きますとヤクが数十疋も居るような有様が見えたです。例の通り石の転げて居るのがヤクに見えるではないか知らんと思うと彼方此方《かなたこなた》に動くです。こりゃいよいよヤクに相違ないと思ってその方向に進むと果せるかなヤク追いがその辺に居りました。で物を尋ねるとその人のいうには、俺たちは昨夕ここに移って来たばかりだ、これから向うに行くと四つばかりテントがあって人が住んで居るから、大方そこに行くと今夜泊れるだろうという話でございました。実に地獄で仏に逢ったような心持でだんだんその教えられた方向に進んで行くとテントがあったです。例のごとく恐ろしい犬に迎えられてあるテ

ントについて事情を述べてどうか今晩泊めてくれろと願いました。

ところがそのテントの主人《あるじ》はどう思ったものかいかに願ってみても泊めてくれない。もちろんその時には私の姿が恐ろしくあったろうと思います。何故ならば髪の毛は二月ばかり剃らんのですから充分延びて居る所へ髯が蓬々《ぼうぼう》と生えて居りますし、それにいつも腹はへり勝ちで痩せこけて頬骨が出て居るという次第ですから向うで恐れて泊めなかったかも知れないと想いました。いくら頼んでも泊めてくれないからまた犬と戦いながら他のテントに行って頼みました。ところがこれもやっぱり泊めてくれない。それからもう一軒の所に行って一生懸命に頼みました。私はこういう訳でもう七、八日人に逢わんで実に困って居るからどうか救うて下さいといって事情を明かし、手を合せて拝まぬばかりに頼めば頼むほど情《すげ》なく出られて閉口し切ったです。どうかテントの隅でもよい、外へ寝ると今夜この雪のために凍えて死んでしまうから命を助けると思って泊めてくれないかと頼んだけれども、なかなか肯《き》いてくれないばかりか遂にはお前はおれの家へ

泥棒に入る気　かといわれたです。もうその一言で頼むことも出来ませず仕方がないものですからまた外の方に出ましたが実に泣きたくなるほど辛かった。もう一軒テントの張ってある所があるけれどもがっかりしてそこへ頼みに行く勇気もなく茫然と雪の中に立って居ると羊も悲しそうに鳴いて居る。可哀そうになったから四軒目のテントへ行って頼みましたところが、そこの主は私の姿を一見するやお入りなさいといって誠に快く入れてくれたです。どうもこの一群の遊牧民は実に無情極まる人間だと思いましたが、案外にも情け深い人に出逢

ったものですから大いに悦んで早速幕内へ指して羊の荷物を卸し羊は羊で繋《つな》ぐ場所に繋いでその夜はそこへ泊りました。身体《からだ》は非常に疲労して履《くつ》も非常に傷んで居りますけれども暖かな火の端《はた》ですから真にこういう状が極楽であるというような感じが生じた。その翌日は身体を休めるために主に願って逗留《とうりゅう》しました。で私はかねて仏教上どうか一切衆生《しゅじょう》のために尽《つく》し得られるだけの事を尽したいという

二十六の誓願　があってそれを書いて居た。こういう自分の熱心な事を書いて居る時には足の痛みも身体の疲れも忘れてしまうからこれが真に苦痛を免れる良い方法になった。つまり私のやった誓願は人の苦痛をも免れしむる良い方法になるであろうと予期して歓喜した訳であります。その翌日朝五時頃出立して今度は方向を転じて北に向って四里ばかり原野の雪の中を辿って参りました。雪の消えて居る所は少し草が生えて居る。で一つの大いなる池の端に着きましてそこで昼飯を済ましその池の端で向うの方をずっと眺めて見ますと砂原です。砂の山があっちこっちに見えて居る。これは以前のチェマ・ユンズン川の前にあった砂原より大きい。この砂原で暴風でも起った日にゃあまたこの砂に埋められる憂《うれい》があるからどうか早く進みたいという考えが起って来ました。これもやはり経験上苦労に慣れたからこういう考えがすぐ湧いたのです。それから自分は一入《ひとしお》勇気を鼓して羊を駆って大いなる砂地を指して進んで行ったのでございます。

第三十回　人里に近づく

ポン教　さてその砂原を二里半ばかり行きますとまた草原に着きました。その草原を少し参りますと誠に奇態な石ばかり集って居る原野に山が一つチョンポリと立って居る。後にその山の来歴を聞いてみますとそれはポンという教えの神さんが住んで居る山であったそうです。このポン【Bon】教というのは仏教がチベットに入る前にチベット人の宗教として行われて居ったものである。今もなお微々ながら行われて居りますが、その教えは一体インドに在る教えに似て居る。というのは仏教が入って後ポン教は非常に衰えたので、その後ポン教のある僧侶が仏教の組織をそのままポン教に取ってしまって新ポン教というものを拵《こしら》えたです。それゆえ今のポン教は犠牲を供するとか、妻帯をするとか、酒を飲むことを除くの外は教理の上においてはほとんど仏教と同一である。この教えの事は専門にわたりますからここでは申しませんが、つまりチベット古代の教えの神々の住んで居る社というようなものは別にない。大抵は石山あるいは雪峰もしくは池、湖というような所になって居る。その山の所を過ぎて少し向うへ参りますと野馬が二疋向うからやって来たです。ここでその

野馬の説明　を少しして置きたい。野馬はチベット語にキャンというて北原の野馬だとして居るが、その実は野の驢馬《ろば》であって英語にはチベット語をそのまま用いてキャンというて居る。学名はエジュアス・ヘミオニス【*Equus hemionis*】であるとのことだ。その大きさは

日本の大きな馬ほどあって背中の色は茶がかった赤い色で腹が白い。背筋がまっ黒で尾は驢馬の尾のごとく細く鬣《たてがみ》もある。すべての様子は馬と少しも変って居らないがただ違って居るのは尾だけである。そうして余程力の強いものでその走る速力も非常なものですが決して一疋で出て来ることはない。大抵二疋かあるいは五、六疋、あるいは数十疋群を成して出て来る。妙な馬で半里も向うの方からくるくる廻りながら四、五町手前まで来るとまたクルッと廻ってあたかも狐が後を向いて見て居るような風に見てそうしてまた驚いたような風をして逃げ出す。で、もう逃げて居らんのかと思うとまたくるくると廻って自分の近くに来て居る。いつまでもくるくる人の周囲《ぐるり》を廻って見て居るです。その馬が出て来ましたが例の事であるから別段不思議にも思わずにそのまま進みました。

羊との競走　ところがどうしたのか羊がその野馬の走る勢いに驚いて私の持って居る手綱を引き外して逃げ出した。さあそれからその羊をば追っかけた。追っかければ追っかけるほど余計に逃げる。なにしろ広い原の中ですからくるくる廻り廻って羊の跡を追っかけたがなかなか追っつかない。羊は余程走るのが早い。で私と羊と競走して居るものですから野馬の奴がまた好い気になってそのぐるりを走って居るからどうしても羊が止まらない。もう私は疲れ果てて遂には倒れそうになった。けれどもうっちゃって置く訳にいかないから自分の持って居る杖も棄ててしまってそれから一生懸命《いっしょうけんめい》に走りました。それでも捉まらない。仕方がないからそのまま自分は倒れてしまって暫く羊の逃げて行くままにうっちゃって置いた。羊に逃げられると自分の食物が失くなるのであるが仕方がない。ジーッと正視〔静視〕して居ると野馬も

奇なる野馬の挙動と羊の逃走

突っ立って眺《なが》めて居るです。そうすると羊も止まって正視《〔静視〕》して居る。こりゃなるほど私が悪かった。むやみに追っかけたから逃げたのだ。いわゆる狂人を追うところの狂人、馬鹿げた事だと休息致しました。

暫くして静かに羊の綱を捉《つか》まえに行くと今度は訳もなく捉まえられた。それはよいが一疋の羊の荷物の片っ方がどっかへ落ちたか失くなって居る。そりゃ一番自分にとっては大事な物を入れてあるからこりゃ困ったと思ってそれから羊を引っ張りながらあっちへ廻りこっちへ廻りその辺をすっかり捜した。随分厄介な話、どこを捜してもどれだけ走ったか訳が分らずに追っかけたからさっぱり見当がつかない。

海の中に物を棄てた　ようなもので少しも捜し当てることが出来ない。その中に何が入れてあるかというと時計、磁石、インド銀が四、五十ルピー、それから食物を喰う椀、乾葡萄、西洋小間物の人に遣って珍しがるような物も大分入れてあった。そこで私は少し考えた。こりゃもはやマナサルワ湖に近づいて人に逢うことも近くなったのであろう。それにこういう西洋物を持って居ては人から疑いを受けて奇禍《きか》を買うようになるから仏陀がわざとこういう物を失わせるようにされたかも知れない。主に西洋物ばかり入れてあるもの一つだけ失ったのであるからこれは捜す必要はない。ただ少し困難なるは銀貨を少し失ったけれどもそれはほんの当座用に出して置いたのだからさして困難もないとこう考え直して捜すことを止めたです。それからその羊の荷物をもう一度整理してだんだんと西北の山の方に進んで行った。けれどもその辺は余程広い山間《やまあい》の原野で二里半ばかり参りますと今度は平地を降ることになってずんずん半里ばかり降った。

マナサルワ湖の間道に出《い》ず　するとそこに一筋の道がある。こりゃ奇態だと思ってよく前に聞いてある話を思い出しますとそれはマナサルワ湖へ指して行くチベット本道からの廻り路であるということに気がついた。こりゃうまいものだ。これから人に逢うことが出来るであろうと思ってだんだん進んで参りますと大きなる川の端に一つの黒いテントがある。早速そこへ向って参りまして私はこういう者であるから一夜の宿りを乞いますといって頼みますと誠に快く泊めてくれた。その人たちもやはり巡礼者であって伴の人が五人、その中女が二人で男子が三人、その男子は皆兄弟で一人の女は兄の嫁、一人は娘、で私は安心しました。こういう女連れのある巡礼者は大抵人を殺さぬ者であるということを聞いて居りましたからまず大丈夫と思いました。

　けれどもその人たちは強盗本場の国から出て来たのです。その本場というのはどこかというとカムの近所でダム・ギャショの人であるということを聞きましたから少しく懸念も起りました。何故ならばその辺の諺にも

　　人殺さねば食を得ず、寺廻らねば罪消えず。人殺しつつ寺廻りつつ、人殺しつつ寺廻りつつ、進め進め

そういう諺がある国の人でなかなか女だって人を殺すこと位は羊を斬るよりも平気にして居る位の気風でありますから容易に油断は出来ない訳です。けれどももうそこに着いた以上は虎《こ》口《こう》に入ったようなものですから逃げ出そうたって到底駄目だ。殺されるようなら安心して

その巡礼の刀の錆《さび》になってしまうより外はないと決心して泊りました。

第三十一回　阿耨達池《アノクタッチ》の神話（一）

巡礼の刀の錆　になると決心したもののしかしそのままそこに寝る訳にいかない。いろいろその巡礼と寺のありがたい事など物語って、ともかくその晩はゆっくり寝ることになったです。その翌日が即ち八月三日です。五人連れの巡礼も志す方向に進むというので、翌朝連れ立って西北の方に向い大きな川に沿うて進んで参りました。その川は東南の雪峰から流れ出してマナサルワ湖へ流れ込んで居る。広さは二町ばかりもあって大分に深そうな川です。

かれこれ一里半ばかり行って山の上に登った所に誠に澄み切った霊泉がある。その泉がチユミク・ガンガー（訳は恒河《こうが》の源泉）というのです。そこで水を飲んでそれから北の方の山に登りますと大きな白大理石がある。その大理石の山のようになって居る岩下にまた大きな霊泉がある。その名をチュミク・トンガア・ランチュン（見歓自然生泉《けんかんじねんせいせん》）という。その名のごとく実に見て喜び、自然に嬉しい思いが生ずるです。

大理石の中から玉のような霊泉が湧き出て居るんですから実に喜びの心に堪えない。それらは皆インドのガンジス川の一番源《みなもと》の水である。この水は真の霊水であるといってチベット人及びインド人の中にも伝えられて居る。そこを離れてだんだん西北に進んで川端に出ましてある川の最も幅の広い所を向うへ渡りました。渡ってそこでまた一夜を明すことになったですが、その日は僅か三里半位しか歩かない。遥かに西北の空を眺めますと大きな雪峰が聳《そび》えて居る。その峰が即ちチベット語のカン・リンボチェで、インドではマウント・カイラス《〔カイラス・ギリー〕》という。昔の名はカン・チーセ【Kang Tise】といって居る。その雪峰は世界の霊場といわれるほどあってヒマラヤ雪山中の粋を萃《あつ》め、全く**天然の曼陀羅《まんだら》**を成して居る。その霊場の方向に対してまず私は自分の罪業を懺悔《ざんげ》し百八遍の礼拝を行い、それからかねて自分が作って置きました二十六の誓願文を読んで誓いを立てました。こういう結構な霊場に向って自分が誓いを立て得られるというのは何たる仕合せであろうかという感じが起りまして、その時に一首の歌を詠みました。

何事の苦しかりけるためしをも
　人を救はむ道とこそなれ

ところが前夜私が泊りました同行の人たちは、お前はなぜそんなに礼拝をしてシナ文字を読み立てたかと聞いたからその意味の一斑《いっぱん》を説き明してやりました。すると大変に感心して、シナの坊さんというものはそんなに道徳心即ち菩提《ぼだい》心の篤《あつ》いものであるかと大いに悦んで随喜の涙に咽《むせ》びました。で、その夜はどうか説教をしてくれろといいますから、私はその人たちに対して誠に分り易く説いてやったものですから大いに悦んで、こういうお方と一緒になったのはありがたい、カン・リンボチェを巡るこの二月ほどの間は、一緒にお給仕を申し上げたいものである。そうすれば我々の罪障《ざいしょう》も消えるからと彼らは互いに物語るようになりました。まずこれで安心。どうも仏法というものはありがたいものだ。人を殺すことを大

阿耨達池とカイラス雪峰

根を切るように思うて居る人間が仏法のありがたさに感じて共に苦行《くぎよう》をしたいというのは誠に結構な事であると、私も彼らが涙を溢《こぼ》すと共に喜びの涙を溢しました。その翌日余り高くない波動状の山脈を五里ばかり進んで参りますと遥かの向うのマンリーという雪峰が聳《そび》えて居る。これは海面を抜くこと

二万五千六百尺〔呎〕の雪峰　であって巍然《ぎぜん》として波動状の山々の上に聳えて居る様はいかにも素晴らしい。その辺へ着きますと閃々《せんせん》と電光が輝き渡り迅雷轟々《じんらいごうごう》と耳を劈《つんざ》くばかり。同時につぶつぶした荒い霰が降り出して轟々たる霹靂《へきれき》に和し天地を震動する様は雪峰も破《は》裂《れつ》しようかという勢いであった。その凄じい趣きの愴絶《そうぜつ》、快絶なることはほとんど言語に絶し、覚えず我を忘れてその凄絶、快絶なる偉大の霊場に進み来ったことを大いに悦んだです。〔壮美に快絶を叫んだ。〕何と形容してよいかその時の有様は今なお忘れられないほど愉快であった。そういう酷《ひど》い勢いが一時間経たぬ中にパッとやんでしまいまして、後は洗い拭《ぬぐ》うたごとくマンリーの雪峰が以前のごとくに姿を現わし、ただ片々の白雲が雪峰の前にちょいちょい《〔ちらほら〕》と飛んで居る位の事で、元のごとく日が明らかに照って居るというその変幻の奇なる有様には実に〔奇態にして急速なるには〕驚かされたです。

　かくのごとき境涯の変幻自在なる有様は実に人を感ぜしむるに余りありと私は自ら感に堪えなかったです。それから少し進んで池のごとき沼のごときその端に着いて一行の人たちと一緒に宿りました。私はこの時位嬉しい事はなかった。宿る時分にはちゃんとテントの中に寝込んで、一番上座に据えて貰ってヤクの糞を拾いに行く必要もなければ水を汲みに行く世

話もない。じっと坐り込んでお経を読み坐禅をするのが仕事で、夜は説教をしてやる。それだけの勤めで気も安楽ですから自分の身体も余程強くなったように感じたです。で、その翌日即ち八月六日は大変な坂を踰《こ》えて行かねばならんのですから、今度は「このヤクに乗って坂を踰えると大いに安楽だからお乗り下さい」というその人たちの注意に従いかつ大いに厚遇を受けました。それは自分の荷物は皆一行の人が持ってくれたのみならず羊の荷物まで少なくして貰ったです。こうして五里ばかり進みますと例の

マナサルワ湖の端に到着した。その景色の素晴らしさは実に今眼に見るがごとく豪壮雄大にして清浄《しょうじょう》霊妙《れいみょう》の有様が躍々として湖辺に現われて居る。池の形は八葉蓮華《はちようれんげ》の花の開いたごとく八咫《やた》の鏡のうねうねとうねって居るがごとく、そうして湖中の水は澄み返って空の碧々《へきへき》たる色と相映じ全く浄玻璃《じょうはり》のごとき光を放って居る。それから自分の居る所より〔広い湖面を隔てて〕西北の隅に当ってはマウント・カイラスの霊峰が巍然として碧空に聳え、その周囲には小さな雪峰が幾つも重なり重なって取り巻いて居る。その有様は五百羅漢が

釈迦《しゃか》牟尼《むに》仏《ぶつ》を囲み　説法を聞いて居るような有様に見えて居る。成程天然の曼陀羅《まんだら》であるということはその形によっても察せられた。そこへ着いた時の感懐は、飢餓乾渇の難、渡河瀕《ひん》死《し》の難、雪峰凍死の難、重荷負戴《おもにふたい》の難、漠野《ばくや》独行の難、身疲足疵《しんぴそくし》の難等の種々の苦艱《くげん》もすっぱりとこの霊水に洗い去られて清々として自分を忘れたような境涯に達したです。そもそもこの霊場マナサルワ湖〔(心池)〕は世界中で一番高い所に在る湖水でその水面は海上の水面を抜くこと実に一万五千五百尺〔釈〕以上にある。この湖水の名をチベット語でマパム・ユムツォ

〔無能勝母湖〕といって居る。また梵語《ぼんご》には阿耨達池《アノクタッチ》【Anavatapta】といい漢訳には無《む》熱《ねつ》悩《のう》池《ち》としてある名高い湖水であります。〔南瞻部州閻浮檀金《ジャンブナダ・スバルナ》の名もこの湖に因って起っている。〕この池については仏教にも種々の説明があって現に華厳経《けごんきょう》には詩的説明を施して居るです。実にその説明の仕方が面白い。それによるとインド及びチベットのある地方を称して南瞻部州《なんせんぶしゅう》という名の起りもこの池から出て居るのである。瞻部というのはジャンブという水音を表わして居る。その音は何故に起って来たかというと、この池の真ん中に大きな宝の樹があってその樹に実が生《な》って居る。

その実は如意宝珠《にょいほうじゅ》のごときものであって諸天と阿修羅《あしゅら》とはその実を得るのが非常の喜びである。ところがその実が熟して水中に落ちる時分にジャンブと音がする。その水音に因縁してインド地方をジャンブ州と言ったので、何故その水音に因縁して居るかというに昔はこの池からしてインドの四大河が出て来たものであるという説明であったです。その四大河というのはチベットの名では東に流れるのをタムチョク・カンバブ（馬の口から落ちて居るという意味）といい、南に流れるのをマブチャ・カンバブ（孔雀の口から落ちて居るという意味）といい、西に流れるをランチェン・カンバブ（象の口〈底本には、牛の口とあるも、『日記』に「象口降河」とあり〉から落ちて居るという意味）といい、北に流れるのをセンゲー・カンバブ（獅子の口から落ちて居るという意味）という。この四つの口がこの池の四方に在ってそれからこの四大流がインドに注いで来たのである。で、この水がインドへ指して来てインドを潤《うるお》して居るから、そこでこの四大河の根源の池のある所の事を取ってこの地方全体の名にすることは当り前の事であるという考えから、ジャンブ州という名を付けたものである。今でもその川はインドでは皆霊あり聖なる川であるとして居る。その経文に書いてある詩的説明によっても

東の川には瑠璃《るり》の砂《いさご》が流れて居る。南の川に銀砂が流れて居る。西の川には黄金の砂が流れて居る。北の川には金剛石の砂が流れて居る。で、その川はこの池《〔湖〕》のぐるりを七遍巡り巡ってそれから前に言った方向に流れ去るとしてある。この池の中には今は眼に見えないけれども池中《〔湖面〕》に大きな蓮華が開いて居って、その蓮華の大きなる事は極楽世界の蓮華のごとくその蓮華の上に菩薩《ぼさつ》も仏も居られるのである。それからその近所の山には百草もあればまた極楽世界の三宝を囀《さえず》る迦陵頻伽《かりょうびんが》鳥も居る。その美しさと言えば

世界唯一の浄土　であるのみならず、川の西北岸に立って居るマウント・カイラスの中には生きた菩薩や仏も居られ、それから生きたところの五百羅漢も住んで居られる。また南岸に在るマンリーという霊峰には生きた仙人が五百人も居ってこの南ジャンブなどにおいて天上の無上の快楽を尽して居るのであると、こういうような説明が沢山ございまして、誠にその説明を見ますとそういう所に行って見たいような心持がするです。けれども実際来て見ますとそんなに形容してあるようなものはないです。ただ先に申しましたような豪壮なる清浄なる景色は確かにあって霊地である。霊妙《〔不思議〕》の仙境であるという深い深い感じが起ったです。その夜などは碧空《あおぞら》に明月が輝いてマパム・ユムツォの湖水に映《うつ》し、その向うにマウント・カイラス山《〔雪峰〕》が仏のごとくズン《〔どっかり〕》と坐り込んでいる。その幽邃《ゆうすい》〔玄妙〕なる有様にはほとんど自分

の魂も奪われてしまったかと思うばかりで未だに眼に付いて思い出すと心中の塵はことごとく洗い去らるるかの感に堪えぬのでございます。〔は息をして恍惚たらしめもって我が所なき境涯に入って雪峰一枚となっていたようであった。〕

第三十二回　阿耨達池《アノクタッチ》の神話（二）

四大河の源泉　マナサルワ湖の絶景に見惚《みと》れて記念のため歌を詠《よ》みました。

　東《あづま》なる八咫《やた》の鏡を雪山《ゆきやま》の
　　阿耨達《アノクタ》池《いけ》に見るは嬉しも
ヒマラヤのチーセの峰の清きかな
　　阿耨達池に影を宿せば
ヒマラヤのサルワ《〔マナサ〕》の湖《うみ》に宿りける
　　月は明石《あかし》の浦の影かも

で一体四大河というものはこういう風に詩的説明をされて居りますけれども、実はその湖から直接に流れ出して居るというのは一つもないのです。つまりその湖のぐるりに在る山の中から四方に発して居るのですから、この湖の馬の口あるいは獅子の口から落ちて居るなどということはどこにも見ることが出来ないです。もっともかの四大河の発する源泉もです。西に流れるランチェン・カンバブ、南に流れるマブチャ・カンバブ、北に流れるセンゲー・

カンバブの源泉は大抵分っておるですが、東に流れるタムチョク・カンバブの出て居るところはちょっと分らない。

それからインド語では東に流れるのをブラマプトラという。南に流れるのをガンジス、西に流れるのをストレージ、北に流れるのをシタ【Sita（Indus）】といって居る。で、このマナサルワ湖の測量については欧米人はやったことがあるか知らんけれども、これまで私の見た欧米人の調製に係る地図によりますと大変に小さく出来て居る。マナサルワ湖はそんな小さなものでなくって湖の周囲が八十里ばかりあるです。その形状のごときも地図に書かれてあるのは変な具合になって居りますが、今私のいった通りにちょうど八咫《やた》の鏡が畝《うね》くって蓮《れん》華《げ》の形のようになって居るです。どうも西洋人の拵《こしら》えた地図は大分間違って居るものもあるらしい。その夜はツェコーロウというマナサルワ湖辺の寺に着いて宿りましたところが、この寺の和尚からして一つの

驚くべき面白い話　を聞きました。このラマは五十五、六の人で無学ではありますけれども、ごくおとなしい人で嘘なんかちっとも言わないような人であった。で私にいろいろ仏法の話を聞いて居るうちにその人の言うには、この頃わが国の坊さんの行の悪いには閉口しましたと言う。それはどういうことかと尋ねたら、まあ何でもない平僧《へいそう》ならば不品行な事をやっても目に立ちませんけれども、このマナサルワ湖の中でも有名な寺のラマ、アルチュ・ツルグー（アルチュの化身《けしん》という意味）が美しい女を女房にして寺の財産を悉《ことごと》く女房の家に送って、揚句《あげく》の果《は》てに残りの品物をすっかり纏めてどこへか逃げてしまった。様子を聞けば

ホルトショの方に行って居るというがあなたはお逢いにならぬかという話。私は実に驚きました。私に親切にしてくれたかの美人を妻としたるラマが、不埒《ふらち》にも寺の財産を女房の里に送り、そのうえ寺の財産を有らん限り持って田舎へ指して逃げて行ったとは、人は見掛けによらぬものだと実に驚いたです。ところで私も嘘を吐《つ》くことは出来ませんから、こういう訳で宿りを求めて大変お世話になったと言いますと、いやあのラマは表面《うわべ》は誠に優しくって慈悲深いように見えますけれども、恐ろしい悪い奴です。菩薩《ぼさつ》の化身などとはもっての外《ほか》のことで

美人の連合《つれあい》は悪魔の化身《けしん》　私は悪魔の化身と思って居る。いつも仏法を喰い潰す悪魔はかえってあいう袈裟《けさ》を掛けて頭を剃り、殊勝らしくお経や念仏を唱えて居る者の中にあると思って涙を溢《こぼ》したと言う。私はそのことを聞いていよいよ驚いた。日本の社会ではどれほど坊さんが腐敗しても、まさか寺の金を取って自分の女房を養い、自分の女房の親を養うというような不徳義な者はあるまいと思いました。その夜は其《そ》寺《こ》へ泊りまして翌日また湖水の辺に出て四方《よも》の景色を眺めながらあちらこちらを散歩しておりますと、そこへネパール人及びインド人などのごく熱心なインド教の信者が参詣に参りまして、午前十時頃から湖水の中で礼拝をして居る。これは仏教徒でなくインド教徒で、このマナサルワ湖を霊地とし、向うに見えるマウント・カイラスをインドの三大神の一なる塵《マ》〈摩〉訶湿婆《ハーシツバ》【Maha-Shiva】の霊体として尊崇礼拝《そんそうらいはい》して居るのでございます。

　それらの人が私を見てあの人は仏法のありがたいラマであるらしいと言って、いろいろな

奇なる乾《ほ》した樹の実などをくれました。その夜もその寺へ泊り、翌日また湖水に沿うて西北の山の中に進んで行くことちょうど四里ばかりにして向うにラクガル湖が見えます。これはチベット語にラクガル・ツォといい英語にレーク・ラカス・タールと言うておる。その湖水の形はちょっと瓢簞《ひょうたん》のようになっていますが、マナサルワ湖よりはよほど小さい。ところでだんだんその方向に進んでまた三里ばかり山を登りますと、よくその湖の水面が見えました。

山の前後の二大湖　マナサルワ湖とラクガル湖との間には幅一里位の山が垣のように峙《そばだ》って両湖が限られて居るです。で山のある部分は谷になって居りまして、その谷の水が両湖に通じて居りはせんかという位に見えて居る。けれども水は通じて居らんので全く別々になって居るのです。その有様を見ますに、マナサルワ湖よりラクガル湖の方がよほど水面が高いように見えて居った。後にこの両湖について聞くところによりますと、十年か十五年の間に非常な降雨があるとこの湖の水が谷を通じて一緒になることがあるそうです。その時分にラクガル湖の水がマナサルワ湖へ指して流れ込むということが証明された。そこでマナサルワ湖は嫁さんで、ラクガル湖は聟《むこ》さんで、聟さんが十年か十五年の間には一遍逢いに行くというようなチベットの面白い神話のような話がある。そうしてカン・チーセ即ちマウント・カイラスの名跡誌にはこの両湖が夫婦のごとくに連なって居るということを書いてあるが、これもやはり通俗の神話から来たものらしい。

それからまただんだんラクガル湖を眺めつつ山の中を五里ばかり降って平原に着きます

と、そこに大きな川が流れて居る。広さが半町余りある非常な深い川です。この川はある場所に行けばきっと幅が三町にも五町にもなって居るところがあるに相違ない。この川がすなわちマブチャ・カンバブというのでガンジス川の源《みなもと》を成して居る。此川《これ》が南の方に流れて行ってプランというチベットとインドとの国境の山都《さんと》に流れて行くのです。それから向うに出て、ずっとヒマラヤ山を通り抜けてインドのハルダハルの方から流れて来るガンジスの大流と合して居るのでございます。一体現今のインド人はハルダハルの方から流れて居る川をガンジスの源流として尊崇《そんそう》して居るが、古代はこのマブチャ・カンバブを源流としたことがありました。その川端へテントを張って、その夜はそこへ泊りました。この辺には四、五のテントがあっちこっちにありましたが、その人はみなプランという山都から交易に来て居るんです。ちょうど七、八月時分には遊牧民も巡礼者もすべてこの辺に多く集って来るものでございますから、そこで交易をするのですが、その交易の仕方がまたなかなか面白いです。

第三十三回　山中の互市場《ごしじょう》

チベットの交易計算法　チベット〔の辺鄙〕ではすべて物と物との交換をやるので、金銭で物を買うということはごく稀である。その物品はチベット内地人はバタ、塩、羊毛、羊、山羊、ヤクの尾というような物を供し、またネパール人及び雪山《せつざん》地方のチベット土人は布類、砂糖、羅紗《らしゃ》類をインド地方より仕入れて、バタ、羊毛、ヤクの尾の類と交易し、それをまたインド地方へ売るんです。もっとも羊毛とかバタを売ります時分には金を取って売ることもあるので、その金は大抵インドの銀貨であるです。それからその勘定の仕方がチベット人のは非常に面倒なものであって、筆算も珠算《たまざん》もないのであります。数珠《じゅず》を持っての勘定で、ちょっと二と五とを合わせる時分にも、まず二の珠《たま》を数えて置いて、次に五の珠を数え、そうして二と五とを合わせ終ったところでもう一度それを珠一つずつ数え始めて七になったということが分るのです。そういう都合でなかなか数えるに暇が掛るが、全くそれが普通の遣り方で、もし我々が分り切った加減乗除の勘定をすぐにやって見せますと彼らは決して承諾しないです。どれほど言って見てもまず自分の数珠を取り出して、それからぼつぼつと勘定を始めて、我々が一秒時間も掛らない勘定に一時間余りも掛るというような始末。ですからチベット人と少し沢山《たくさん》に商いをする時分には非常に困る。なお錯雑〔沢山の数の〕な勘定になりますと

黒白《こくびゃく》の石粒と坊主貝　白い石粒と黒い石粒とそれから細い竹屑《たけくず》のような物を持っておりまして、まず白い石粒が十になりますと黒い石粒一つに繰り上げ、黒い石粒が十になりますと竹屑のような物に繰り上げ、それから竹屑が十本になりますと白い坊主貝のような物に繰り上げ、それが十になりますとチベット銀貨に繰り上げます。そういう風にして十から百、千と沢山な勘定をして行くんです。まあ我々が早く読み早く数えて一時間位で済ます加減乗除の勘定を彼らは四人ばかり掛って慥《たし》かに三日間の仕事があるのですから、実に迂遠千万《うえんせんばん》と言わなければならんです。そういう遣り方で売買をするものですからなかなか暇が掛る。その商いをする所に三日ばかり逗留《とうりゅう》して見て居りましたところが、誠につまらない話が一つ起って参

りました。それはかねて一緒に参りました巡礼者らは非常に私を信仰した。余り信仰して誉《ほ》め上げる余りに

女巡礼に恋慕せらる　そのうちの歳のいかない娘が非常に思いを深くしたものと見えて、私に対して訝《おか》しな怪しい素振《そぶ》りが大分見えて来たです。ですから、私はその意中をじきに察しました。ははあ、こりゃ何だな、権力なりあるいは富貴《ふうき》の力なりを慕うのは大抵婦人の常であるから、大方同行の親兄弟がこの坊さんは非常に学問があり徳があるというようなことをたびたび言って聞かせたので、それで我を忘れてこういう風な思いが兆《きざ》したものであろうと思ったです。だからじきにその恋慕に対する垣を設けました。その垣は仏教上の道理で、真正に僧侶の行うべき事、すべて僧侶というものは清浄《しょうじょう》であって世の福田《ふくでん》となるべきものであるということを説きまして、もしも不清浄な事を行って間違いが起ったならば〔不浄行を行えば〕無間地獄《むげんじごく》へ落ちるのは当り前の事だ、そういうことの起るというのは〔落ちてひじょうに苦しまねばならぬことであって〕実に罪障の深い事であるから、美しい娘さんなどは坊さんから誉《ほ》められるような事があったら充分注意して自分の身を用心しなければならん、今一時の快楽に耽って後に長い苦しみを受けるような事があっては取り返しがつかないからと、こういうような事をその娘一人でなく皆の者に対して説明しました。もっともその娘は、ある女のように坊主騙《だま》して還俗《げんぞく》させてコケラの鮨《すし》でも売らしたいというような悪い考えでもなかったでしょう。

その娘は十九位でした。ごく美《よ》い方でもないが普通よりか美《よ》い方なんです。決して悪い考

えはなかったので、つまり人があまり誉めるものですから、こういう人を自分の故郷に連れて帰ることが出来れば結構であるという考えを起したらしく見えたです。その後もそういうようなつまらぬ話は大分に持ち掛けられたですけれど、私だって随分そういう事には前方《まえかた》苦しんだ事もありますから、まあよい塩梅《あんばい》に切り抜けることが出来たのです。さてこの地方はチベット語にンガリというので、シナ人はこれを音写《おんしゃ》して阿里《アリ》というて居る。なかなか広い地方で西はラターク及びクーヌブ【Khunu】まで含んで居るので、この中で一番有名なる所はここより南の方向に当ってプランという山都《さんと》である。それは前にもちょっと申しましたが、そこに大変結構な霊場があって三体の仏を祀《まつ》ってあるという。すなわち一体は文珠菩《もんじゅぼ》薩《さつ》、次は観世音菩薩《かんぜおんぼさつ》、次は金剛手菩薩《こんごうしゅぼさつ》である。

　これはセイロンから昔伝わったものだとの伝説ですが、ちょうど私が着きます半年程前に大火事があって、三体の中二体焼けて文珠菩薩だけが残ったという。私はそこへ詣《おまい》りに行きたいのですけれども、そこへ行きますと例の関所がありますので、関所の役人《〔たち〕》などに逢うたり、あるいは山都の中にはどうせ猜疑《さいぎ》心の深い商人《あきんど》も居るであろう。毛を吹いて疵《きず》を求めるも要《い》らぬ事だと思ってそこには行かないことにしました。ところが私の同伴《つれ》の人達はそこへ参詣する、私は留守番ということになりましたから、その人達が参詣して来る二日程の間は坐禅ばかりやって居りました。その人達が帰りましてからだんだん西の方へ進行してラクガル湖の西の端に出《い》で、それよりラクガル湖に沿うて東北に進んで行ったです。その辺からラクガル湖の西の方を見ますと三つの島があって其《それ》島がちょうど五徳《ごとく》の足のような形になって居る。よってその三島を名づけて五徳島といっておいたです。それから幾日《いくひ》か経て八月十七日にギャア・ニマという市場《しじよう》に着きました。

ギャア・ニマの市場　この市場は夏季二ヵ月間の市場であって陽暦の七月十五日から九月十五日までの間開けるのです。この市人《いちびと》らは大抵インド部のヒマラヤ山中に住んで居る人であって一方の相手はチベット人、ここではよほど盛んに市が行われるものと見えて白いテントが百五、六十も張ってあるです。互いに売買をする人が五、六百人も群を成して居るようです。最も多く交易せられるのは羊毛、バタ、ヤクの尾というような先に申した類の物で、チベット内地人の買うのもやはり先に申し上げたるような代物《しろもの》に過ぎない。其市《そこ》へ泊って少しばかり買物などをしました。その翌一日逗留《とうりゆう》してその翌日またギャア・カルコという市場へ指して後戻りしました。このギャア・ニマというところは私の西北に進んだ極点の地です。

これまでは目的地に近づく点から見ると大廻りをして居った訳でありますから、実はラサを後にしてだんだんと西北に進んで居った訳でありますが、これからは真にチベットへの本道に一足ずつ近づくと同時にラサに近づいて行くのです。ギャア・カルコに着いてまた三、四日逗留しました。このギャア・カルコにもやはり百五、六十のテントがあってギャア・ニマよりなお盛んに商売が行われている。これはチベット西北原の一地方とインドのヒマラヤ人との交易場であるです。ここまではインドのヒマラヤ人も来ることをチベット政府から許されておるです。そのギャア・カルコというところにはヒマラヤ部落の商人が沢山居りましたが、そのなかにミルムの商人で英語の分った人間が居った。其人《それ》が私に御膳を上げたいからと言って窃《ひそか》に招待致しましたからそこに参りますと、私を全くもって英国の国事探偵吏であるという認《みとめ》を付けました。

第三十四回　女難に遭《あ》わんとす

英国の秘密探偵　と認めてその男の言いますには、私はあなたの国の支配下の者であるから決してあなたに不利益な事はございません。その代りにあなたがインドの国へお帰りになったらば、どうか私の商法を引き立てて貰《もら》いたいという話なんです。訝《おか》しい事を言うと思いましたが、だんだん聞きますと全く私が英国政府の依頼〔命令〕を受けてこのチベットの探検をして居るものであるという風に勝手に解釈をして居ったのです。それから私はシナ人であると言いましたらシナ人ならシナ語が出来るかと言う。其《そ》語《れ》は知っておると答えました大胆に……するとまたシナ語の少し分って居る人間を引っ張って来たです。こいつは困ったと思いましたけれど、曩《さき》にネパールでギャア・ラマと逢った手続もあるから、そんなに驚かずに相手にしてみますと案外シナ語が出来ない。ところで私はシナの文字をどしどし書き立てて、お前これが分るか、分るかと言って話し掛けると、その人は笑いながら、よしてくれろ、チベット語で話をしたいということになった。

そこでその主人は大いに驚いて、それではあなたはシナ人であったか、そんならばなおよい、シナは大国でもあるし、今国の方に居る親父もシナへ行って来たことがあるから商売上何か便宜の用に立つことがあれば与えて貰いたい、私はこういうところにいるからと言って土地書《ところがき》や何かを英語で書いて示したその様子はいかにも私に真実を明かすようでありまして、人を誑《たぶら》かすような有様でもなかったから私も考えたです。この人はインドへ帰るんだからインドから一つ手紙を出して貰おう。委《くわ》しい事は書けないがチベット内地のここギャア・カルコまで来たということをインドのサラット・チャンドラ・ダース師に知らしたい。それのみならず先生の手から堺の肥下徳十郎氏なりあるいは伊藤市郎氏らに私が死んで居らないということを知らして遣《や》りたいという考えを起しましたから、手紙の事を話しますと早速引き受けてくれた。

故国へ始めての消息　そこでインドのダージリンのチャンドラ・ダース師へ出す手紙の中へ日本へ送る手紙を封じ込んで確かに封をして、その男に若干《そこばく》の金を与えて出して貰うことにしました。今度帰って肥下、伊藤の両氏に聞いて見ますとその手紙は確かに着いておりました。随分確実な人であったと見えるです。それからそこへ逗留《とうりゅう》しておるうちに私が長い間連れて歩いた二疋《ひき》の羊が失《な》くなったという始末なんです。その羊はどっかへ逃げて行ってしまったという訳であったが、実はその三人兄弟の一番の弟が大分に悪い男で、金が欲しいというところから羊を盗んで売ったらしく察せられますけれども、私は全く知らない風をして、なあにそれだけ位のものは遣《や》ってよいという考えで居った。ところで一番困ったのは曩《さき》に中したダアワ（月という意味）という娘である。チベットでは大抵月曜日に出来た者をダアワと言い、金曜日に出来た者をパーサンと言い、日曜日に出来た者をニマと言います。委《くわ》しい

女難に遭わんとす

事は後にお話しましょう。その

ダアワという娘　が、いろいろな事を旨《うま》く持ち掛けて来たです。どうも一心というものは巧みな方法を産み出すものと見えて、ぼつぼつと自分の故郷のいい事のみ言い出した。自分の阿母《おっか》さんは非常に慈悲深い親切な人である。それから自分の故郷にはヤクが百五、六十疋《ぴき》に羊が四百疋ばかりある。実に豊かな活計《くらし》、チャチャン・ペンマで真に幸福なる活計をしているのである。私は独娘《ひとりむすめ》でまだ自分の気に合うた聟さんがないのであるというような事からいろいろな説明をして来たです。チャチャン・ペンマということは茶と酒と代るがわる飲むという意味の言葉で、チベットでは例のバタを入れた茶とそれから麦で製造した薄い酒とを代るがわる飲みますのをもって無上の快楽として居る。これは大変に財産の豊かな者でなければ出来ない。で気風もまたバタ茶と酒の快楽を極めることに傾いて居るのみならず、ほとんど人の目的であるかのごとく心得て居るのである。普通社会の快楽なる究竟《きゅうきょう》の状態を言い顕《あら》わすにはチャチャン・ペンマという一語で事が足りて居る。少し横道に入るようですが、この

バタ茶の製法　が面白い。三尺もあろうかという木の筒桶《つつおけ》にバタと茶〔湯〕と塩を入れて、そうしてその筒桶に相当した棒の先を菌《きのこ》のような具合に円くして、その棒で日本で言えば龍《りゅう》吐水《どすい》で水を突くような具合にシュウッシュウッと扱《こ》き上げ扱《こ》き下げるその力は非常なもので、我々にはとても出来ない。その扱き上げ扱き下げる間に茶やバタが摩擦されて一種の茶〔湯〕が出来るので、チベット人はその扱き上げ扱き下げる時の音の良否《よしあし》で旨《うま》いのと不味《まず》い

のとの出来るのが分って居ると言ってるです。お話は元へ戻りますが、その娘がしきりに自分の家がこういうようによい都合になっておるのみならず、私の地方ではラマでも皆家内《かない》を持って居られる。ラマが家内を持たれてこの世を楽しく過されるということは実に結構な事で、私は彼の人達がそうして楽しく過されるのは誠に利口な仕方であると思って居る。どういう訳であなたは私の相手にならないのか、お前は馬鹿であるとこう言わぬばかりに言って居る。ちょうどその時にふと思い出した事があるです。

ブダガヤの釈尊を追想す　それは釈迦牟尼仏《しゃかむにぶつ》がブダガヤの金剛道場《こんごうどうじょう》の上に安坐なされてもはや仏になるに違いないという時に当って、悪魔の大王は大いにこれを恐れて自分の娘三人を遣わし、釈迦牟尼如来《にょらい》の心を大いに誘惑しようと掛ってその素振《みぶり》、その眼付、如来を色情に誘惑する様子のあらゆる限り、その時代のいわゆる誘惑手段の三十二法を尽したけれども、釈迦牟尼仏は泰然として動かない。そこでその三人の娘らは歌を謡《うた》ったです。その歌はダアワが私に言った事と同じような事でございますから、ここにちょっとチベット語の経文から訳してその事を申して見ましょう。

　優《やさ》し美しいとおしの、姿や妖婉《あで》の女郎花《おみなえし》、香ばしき口に妙《たえ》の歌、いとも嬉しき愛の主《ぬし》、
　住むふるさとの極楽に、まされる妾《わらわ》の楽しみを、受け給わねば世の中に、これより上の
　おろかなし

という歌でありましたが、私は固《もと》より釈迦牟尼如来のように悟りを開くことが出来ない〔な地位に上っている者でない〕から馬鹿には相違ないが、もう一歩進んで馬鹿になってもよいとい

う考えでその時に一意これを拒絶することに力《つと》めながらも、どうやら小説的の境涯にあるような感じが起ってむしろ娘の心を気の毒に思いました。その時一つの歌を作っておきました。

　愚かにもまして愚かになりなまし
　　色にすゝめるさかし心を

しかるに娘はだんだんと興に乗じて自分のことを肯《き》くようにと素振りをますます現わして来たです。その時にはちょうど親や兄弟は皆買物に行きまして、テントにおるのは私と娘だけですから、大いに時を得たりという訳でだんだんと勧め掛けた。私はその時に履《くつ》を直して居ったです。履を直しつつ娘のぐずぐずいうやつを聞いて居るのです。実に面倒で仕方がない。まんざら樹の根や石の磧《かわら》で出来て居る人間でないから幾分か心の動かぬ事もないが、そんな馬鹿な事をやった日には自分の本職に背く訳〔堕落で〕でもあるし、かつ釈迦《しやか》牟尼《むに》如来《にょらい》の見る前も恐ろしいという考えがありましたから、それがために一点も心の底の掻き乱されるというような事はなかったです。で私はその娘に対して、「誠に結構な家であろうが、その結構な家に残って居るお前の阿母《おつか》さんは生きて居るであろうか死んでいるであろうか。それが分るかどうか」と私はぽんと一本喰《く》わして遣《や》りました。さあといって娘は非常に驚いたような顔をしたです。

第三十五回　女難を免る

術数をもって女を諭《さと》す　娘は驚いて、「それは生きて居るか死んで居るか分らない。私が国を出てから一年程こうして阿父《おとっ》さんと一緒に廻って居る。で阿母《おっか》さんは病身であるから、出て来る時どうか死なないようにしてくれろと言って泣いて別れて来たんですが、今どうして居るか分りません」と言いますから、私はそれへつけ込んで「ふーんそれが分らないか、お前は自分の家が実に結構なものである、立派なものであると思って居るが、私はちゃんと阿母《おっか》さんの安否を知って居る」と、少しく仰山《ぎょうさん》に言いますと、娘が恋慕の情はにわかに恐怖の情と憂愁《ゆうしゅう》の情に変って、それでは自分の母が死んだのではないか知らんという考えを起したです。

ことにチベットではラマと言えば神通力《じんつうりき》を得て居る人が沢山あるということは俗人の迷信になっておるから、私に対してもやはりその妄信を繰り返してにわかにその情緒を変じた。そこで私はまずこれで安心だと思い、「なあにお前の阿母《おっか》さんは死んだという訳でもあるまいけれども、この世の中は阿母さんが先に死ぬか、お前が先に死ぬか分らぬ。私だって明日《あした》死ぬか分らない。そういう危ない無常の世の中で、僅かの楽しみを無上の快楽のように思うて居るのは、実に馬鹿気た話であるから」と言って懇々《こんこん》説諭をしたです。すると「郷里の母が死んだか死なないかどうか本当に言ってくれろ」と言って**泣き出した**です。それには少し困りましたけれども、まあよい加減にその場を過しますとその後も娘は母の事を思って全く私の事を忘れてしまった。大いに私は安心を得たです。そこで数日滞在の後、八月二十六日に一緒にそこを出立《しゅったつ》して東北の方に向って行くと、その辺は一体に沼の原でそこここに浅い水が見えておる。一里ばかり進んで行くと大変深い沼がある。杖でもって測量して見ますに、どうも杖が落ちつかない。だから此沼《ここ》は到底渡るべきところでないというのでまた引き還して、半里ばかり後戻りをして道を東の方向に取って進みました。すると今度はその沼から流れて来たのか川になって居りまして、その川を三筋ばかり向うに渡って、ちょうど行くこと四里ばかりにしてその沼の間を離れてまた山の間へ指して着いた。そこでその晩は泊ったです。その辺にはギャア・ニマ及びギャア・カルコへ商売に往来の人が沢山居って、あっちこっちにテントが見えて居るです。それからそういう場合に頭陀行《ずだぎょう》をすればよいと言うので

乞食《こつじき》の行《ぎょう》 をやりました。僅かな物を上げてくれるのですけれども、五、六軒廻って来ると一日の喰物《くいもの》くらいはある。その翌日も同様頭陀行の出来るところは乞食《こじき》をして、それで夜はいつもお説教です。そのお説教がなかなか同伴《つれ》の人らの心を和らげる利き目がある。もしそうでなければ、私はその人らのために危く殺される筈です。しかし今の間は殺される気遣いは滅多にない。なぜかと言うとこの辺には人も沢山ありますし、また人が居らないにしたところがこの辺は一体に霊地になって居って、いかなる猛悪の人間もこの霊地に一度入る者は強盗もやらなければ、また狩もしないという訳です。だから今の中は大丈夫ですけれども、その霊跡の地を離れたならばきっとやられる虞《おそれ》がありますから、余程教育を旨《うま》くやっておかないといかんです。というような点から私は力《つと》めて説教をしました。それがまた大いに悦んで聞かれた。ところで八月二十八日の日に八里ばかりの波動状の山脈を踰《こ》えて行くのに一滴

も水がない。立際《たちしな》にお茶を一盃《ぱい》飲んだきりで麦焦しも喰うことが出来ない。随分喉は乾きましたけれども、前に喉が乾いて

餓鬼道の苦しみ

を嘗《な》めた程困難を感じない。そこでその日の夕暮ランチェン・カンバブの上流の方に着きました。このランチェン・カンバブというのは英語にリバー・ストレージと言いまして、先にも申しましたように、ずっと西に流れてインドへ行ってシタ川と合してインダス川となってアラビヤ《〔インド〕》海に注いで居る川の源でありますが、この川はマナサルワ湖から出て居るという土人の説明です。それから私は押し返して、「それでもマナサルワ湖はすべて山で取り囲まれてあって、どこからも川の出るところがない」とこう申しますと、いやそれはそうだが、この川の流れ出す源はマウント・カイラスの西北方にある山間のチュコル・ゴンパ【Chugo Gonpa】という寺の東の岩間《がんかん》の泉から流れ出すので、その泉は取りも直さずこのマナサルワ湖から来て居る水である。つまりマナサルワ湖から隠川《かくれがわ》になってこの方に流れ出して居る訳だという説明の仕方です。

成程ちょっと面白い考えではありますけれども、どうも位置の高低を考えて見るとこの川がマナサルワ湖の水面よりも高いところから流れて来て居るように思いましたから、土人の言った説明に感服することが出来なかったです。で、その川の端へ着して例のごとくテントを張って泊った。その翌日がこの辺で名高いプレタプリー【Pretapuri, Reta-Puri】という霊跡へ参詣に行きますので、荷物並びにテント等すべての物と留守番二人をそこに残して私と娘とその親人《おやびと》ともう一人の女と四人で出掛けて参りました。で、そのランチェン・カンバ

ブに沿うて西の方に降って行くと、大きな岩が三町ばかり続いて居るその岩の間を通り抜けますと、また北の方から注いで来て居る一つの川がある。そういう川がその辺に三筋あるので、トクポ・ラプスン（三筋の友達川という意味）と言って居るです。その一筋を渡って一町ばかりの坂を上りますと大変広い原がある。その原には

茶畑のごとき荊棘《けいきょく》の叢林　があります。それを見渡しますとちょうど宇治の茶畑に行ったような観念が起りまして実に我が国を忍ばれるようでした。それからだんだん進んで半里余り行くとまた一つの川に出逢った。それも前のと一緒の名で、それを渡ったがやはり深さが腰位まであってなかなか両方とも冷たい。氷の流れて来て居る川ですから非常に凍《こご》えた。で上に昇《あが》ってだんだん進んで行こうとするけれどもどうも進めない。そこで同行《どうこう》三人の人に向って、「私はここで一息して行きたい。どうも灸《きゅう》を据えてから出掛けないと歩けないからあなた方先へ行って貰《もら》いたい。」というのはその人達はその日に参詣して留守番に帰り、私は一晩霊場に泊る筈ですから、同行の三人もそんならばこの方向に向って道を尋ねて来れば間違いないからと言って、その人らは先に行った。どうもチベット人の身体の強壮で歩くことの早いには――私は余程修行したつもりであるけれども――とても及ばない。足が動かんのにその人らと一緒に歩いて行くことは実に困難ですから断ったので、そこでマッチと艾《もぐさ》を取り出して足の三里に灸を据えますと大分足が軽いような感じがして来た。一時間もそこで休息してだんだん西の方へ二里ばかり進むと平原が尽きて、川に沿うて下流へ降って行くとずっと向うに寺が見えて居る。実に立派なもので石の摩尼檀《マニだん》がある。その摩尼檀はちょうど汽車

の列車が繋《つな》がって居るような風に見えて居る。もっともこれはこの辺にあるばかりでなく、ヒマラヤ山中にも沢山あるのです。ことにヒマラヤ山には

奇異な鳥　が居って全く汽笛の声とちっとも違わぬ声を出すです。列車のごとき摩尼檀を見て不意とその鳥を思い出して――この辺に汽笛鳥は居らんですけれど――あたかも文明国の土地に出たかのような感じが生じました。

第三十六回　天然の曼荼羅《まんだら》廻《めぐ》り（一）

荘厳なる山寺　真実文明国の土地に来たような心地がして向うの方を見ますと、本堂もあれば僧舎もあり、それからなにか石の塔のようなものも沢山あって随分立派に見えて居る。チベットの高原地で石を集めて家を建てるということは非常に困難な事でかつ大金を要する事であるけれども、ここはプレタプリー（餓鬼《がき》の街《まち》）といって、昔パンデン・アチーシャ【Paldan Atisha】がインドから真実仏教の面目を伝えてこの国に来られた時、この地に来てプレタプリー即ち餓鬼の街という名を付けられたです。こりゃどうも余程面白い名ですが、一体チベット人は

糞《ふん》を喰《く》う餓鬼　とも謂《い》うべきもので、まあ私の見た人種、私の聞いておる人種の中ではあれくらい汚穢《おわい》な人間はないと思うです。もちろんそういう習慣は昔も今も変らず、パンデン・アチーシャが来られた時分にも今の通り汚穢な有様であったから、つまり糞を喰う〔飲食物なき〕餓鬼の国

の街であるという名を命《つ》けられたものと見える。それをチベット人はインド語の意味を知らんものですから、パンデン・アチーシャは我々の街に誠に尊《たつと》い名を命《つ》けて下すってありがたいと言って誇って居るです。それから寺が建てられていろいろ尊いラマ（上人《しようにん》という意味）が参りまして、その後ズクパ【Dugpa（Drukpa）】派のラマでギャルワ・ゴッツァン・パーという人がここに完全な道場を建てられた。で今に存在しておるのでございますが、僧舎も四つ五つあるです。私はその中の一舎に着いて宿を借りました。そうして先に行った私の同伴《つれ》はすでに参詣を済まして帰って行きました。其舎《そこ》で昼飯を済ましてその寺の僧侶に霊跡の案内を願ったところが、始めに連れて行った本堂は表四間に奥行五間位の本堂、もっとも石造で大変丈夫に出来ておるです。他のチベット風の寺のように二階造りあるいは三階造りになって居りません。ただ一層の家でありましたが、その中に最も尊く祀《まつ》ってあるのが

釈尊と古派《こは》の開祖

釈迦牟尼仏《しやかむにぶつ》と、チベット仏教の古派の開祖ロボン・リンボチェの肖像であるです。このロボン・リンボチェについては、実にいうに忍びない妙な事が沢山ございますので、これは今日《こんにち》お話することは出来ませんが、余程奇態な仏法の人で恐らく今日日本の堕落僧といえどもこの人の行為を聞いたならば驚嘆せざるを得ないだろうと思うです。で私はその二方《ふたかた》がれいれいと幷《なら》べて祀《まつ》ってあるということについて、実に言うに言われぬ嫌《いや》な感じがいたしました。なぜならばそのロボン・リンボチェというものは、悪魔の僧侶と姿を変えて真実仏教を紊《みだ》すという大罪悪人であるからです。その祀ってある須弥壇《しゆみだん》が下に一つの幕が張ってある。その幕の中には実に尊《たつと》い有難い物があるということで、一タンガー（我が二

十五銭）出せば見せてやると言う。私はさっそく二十五銭払って見せて貰いました。それはいわゆる古派の開祖のロボン・リンボチェが、その土地に来てこの岩に対した姿がそのまま自然に映ったのであると言う。

　もちろんチベット人はその像に瞳を据《す》え遠慮なく凝《じっ》と見るということはしない。まず活《い》きた仏のようであるから余りに見詰めると自分の眼が潰れるというような馬鹿な考えを持って居る。私は充分に見ましたが、古代奸黠《かんちゅう》なる僧侶がその岩に彫刻をして、そうしてよい加減な絵具を付けてこしらえたものであるということがよく分った。それも非常に美術的に、天然に映ったようにでも出来て居ればたとい人造のものでも私共の眼にはそれを発見するに困難でしょうけれど、実にチベット《〔これ〕》は美術の進歩して居らぬ国であるからこの像なども〔ない人間が作ったもので〕詰らない遣り方に出来て居る。ですからじきに人工であるということが発見された。そこでこういうものをもって人を欺いて金を取る奸黠《かんかつ》な手段がこの仏教の盛んなチベット国において行われて居るというのは実に奇態である。日本あたりではこういうような事をやる悪魔の僧侶が随分あるということを聞いて居ったが、どうもチベットの僧侶も日本の僧侶も一様な事をやって愚民を欺くかと思いますと実に仏教のために慨歎せざるを得なかったのです。

天然の霊場　けれどもこの道場は随分天然的に良い道場なんで、チベットの諺にも、

　プレタプリーに逢わざれば、雪峰《せっぽう》チーセに逢わぬなり、コルギャル池を巡らねば、阿耨《アノク》達池《タッチ》も巡らざる

というくらいですから随分尊い霊場である。この諺の意味は雪峰《せっぽう》チーセに参詣しても、このプレタプリーに詣らなければ、つまり雪峰チーセに参詣したことにはならない。阿耨達池《アノクタッチ》を巡って見ても、その阿耨達池の東南方にあるコルギャル池を巡らなければ何にもならぬという意味なんです。で天然の有様から見ても随分立派な道場であって、その下にはランチェン・カンバブの大河が洋々と西に流れ去って居るです。その川を隔てて向うの岸には奇態な岩壁が重なり立って居りまして、その色合も黄あるいは紅色、誠に爽《さわや》かな青色、それから緑色、少しく紫がかった色というようにいろいろな彩《いろどり》が現われて居る。さながら虹か、霞《かすみ》の彩られたような言うに言われぬ美しい模様を現じて居る。〔光輝燦然たる奇巌〕ことに岩でありますから、突兀《とっこつ》としてその姿の鋭いところはその美と相映じて余程面白く見えるです。こちらの方の寺のある近所には、これまた天然の

奇岩怪石 が沢山にありまして、いろいろの形を成して居る。その岩に愚僧共がいろいろの名を命《つ》けて悪魔降参石とかあるいは馬頭《ばとう》妙王の夫婦の石像、雪峰チーセの石像、観世音菩薩《かんぜおんぼさつ》の自然像、迦葉波仏陀《カッサバぶつだ》の大塔というようなそれぞれ似寄りの名前を付けまして、愚民の心を誘惑して居るです。しかし私は先に拵《こしら》え物のロボン・リンボチェを見て感情を害して居るところでしたから、この美なる天然の景色にも感心せずに案内坊主の言うことがいちいち気に障《さわ》るというような事で、ついにはもうその案内坊主をぶんなぐってやりたいくらいに思ったけれども、そのままにいちいち聞いて参りました。で、ずっと神石窟《しんせきくつ》という岩窟《いわや》の所から川に沿うて二町ばかり降りますと、大きな温泉が三つばかりある。

小さな温泉も二つ三つあってその温度を見るに非常に熱いのもあって手が付けられない。どのくらいの温度か知りませんが、慥《たしか》に百度〔百三十〕以上の温泉でありました。はなはだ冷めたいというようなものはなかったです。いずれも透明な清水である。それからその辺に温泉の原素の結晶したものがある。その結晶しておる色を見ますと、白いのもあれば赤、緑、青というようなのもあるです。それはみな石灰を固めたような具合に固まって居る。で参詣者はこれは霊跡の薬であると言って持って帰るです。なるほど何かの薬にはなるでありましょう。そういうようないろいろの説明を聞き、その夜はまたその寺に一宿して坐禅に一夜を明かし、その翌朝帰路につきました。

高原にて路《みち》に迷う　すると広い原の中でどういう風に路を失ったのか何程《いくら》行ってもその川のあるところに出ない。どうもこりゃ奇態だ、少なくとも三時間来れば川の端に出る筈だが、もうはや五時間も歩いたのにまだ川が見えない。だんだん見ますと北の方の山に向って進んで居る。こりゃ大変だと思って道を転じて南東の方向へ進んだです。すると川に着きました。その川を渡って参りますうちにとうとうその日は飯を喰わずに日暮になってしまったです。後で聞きますと、テントの人達は大いに心配して、あのラマは水に連れて行かれて死んだのじゃあるまいかと言って、日暮がたぼつぼつ帰って参った時などには娘さんが羊を連れて出掛けて来たです。で私の姿を見ると大悦びで、あなたはもう死んだのではないか知らん、今から捜しに行こうという次第であったと言う始末。その翌日もやはり東の山の方に進んで行きまして、ラクガル湖の東北、マナサルワ湖の西北の原に着きました。其《それ》原は大いなる雪峰《せつぼう》チーセ〔の台地であってそこから一里半程湖水に向って南に行きますと、タルチェン・ターサム（大解脱駅）につきます。チーセ雪峰から台地が斜な平地になって〕から山がずっと湖水の方に向って流れ込んで行くような具合にだんだん低くなって居る斜形状の平原です。〔我らは〕その夜はそこへ泊ってこれよりいよいよ大雪峰チーセへ参詣するということになりました。

第三十七回　天然の曼荼羅《まんだら》廻《めぐ》り（二）

道順　ところがその夜の話にその人らは一緒にこの雪峰チーセを巡《めぐ》ろうということを承諾しない。皆別々に巡るという。何故かというにその人らはここに来て四日なり五日なり居る中にこの山を三度も巡りたいという。で、その巡る道は二十里余りある。私はその人たちと一緒に一日に二十余里廻《まわ》って帰る訳にいかないからどこかに泊ってぼつぼつ詣《まい》らなければならん。しかるにその人たちは夜の十二時から起きて翌晩《よくばん》の八時頃まで廻って来るので、それで大抵五日居る中に三遍位廻ろうという勢いです。娘たちも二度廻ったです。どうも驚きました。私は一度廻れば沢山《たくさん》ですからまず四、五日分の食物を自分で背負ってその廻り道に出掛けて行ったです。これは何を廻るのかというと雪峰チーセの中央に在る釈迦牟尼仏の体になって居る雪峰とその周囲を取り巻いて居る諸天諸菩薩《しょてんしょぼさつ》の雪峰と五百羅漢の雪峰とがあるのです。

その外側をぐるっと廻るように道が付いて居る。その廻り路にも非常な険《けわ》しい坂があってある時にはほとんど山の頂上まで登らなくちゃあならん場合もあるです。けれども山の間にそういう具合にぐるっと一廻り出来る道が付いて居る。その道をチイコル（外側の廻り道という意味）という。それからパルコルと申して二番《〔中間〕》目の廻り道とナンギイコル（内廻り道）という道があります。それは神か仏でなければ巡られないといって居る。普通に巡るのはチイコル（外道《〔外廻り道〕》）でそのチイコルを二十一遍廻ったものはパルコルを廻《まわ》ることを許されるのです。これは外道の内部に在るのですから道は余程付いて居るけれども非常に険岨《けんそ》であって普通の者には巡れない。もっとも雪のために仆《たお》されあるいは岩のために進行の出来ない所が沢山あるそうです。そのナンギイコルには雲を摑《つか》むような訳の分らぬ神話が多い。私はそのチイコルに着いてまず普通の方面より寺へ参詣《さんけい》しました。その廻り路の東西南北の隅々に一軒ずつ寺がある。これを名づけて

雪峰チーセの四大寺　という。私は始めに西隅にあるニェンボ・リーゾンという阿弥陀如来《あみだにょらい》の祀《まつ》ってある寺に参詣しました。その寺がこの霊場《れいじょう》では一番収入の多い寺で、日本でも阿弥陀様を祀ってあるお寺は収入が多うございますが、奇態にこのチベットでもそういうような事になって居って大変な上り物です。僅か夏季三月の間にこの寺の上り物は一万円内外の物が納まるという。かかる霜枯れた土地としては非常の収入といわなければならぬ。それは皆ブータン国の王様に納めるのです。妙です。この雪峰チーセという寺はすべてブータンの管《かん》轄地《かっち》です。一体はチベット法王の支配に属すべき者であろうと思うのに、その昔ブータンのズクパ派の坊さんがこの山に関係が多かったものですから、そこでこの山の支配権がブータ

ンに帰したことと考えられる。その寺の中に入って阿弥陀如来を見まするると純粋に光沢ある白い宝石をもってその如来を造ってある。チベット人の技術としては大変立派に出来て居ります。そのお顔がチベット風にごく優しく出来ていかにもありがたく感ぜられる。その前に二本の象牙が建てられて居る。その長さは五尺位で余程太い物です。でその後を巡りますとチベット蔵経の仏部が百冊書籍棚に挙げてある。この蔵経は読むという目的でその棚に上げてあるのでなくってお燈明《とうみょう》を上げて

供養をする目的　で上げられて居るのである。実に馬鹿げた事で、お経は読むために拵えてあるのにお燈明を上げて供養するというのは余程おかしい。もちろんお経を粗末にして鼻紙にしたり塵紙にするような人間があればそれは常識を失ったものといわなければならんけれども、お燈明を上げるというのも珍しい。けれども少しも読まずに経堂などに仕舞ってある日本の伽藍寺のごときよりはお燈明を上げるだけが優しいように思われる。私はその阿弥陀如来に参拝して阿弥陀経一巻を読みそれからその寺の霊跡《れいせき》を尋ねて立ち出た。そこからがすなわちこの天然の曼荼羅《まんだら》における純粋の所であるです。その名をセルシュンすなわち

黄金渓　という。もちろん黄金があるのではないけれども実に奇々妙々な岩壁が厳然《げんぜん》として虚空《こくう》を劈《つんざ》くごとくに峙《そばだ》って居る。その岩壁の向うに玉のごとき雪峰が顔を出して居る。その姿を見るだけでも勇ましいという感に堪えんほどであるのにその碧空に峙った剣のごとき岩と岩との間からおよそ千尺位の幾筋かの滝が落ちて居る。その壮観といったら恐らく喩《たと》えようもないです。随分幅が広いのもあって沢山見えて居りましたがその内最も大きなのを選ぶ

と七つばかりある。その滝の形状の奇なることは**千仞《せんじん》の雪峰より蛟龍《こうりゆう》**が跳《おど》って岩下に飛び降るかのごとき趣がある。あるいはまた徐々と布を引いたように落つる滝もあり蜿蜒《えんえん》として白旗の流れて居るようなのもある。もう私は暫くそこにじっと坐り込んでその風致を眺め、うっとりとその境涯に見惚《みと》れて茫然無我の境に入りました。で、その七つの滝を名づけて試みに雪峰チーセの七龍といったです。実に愉快でした。道の左側にも同じく滝が懸って居りまた雪峰もありますけれども右側にある今の光景には較べ物にならんです。これだけの景色を見ただけでも種々な難儀をして来た甲斐《かい》がある

カイラス雪峰の七滝

と思いました。そうなると何か歌を作ってみたくって堪らないが出ないです。それからだんだん山を廻って行くといわゆる山の中央から北に当って居る方向の所に出ました。

そこにリ・ラ・プリー（ヤクの角の所という意味）という精舎《しようじや》があります。これは金剛仏《こんごうぶつ》母《ぼ》が姿をヤクの形に変えて、その時にこの山へ始めて巡りに来たラマを導き終るとこの岩窟の中に隠れた、その隠れ際に岩に突き当って角が一本落ちた、その角がそこに残ったということでこの地を称してヤクの角の所というんだそうです。その寺が阿弥陀寺に続いて収入の多い寺、坊さんは前の寺よりも余計居るです。といったところで十五人ばかりしか居らない。前の寺は四人のほか居らんです。その寺に着いた時は日暮ですから宿を借りますと、その寺の幹事のような人が大変私を信用してくれて自分の居間を明けて、この室はちょうどかの雪峰チーセを見るに都合が好《よ》し、夜分はごく美しい月を見ることが出来ますから此室《ここ》にお休みなさいという。大いに悦んでそこへ坐り込んで居ると茶なども拵えてくれた。御膳は夜分喫《た》べぬといったものですから茶の中へバタを余計入れてよく拵えてくれた。

そうしてその坊さんが私と遥かに相対して居る山について説明してくれた。その門前の南方に当って中央に巍《ぎ》然《ぜん》として聳えて居る大いなる雪峰はすなわち雪峰チーセすなわち釈迦《しやか》牟《む》尼《に》仏《ぶつ》の体である。その前の東の方の小さな雪峰はこれは文珠菩薩《もんじゆぼさつ》の姿である。中央にあるのが観世音菩薩《かんぜおんぼさつ》、西にあるのが金剛手菩薩《こんごうしゆぼさつ》の像である。それからいろいろ外《ほか》に見えて居る細かな峰について説明をしましたが、委しい事はこの雪峰チーセの霊跡史を翻訳すれば分ることでありますからここには申しません。その夜は真に愉快を感じた。その雪峰の前を流れて居る水は潺々《せんせん》として静かに流れ去る。その漣波《さざなみ》に明月が影を宿して居る。その月光がいちいち砕けて実に麗《うるわ》しき姿を現わして居る。その水音を聞いて私の観念は非常に静かになったです。あたかも極楽世界で樹の枝に吹く風の声が正法の声と聞かれるごとく、此音《これ》もやはり仏法の音楽を奏でて居るかのごとく感じて、我が心もだんだんと深い霊妙なる境涯に入りました。もちろん真実霊妙なる霊地は自分の清浄《しょうじょう》なる心の中にありということはかねて釈尊から教えられて居りますけれども、やはり我々凡夫はかかる霊地に参りますとその心までも霊になって、大いに感化を受けた訳でもあります。

第三十八回　天然の曼荼羅廻《まんだらめぐ》り（三）

三途《さんず》の脱《のが》れ坂を踰《こ》ゆ　さてその翌日もその寺で泊り込んでいろいろその地の事について研究しましたが、夜はやはり禅定《ぜんじょう》に入ってその楽しみを続けた。その時の楽しみは一生忘れられません。その翌日は非常に嶮《きつ》い坂で三途の脱れ坂というのを踰《こ》えねばならん。ところが幹事は誠に親切な人でヤクを貸して上げましょうという。私とは余程深い縁があると見えて出来得るだけの親切を尽してくれいろいろな喰物もくれました。そのヤクに乗って一人の人に案内されて恐ろしい坂を登って参りました。するとチベット人の妄信といってよいか信仰力といってよいか、仏陀に対して自分の罪業《ざいごう》を懺悔《ざんげ》し自分の善業を積むという熱心は実に驚くべきほどで、その山を一足一礼《いちらい》で巡るという酷《ひど》い行《ぎょう》をやって居る者もあるです。それらは大抵若い男女がやって居るので老人には出来ない。ただ登って行くだけでも随分困難を感ずるですからとても若い者のような具合には行かない。私はヤクに乗って登ってさえも随分苦しい。何故かならばいかにも空気が稀薄ですから、三途の脱《のが》れ坂《ざか》を二里ばかり登りますと非常に疲れて呼吸が大分苦しくなったから少しは薬なども飲むつもりで休みました。するとそこで面白い話を聞いたです。それは向うの釈迦牟尼如来《しやかむににょらい》といわれる雪峰チーセに対して礼拝をして居る人がある。その人はいわゆる強盗の本場であるカムの人です。様子を見るに実に獰《ねい》悪《あく》なまた豪壮な姿であって眼眦《まなじり》なども恐ろしい奴ですから、強盗本場の中でも一段勝《すぐ》れた悪徒であろうと思われたです。その悪徒が大きな声で懺悔をして居る

未来の悪事の懺悔　その懺悔のおかしさと言ったらないです。なぜならばおよそ懺悔というものは自分のこれまでした罪業《ざいごう》の悪い事を知って其《それ》罪を悔いどうかこれを免《ゆる》してくれろ、これから後は悪い事しないというのが一体の主義である。しかるにその人らのして居る懺悔は実に奇態で私も聞いて驚いたです。その後ある人に聞きますればカムの人がそういう懺悔をするのは当り前である。誰でもその通りやって居るという。だから私は実に驚いた。それはどういう訳かというとこういって居るのです。

ああ、カン・リンボチエよ。釈迦牟尼仏《しやかむにぶつ》よ、三世《さんせ》十方《じつぽう》の諸仏菩薩《しよぶつぼさつ》よ。私がこれまで幾人かの人を殺し、あまたの物品を奪い、人の女房を盗み、人と喧嘩口論をして人をぶん撲った種々の大罪悪を此坂《ここ》で確かに懺悔しました〔します〕。だからこれで罪はすっかりなくなったと私は信じます。これから後私が人を殺し人の物を奪い人の女房を取り人をぶん撲る罪

も此坂《ここ》で確かに懺悔致して置きます。

とこういう事なんです。実に驚かざるを得んではありませんか。それから上がって行くと右側にノルサン【Gyalpo Norjingi Phoprang】（善財童子《ぜんざいどうじ》の住んで居る峰という意味）の峰がある。

解脱《げだつ》〔仏《ぶつ》〕母《ぼ》の坂　というのでその解脱〔仏〕母【Dolma-la】の坂を登って行くと右側にノ

その山に沿うてだんだん登って解脱〔仏〕母の坂の頂上に達しますと、そこに天然の岩の形で解脱〔仏〕母の像がありその東北に当って奇岩怪石が雲霞《うんか》のごとくに峙《そばだ》って居る、そこに何か像のごとき天然に突兀《とつこつ》として突き立って居るものがある。其《それ》岩を称して二十一の解脱〔仏〕母の姿であると説明をして居るです。そこが一番外道の中で高い所でほとんど雪峰チーセの高さと高低がない。〔海抜一万九千五百呎であります。〕ですからその辺は随分寒くってそれで空気が稀薄ですからじっとして居っても

心臓の鼓動激烈　心臓の鼓動が激しくいかにも苦しいような感じが生じた。幸いにヤクに乗って上《のぼ》ったものですから非常な苦しみを受けなかったけれども、もし歩行して上ったのならばとても今日ここまで到達することは出来なかったであろうという感じが生じたです。もちろんチベット人は非常に強壮なる肺を持って居るから平気で、かくのごとき険山を降り昇りして居るんですが私どもはなかなかチベット人の半分もない肺を持って居るのですから徒歩《かち》で上ることは思いも寄らんことです。それから三町ばかりその坂を降って参りますと大きな池がある。その池はすっかり氷で張り詰められて居る。その池について一つの神話的面白い話がある。それは昔善財童子がこの池で手を洗われた。その時分には夏の中は氷なんかは張

って居らなかったのであるけれども、その後ある巡礼が子をおぶってこの辺に来てその綺麗な水で手を洗おうとして俯向《うつむ》くとそのおぶって居る子が池の中に落ちて死んでしまった。それからこの山の神様がこれではいけないというのでいつも氷を張り詰めることにしたのである。これは神様の徳で我々を保護するために張られたところの厚い氷であるという説明なんです。そんな話を聞いて誠にきわどい坂をば降《くだ》って参りました。もちろんその辺にはいろいろと天然の奇なる岩石に名を命《つ》けてあるけれども余り長くなるから止します。坂は非常に厳しいですからヤクなんかに乗って降ることはとても出来ない。

幻化《げんげ》窟の尊者　だんだん下へ降って雪峰チーセの東の部へ着きますと、ズンツル・プク（幻化窟）という名跡があります。この寺はチベットで最も尊崇され最も賞讃されて居る尊者ゼーツン・ミラレバ【Jetsun Milaraspa】が開かれた道場で、大変面白い話が沢山あるが皆宗教的専門の事でありますからここで説く必要はありませんけれども、ゼーツン・ミラレバという方は非常な苦行《くぎょう》をされた人でまた仏教的の真理を（巧妙に）諸方に顕揚されたところの大詩人である。かくのごとき一大詩人はチベットにおいては前にも後にも出なかった。そうしてこのお方の伝記は実に奇態な事が自然的に出来上って居る。全く詩的伝記に成り立って居るです。ただにその人一部の伝記が詩的であるのみならず、そのまた思想が全然詩的の幽邃《ゆうすい》な趣味を持って居る。それゆえにこの頃欧米学者のある者がこのお方の詩をあっちこっち取り抜いて分り易いようなところをその国語に翻訳して居る。それから私の知って居るロシアの博士も私がダージリンに帰ってから私の説明をきいてロシア語に翻訳したです。実に完全なものであるといって大いに悦んで居った。で、この寺に一夜泊ってその翌日ハムフンギチュ（靴落し川）という川に沿うて降りまして南方のギャンターという寺のある下の方に着きました。その寺にはドルジェ・カルモ（白金剛母《はくこんごうぼ》）を祀ってある。道筋よりは十五、六町内へ曲った山中にあるので、通常の道にはタルチェン・ターサムという駅場がある。ここには三十軒ばかり石造の家がある。その遠近《おちこち》にテントも十二、三見えて居る。この辺の**一大市場**であってまた租税物を取り立てる所である。その市のある家について宿り、私を送ってくれた人とヤクはそこで暇をやりました。私はその夜例の観法に一夜を過しましたが、その翌日十時頃に私と別れて居った同行の人たちが参りました。このタルチェン市はマナサルワ湖の西北の隅とラクガル湖の東北の隅の斜線状の平原にあるのです。その斜線状の平原に沿い東南に向ってマナサルワ湖の西を進んで参りその翌日もやはり同じ方向に進んでポンリー【Bon-Ri】という雪峰の下に着きました。これは前にもちょっと申したチベット古代の教えのポン教の霊跡である。しかるにここに大きな寺があってその寺はもちろんポン教の寺であると思って居りましたが、そうではなくチベット仏教の新派の寺でありました。なかなか立派なものが山の間に建ててある。しかしその寺までは私はよう行かなかった。さてこの辺にはいろいろの蕈《きのこ》が生じて居る。すなわち水蕈《みずきのこ》、黄色 蕈《おうしょくきのこ》が樹もないのにその湿地に生じて居る。その蕈が非常にうまいからというので同行の女たちは取って参りバタで揚《あ》げて塩を掛けて喰いますと成程真にうまいものであったです。どうもこの辺は大分霊跡から離れて居りますので、ところいい出したです。その宿主《やどぬし》(巡礼者)らのいうにはもはや我々の本業を始めんければならぬとこういい出した。その仕事は何であるかというに主に遊猟に出掛けるという。この辺に住んで居る鹿を撃ちに行きますので、ただそれだけなら当り前ですけれども都合次第ではその三人の兄弟が出掛けてからに良い旅人を撃ち殺して物を取って帰るのじゃないかという疑いもあったです。何気なく進んで参りましたがどうも私の身も大分危ないように感じましたから何とかしてこの人らと離れなければならん。しかしながら突然逃げ出したならばかえって彼らの疑いを受けて殺されるようになるかも知れんから、何とかよい方法が付けばよいがと思いながらその翌日ある山の端に着きました。ところが同伴の者は自分の眼の前でチャンクーという獣を発砲して殺しました。しかもそれを喰うためではない全く慰みに殺したのです。

この獣は犬のような大きな奴で毛は余り深くない。それが夏の間は赤茶色で実に綺麗です。ちょうど私が見た時分にはその色でありましたが、冬になると白灰色に変ずるそうです。その灰色に変じたのは私は見たことはないですがチベット人の誰でもいう説明によるとその事は確実らしい。ところでその耳は鋭く立って居りましてその顔付の獰猛《どうもう》にして残忍酷薄なる様子を示して居ることは一見恐るべきもので、現に旅人でも一人位であると不意に噛みつかれ喰い殺されることもあるそうです。そういう奴が五、六疋《ぴき》向うの山の端にやって来たのを兄弟三人がこちらから発砲して殺したその時の顔色を見ると、非常に愉快を感じたらしく見えたです。その非常に愉快に感じて居る残忍の有様を見てこの様子じゃ人を殺して随分愉快を感ずる方であろう、こりゃどうも危ないという感覚が起って来たです。

第三十九回　兄弟喧嘩

霊跡《れいせき》とお別れ　その翌日はやはり雪が降ったものですからそこへ泊り込みになったです。その時宿主らの連れて居る猟犬は兎狩《うさぎがり》に行って兎を喰殺して帰って来るという始末《しまつ》で大変に殺《さっ》伐《ばつ》な光景が現われて来た。その翌九月十五日にだんだん東に向って波動状の山を踰《こ》えてほとんど峰の頂上に着きました。ところで宿主のいいますには、もうここでお別れだといいますから何でお別れかと聞くと、ずっと西の方に見えて居るマナサルワ湖と湖水の中央から南方に見えて居るマンリー雪峰《せっぽう》を指して、最も尊い霊跡を離れたから我々はこれから本当の仕事に掛るんだ、だからここで礼拝《らいはい》してお別れを告げてまた後にもう一遍ここへ巡礼に来た時お逢い申せるように願いを掛けて置くとこう申して礼拝をするから、私もそれに倣《なら》って礼拝をしてそこで余程感慨に打たれたです。

幾千里の山海を隔て非常な困難を冒して日本人として始めてこのマナサルワ湖に着いた。しかるに今ぞこの霊なる湖とお別れせねばならんかと思うと、何か知らん無限の感に打たれました。それから降ってまた波動状の山を幾度か踰えてポンリー寺の所属の十二、三テントのある部落の近所に着き、まずその部落へ指して頭陀行《ずだぎょう》即ち乞食を行いに参りました。それはただ物を貰うというのが趣意ではなくて

視察がてらの乞食　どういう人民が居ってどういう風に暮して居るか、あるいはいかなる人情風俗であるかを幾分か研究したりその他の有様も知りたいという考えがあったです。けれどもただぶらぶら散歩する訳にいかないからまず乞食という姿で行けば、物をくれてもくれなくってもその辺をよく研究することが出来る。常にそういう考えを持って居るからいつもどこかへ出ます時分には乞食に出掛けてあちらこちらを見廻った訳ではございます。その翌日もその宿主らはそこへ逗留して遊猟に出掛けた。私はテントの中で漢字の法華経を読んで居りました。するとその一番兄の女房とそれからダアワという娘（仲弟の女なり）が外で何か話をして居った。

始めは何をいって居ったかよく分りませなんだがラマラマという声は確かに私の事を意味して居るような話でしたから、聞くともなしに聞きますとダアワという娘のいうに、あのラマは私の阿母《おつか》さんがどうも死んだらしいような話をした、本当に死んだのだろうかとこういって尋ねて居るです。すると他の婦人は笑って、なにそんな事があるものか。あなたが余りあの人に思いを掛けたからそれでよい加減《かげん》な事をいってごまかしたんだ。そんな事をいうのを聞いて居った分には役には立ちゃあしない。それにこの間も私の内（夫を指していう）が話したことだが、もしあのラマが俺の姪《めい》の婿《むこ》に成らないようであれば、屠《ほふ》って喰物にするという話であった。実際内のも非常に怒って居るんだからその訳をよくいって一緒になったがよかろうということを私に聞えよがしにいって居るです。

私はどうも驚きました。けれどもその時に決心した。もしかかる事のために殺されるならばこりゃ実にめでたい事である。我が戒法を守るということのために殺されるというのは実にめでたい事である。これまでは幾度か過ちに落ちて幾度か懺悔《ざんげ》してとにかく今日まで進んで来た。しかるにその進んで来た功を空しくしてここで殺されるのが恐ろしさにあの魔窟に陥るということは我が本望でない。ただ我が本師釈迦牟尼仏がこれを嘉納《かのう》ましまして私をして快く最期を遂げしめ給わるようにという観念を起して法華経を一生懸命に読んで居ったです。しかしその日は何事もなかった。その翌日二里ばかり向うへ行ってまたある山の端へ着きましてずっと向うの方を見ますと何か建物のあるような所が見えた。そこであそこは何かといって尋ねますとトクチェン・ターサム（駅場）であるという。例のごとく私はそこへ乞食に行きそれを済まして帰って来ますとただダアワが一人残って居て他の者は居らぬ。どこへ行ったかと聞きますと皆遊猟に行って誰も居らぬという。私は悟《さと》りました。ははあこれでいよいよ

今晩料理されるか　知らん。なんにしても危急の場合に迫ったという観念が生じました。しかしこの娘もやはり何かの縁があってこういう事になったんであろうから充分に仏教のありがたい事を説き付けてやろう。この娘が私に対し穢《けが》わしい思いを起したのは実に過ちであるということを悟らすまで懇々と説き勧めてやろうという決心をもって座り込みました。ところがその娘は朝から例の水蕈《みずきのこ》を取り集め、あなたが非常に蕈がおすきだからといって親切らしくそれをくれたです。そこで例の麦焦《むぎこが》しの粉とその蕈を喰いましていよいよ法華経を読みに掛ると、娘はそれを差し止めて申しますには、是非あなたにいわねばならん酷《ひど》い事を聞き

ましたから申します。でなければあなたに対してお気の毒だから……とこう申すです。その事はもうよく私に知れて居るのですけれどもなんにも知らん振りして聞きますと、やはり前に私が聞いて居った通りの事をいったです。

私がいうにはそれは結構な事だ、お前と一緒にならずにお前たちの親の兄弟に殺されるというのは実に結構な事である。もはや雪峰チーセも巡りこの世の本望は遂げたから死は決して厭《いと》うところでない。むしろ結構な事である。で私は極楽浄土のかなたからお前たちが安楽に暮せるように護ってやる。是非今夜一つ殺して貰おうとこういって向《かえっ》うへ追《て》掛《反》け《撃》て《し》やりました。するとかと大変にびっくりして娘はいろいろと言訳をいったです。けれどもだんだん私に迫って来て、あなた死んでは詰らんじゃないかとかなんとかいろいろな事をいい出したけれども、私はすべて鋭き正法を守る底《てい》の論法をもって厳格に打ち破ってしまった。で四時頃になりますと遊猟に行った先生たちは四人《よったり》とも帰って来たです。帰るや否やその三人兄弟の中の一番悪い弟がダアワに対して、こいつめ男の端に喰い付いていろいろな事をいってやがるという小言を一つくれたんです。それはテントの外から私共の話を聞いて居て来たんでしょう。するとその娘の親が何だとその弟に喰って掛り、貴様の娘じゃなし貴様に麦焦《むぎこが》しの粉一ぱい喰わして貰うという訳じゃあなし、俺の娘がどうしたからといって貴様の世話にはならないといってここに兄弟喧嘩が始まったです。

第四十回　兄弟らと別る

撲《なぐ》り倒さる　兄弟喧嘩がだんだん盛んになって、やあおのれは泥棒でどこそこで人を殺したの、おのれはチベット政府の金を盗む企てをしてそれがばれたものだから逃げ出したのと、有った事か無い事か知らんが罵詈讒謗《ばりざんぼう》を始めたは未《ま》だしも、仕舞《しまい》には弟が非常に怒って兄をぶん撲る。大きな石を投げ付けるという始末《しまつ》。私も見て居られんから飛んで出て弟を押えようとすると私の横面をば非常な拳骨《げんこつ》でぶん撲った。それがために私は倒れてしまった。その痛さ加減というものは実に全身に浸《し》み渡ったです。そうすると娘が泣き出す。女房が泣き出す。一人の男がそれを押えるという始末で実に落花狼藉《らっかろうぜき》という有様に立ち至った。私もしてみようがない。倒れたまま酷い目に遇ったとばかりで寝転んで居った。するとだんだん夜にもなって来ますし、おいおい喧嘩も下火になりましてその晩はそのまま過しましたが翌日から

兄弟離散　ひとりひとり思い思いに行くといい出し、そこで一番の兄は女房と一緒に、娘は親と一緒に、弟は一人、私も一人で行くことになったです。忽《たちま》ち困難を感じたのは荷物を持って行く羊がない。ですから一疋六タンガー（一円五十銭）ずつ出して羊を二疋買いました。それからその人たちに別れて私は東南の方へ向けて参りました。その人たちは北の方に行くのもございましたがまた後へ引き返す者もありました。予《かね》て私は道は東南に取らずにず

兄弟の争闘

っと東へ取れということを聞いて居った。けれどもその人らの中で私を追って殺しに来る者があるかも知れないという考えがあったので東南の山中に進行したです。

もし彼らの毒手《どくしゅ》から免るる事が出来たならば実に彼らの兄弟喧嘩で私が拳骨一つ喰ったのが誠に好い仕合せであると思ったです。幸いにその夜はある山の端《は》に着きましてまた例の雪が疎《まば》らに積って居る草の原に宿りました。これまではテントの中に寝て居りましたのに急に雪の原に宿ったもんですから寒気に侵されて一睡もすることが出来ない。その翌九月十九日雪の原を東南に進行して、ニョクチェという所のシャ・チェン・カンバという小さな寺に着きました。で、その翌日はその寺へ逗留して履の修復や衣服の綴《つづ》りをやりました。その寺には僧侶が二名ばかり居りますから此寺《ここ》まで

殺しに追って来る　気遣いもなかろうという考えで緩《ゆっく》りして居りました。すると彼らから買うた一疋の羊が死んでしまったです。誠に可哀そうに感じて相当の回向《えこう》もしてやりました。それから他の一疋ではどうしても進みませんから、その一疋を他の人に半額で売りまして死んだ羊の死骸は人にやりました。私が羊をくれた人はトクチェンの駅場へ羊毛の税品を納《おさ》めに行った人だそうで、ちょうど四名ばかり其寺《そこ》へ泊り合わせたその人らに死んだ羊の肉を遣りますと、大いに悦んであなたこれからどちらの方へ行かれるかと尋《たず》ねますから、私はホルトショの方へ行くつもりだといいますと、それじゃあ私共もちょうどその方向に進んで行くんだからあなたの荷物を持って行って上げましょうといいました。

彼らはヤクを沢山連れて居るものですからそのヤクに私の荷物のすべてを載せてくれた。

それからその寺を出まして東南に進んで行くこと一里半ばかりにして周囲十町ばかりある円形の小池のある所に着きました。その池の右側に沿うてまた東南に進みますとじきにまた大きな池が見えたです。その池はコンギュ湖という湖水で東南から西北へ非常に長く東北から西南に掛けてごく狭い湖の周囲はほぼ十五、六里だそうで、その周囲の山脈は黒い岩の間に雪がまばらに積っていて余程面白い形状を現わして居るです。その湖水の縁に沿うてある山の上へ登って湖水の形状とそれから小さな円い池の有様を見ますと、そのコンギュ湖の蜿蜒《えんえん》として西北に進んでかの円い形の池に臨んで居る有様はちょうど**蛟龍《こうりゅう》の璧《たま》を弄《ろう》する**ような天然画の有様がある。そうしてその両岸の山の黒岩の間に斑紋になって居る雪は、あたかも斑《まだら》に飛んで居る〔白〕雲のごとき有様に想像されて余程面白く感じたです。それからその池を左にして東南に進んで行くこと七里ばかりにしてその湖の端へ着きました。けれどもその人らはテントを持って居らないからやはり雪の中に寝るのです。ところがなかなか寝られない。大分に疲れもひどく感じて居る。こういう時には座禅するのが一番苦痛を免れる最上の方法で、誠に如来《にょらい》の布かれた方便門のありがたさをしみじみと感じたです。その翌九月二十二日東南の山中に向って急坂を登らねばならん。余程な嶮《けわ》しい坂で随分慣れて居る人たちでも苦しい息を吐いて登るです。私は幸いにヤクに乗せて貰って上に登ったものですから苦しい中にも幾分か楽でございました。それからまた南の方向に降ること一里半ばかりでまた平地に着きました。その辺は一体にコンギュ州の中です。その平地に真っ白になって居る池のようなものがある。あの辺に雪の積って居る訳はないがどうして

白いのかというとあれはプートーすなわち

天然ソーダの池　であるという。その辺へ着きますと私どもの一行は皆それを沢山《たくさん》取り集めてヤクの毛で拵えた袋に入れてヤクに背負わせた。これは茶を煮る時分に入れるのです。それからまた波動状になって居るそんなに高くない山脈を幾度か昇ったり降ったりして、そうして先に私が死にはぐった所のチェマ・ユンズンの川尻に着きました。その時分にはもはや秋の末でありますから水も大変減って居りまして渡るにも困難でない。その上にヤクに乗って渡るんですから何事もなくその川を渡りました。

この頃はほとんど一日に十里位ずつ歩んで居ります。もし私がヤクの助けを得なかったならばこの空気の稀薄な高原地をこんなに沢山歩むことはとても出来なかったです。夜は例のごとく寒くて寝られない。その翌二十三日また東南に向って、その人たちと共に十里ばかり進んで参りますと、前に渡ったブラマプトラ川に出た。この辺の川の名はマルツァンギチュともいい、またコーベイチュともいう。それは皆地名に準じてそういう名を命《つ》けたものである。そのブラマプトラ川ももはや非常に減水して居りましたから渡るに造作はない。例の〔水が浅く〕ごとくヤクに乗って渡して貰いました。するとその川端にその人たちのテントがあって、そこへ宿ることにしました。随分疲れも酷《ひど》うございますが夜分テントの外に出て見ますと

ブラマプトラ河畔の夜景　月はございませんでしたが碧空《あおぞら》にはキラキラと無数の星が輝いて居りまして、その星が水面に映じ川はその星を流して居る。遥かの彼方を眺めますとヒマラ

ヤの雪峰が朧《おぼろ》に聳《そび》えて居る。その朧気な夜景は真に森厳にして侵すべからざる威風を備えて居るので、何となく無限の感に打たれて五、六首の歌が出来ましたがその中二つばかり申し上げましょう。

　ちよろづの星をやどして流れける
　　ブラフマ川や天津川《あまつかわ》かも
　天津神《あまつがみ》ましります国のヒマラヤは
　　ブラフマ〔(清浄天)〕川の上にかがやく

その翌日その人らは外の方向へ出掛けるので、私はその人らと別れて一人でまた重い荷を背負ってだんだん川に沿うて東南に進んで二里ばかり参りますといかにもその荷物が重くなって来た。これまで大分に楽をして居ったものですから非常に重さが厳《きつ》い。暫く進んではまた暫く休むという始末で遂には進めなくなってしまった。

第四十一回　剽盗《ひょうとう》の難（一）

白昼強盗に逢う　どうしようかしらんと休んで居るとよい塩梅《あんばい》にヤクを一疋牽《ひ》いて出て来た遊牧民があったです。それからその人に頼んで、どうかこの荷物をお前の行く所まで持って行ってくれないか、いくらかお礼をするからと申しましたところが早速引き受けてくれました。で一里余り進むと向うの方から非常に強そうな馬に跨《また》がった奴が三人やって参りました。

その様子を見るに背にはそれぞれ鉄砲を担ぎ右の腕には槍を提《さ》げ腹の前には刀を佩《さ》し、そうしてチベット流の猟帽を頂き意気揚々と近づき来るその容貌が、いかにも獰悪《ねいあく》で身体も強壮なチベット人中殊に強壮らしく見えどう考えても強盗とほか鑑定が付かない。

なぜならばもし巡礼者であれば巡礼に必要な食品を背負って居るところの荷馬とかあるいはヤクとかを率《ひ》いて居る訳であるのにそういうものはない。行商《ぎょうしょう》かと思えば行商でもない。なぜならば商法人は少なくともいくばくかの馬を率き連れて居る。多い者は八十疋も百疋も荷馬を連れて居るのである。しかるにこれは三人の外《ほか》に何もない。遊牧民かというに遊牧民なればかかる立派な風はして来ない。こりゃ全く強盗であるということが分って来た。果たして私と一緒に居る同行者も非常に恐れて居る様子ですからそこで私は考えた。仕方がない。この強盗に着物から荷物まですっかり遣っちまえばそれで事が済《す》むんだ。別段争うことも何も要《い》らない。この際**大事な宝は生命《いのち》**だが先方にとっては人の生命はなんにもならぬ。こりゃ何もかもすっかり遣ってしまうに若《し》くはないと覚悟してしまった。ですから同行の奴〔者〕は恐ろしがってなるべくその視線から免《のが》れるようにして居るけれども、私はその強盗の進んで来る方向に向って進んだです。するとその三人の奴が私の前へ来て「お前はどこから来たか」といいますから「雪峰チーセへ参詣して来た者であります。」「雪峰チーセからこっちに来る時分に何か商人体の者に逢わなかったか。実は俺の友達がこの辺をうろついて居るので其《そ》友《れ》を捜して居るのだ。」「いやそういう者に逢わなかった。」「そうかお前さんはラマらしい。ラマならば定めて卜筮《うらない》をするであろう。俺の友達がどこに居るか早く分るように占ってくれ」という。その意味はよく分ってる。それは友達を捜すのではなくてどういう方向に行ったなら金を持って居る商人に行き遇いその者を屠《ほふ》って金を取ることが出来るであろうか。その方向を卜筮《うらない》で知らしてくれろという意味なんです。こういうような大きな盗人に遇った時分には余り恐ろしい事はない。なぜかといいますと彼らは小さな仕事を心掛けて居らない。大きな商人を見付けて其人《それ》を

夜中に屠り殺し　その財産のすべてを奪って逃げるというのが彼らの目的であるから、私どものような僧侶で一人旅の者に逢う時分には必ず卜筮《うらない》をして貰って、それから行く方向を極めて大きなる仕事をしようとこういうので、で僧侶に対しては特にお礼をするんです。強盗からお礼を貰うというのも訝《おか》しいが向うからお礼をくれるです。そこで余儀なく私はよい加減な事を言って人の居らんような方向を指してこういう所に行けばその友に逢うであろうと本当らしく述べてやると、彼らは大いに悦《よろこ》んで「またいずれ逢うであろう今お礼をする訳にいかない。御機嫌よう」と言って出掛けた。

　そういう話をする中にも同行の奴〔者〕はブルブル震えて居ったです。で私に向って「あの強盗らは何を言って居りましたか。」「あの人たちは私に占ってくれというから教えてやった。」「あなた本当の事を教えてやりましたか。」「なに本当の事を言った分には人に迷惑が掛るからな」と話しながら川端を三里ばかり進みますとそこに一つのテントがあった。そのテントはその男の住んで居る家なんでその辺にはまだ二、三のテントもありました。その夜はそこ

に宿り翌日も非常に疲れて居るから一日休息してその翌朝すなわち九月二十六日、山羊《やぎ》は一疋でも行くといいますからそこで荷物を背負わす山羊を一疋買い調えて出掛けました。

咫尺《しせき》も弁ぜぬ大雪　そうすると雪が大層降って来たです。だんだん劇《はげ》しくなってどうにもこうにも進み切れない。もう自分の着て居るチベット服も全身濡《しめ》ってその濡りが膚《はだえ》に通って来たです。そうしてどの方向に進んでよいかあまり大きな雪が降って居るものですから少しも向うを見ることが出来ない。磁石でもあれば出して見ることも出来ますが磁石は既に失くしてただ無闇矢鱈《むやみやたら》に進んで行くのですから実に危ない訳です。ところがこういう場合に地獄で仏とでもいいますか、一人の乗馬者に逢いました。

その男が私を見まして、どうもこの雪の中でそんな事をして居っては今晩とても寝られやしない。まあ今頃の事だからまさかにこの辺で死ぬ気遣いはあるまいけれど、何しろ非常の寒さだから死ぬような苦しみをしなくちゃあならん。聞けばお前さんはラサ府に行くというう。少しは廻り路だけれども私のテントのある所へ来て泊っちゃどうかといってくれるので私は再生の思いを致し、なに後戻りしても構わない、実はこの大雪で後戻りをする道も分らんからどうか連れて下さいとその人に従い、荷物は馬に幾分か載せて貰いまして自分は山羊を連れその雪中を冒してその人のテントに着きました。翌日またそのテントの人たちもやはり私の進んで行く方向に移転するということでその親切にしてくれた人は外《ほか》の方へ行きましたが、その外の人と一緒に雪の積って居る中を六里ばかり東南の方へ進みました。

一緒には来たものの実は未だに口もきかぬ人ばかりです。けれどもこういう雪の沢山ある中だから誰かテントの中に泊めてくれるだろうという考えで一緒にやって来たんです。ところがその人たちは四辺《あたり》の雪を掃き付けて雪のないよい場所へテントを張り付けた。私はその間外にジーッと立ってその辺の景色を眺めながら雪の中に立って居りました。皆テントを張り詰めてしまいましたから、どうか今晩宿を貸してくれといって頼みましたところがなかなか貸してくれない。押して頼んでも貸してくれない。それからまた他のテントへ参って頼みましたけれどやっぱし貸してくれない。

ちょうど五、六軒のテントに就《つ》いて言葉を尽し事情を分けて頼んでも皆貸してくれない。こりゃ困った。私に縁のない遊牧民と見える。一番仕舞《しまい》のテントへ来て強情にも酷く押して頼んだです。こんなに積って居る雪の中へ寝ると凍えて死んでしまう。また夜の中に雪が降らないとはいえぬからどうか宿を貸してくれ。幾分のお礼をしてもよいからと拝まぬばかりに頼みました。するとそこにはお婆さんと娘さんと二人しか居りませなんだがお前は女ばかりと侮ってそう押付けな事をいうか、ここにはテントが七[五]つも八[六]つもある。男の居る幕《うち》へ行って頼めばよいのに女ばかり居る所へ来て押し付けに泊ろうとはもっての外だ。行かないか。行かなければぶん撲《なぐ》るぞと言っていまヤクの糞の火を掻き捜して居るチベットの火箸《ひばし》を持って私をぶん撲ろうとして立ち掛けたのです。

第四十二回　剽盗《ひょうとう》の難（二）

衆生済度《しゅじょうさいど》の読経《どきょう》　どこでも泊めてくれないので何んともしてみようがない。で、ずーっと四、五間《けん》こっちへ来てテントの張ってある五、六軒の家を眺め、どうも縁なき衆生は度《ど》し難しと釈迦牟尼如来《しゃかむににょらい》がおっしゃってござるが、この先生たちは私にちっとも縁のない人たちばかりであるからこういう具合に刎《は》ね付けられ、今夜この温《ぬく》そうなテントの中を見ながら外に寝なければならんというは誠に浅ましい訳であると思いました。しかし縁のない人もこうやって頼んだのが縁になって、この後どういう縁が付くか知れんからこの人らが後に仏教に入るようにお経を読んでやりましょうと思ってお経を読みました。それは仏教の真実広大なる慈悲の主義から来て居ることであって、我々仏教僧侶としてはそれをやるのが当り前の事です。

だから一生懸命にお経を読んでやりますと、今頼んだテントの娘がちょっと顔を出して暫く眺めて居りましたが、急に幕内《うち》へ入って母に向いあのラマは私共が宿を貸さなかったのを怒って悪い咒法《まじない》を唱えて我らを殺すか病気にするような行いをして居る。非常に腹を立てたものと見えるといって話したのでありましょう。果たしてその阿母《おっか》さんは余程妄信の深い人と見えて、そりゃ堪《たま》らんからお前が早速行って幕内《うち》へ招待してそういう事をしないようにして貰わなくちゃあならんと言い付けたらしく直ぐ私の所へ出て来て、どうかそんな事をして下さらずに内へ入って緩《ゆっく》りお休み下さい。今晩いろいろ供養を上げますからといってとうとう家《うち》へ泊めてくれることになったです。どうも吹き出すようにおかしゅうございますけれども、つまりこちらの善意が事を助けたので、先方《むこう》の悟り方は悪いにしたところが即座に難儀

劫盗奪品の難

を免れたのも仏の教えのお蔭であると思い私も大いに悦《よろこ》んだです。例のごとくその夜は観法で過ごして翌日早くそこを立って一里ばかり東南の山中へ進んで参りますと、その辺には誰も居らない筈でありますのに、ついにその岩の向うの方から二人の人が現われて来るのを見ました。刀は二人とも挿して居る。多分この土地の土人がどこかへ行くのでもあろうと思って何心なく立ち止まると、彼らは岩の間からこっちへ降りて来て「お前は何を持って居るか」というから「私は仏法を持って居る」といいましたところが判らないです、先生らには……。「お前の背負って居るものは何か。」「こりゃ喰物だ。」「懐の脹《ふく》れて居るのは何か。」「これは銀貨だ」といいました。そうするとその男は二人とも私の前に立って私の持って居る杖をいきなりふんだくってしまった。ははあこりゃ強盗だなと思いましたから、じきに決心をして「お前たちはなにか私の物を欲しいのか。」「もちろんの事だ」と大いに勢い込んで居る。

「そうかそんなら何も慌《あわ》てるには及ばない。お前の欲しい物をすっかり上げるからまあ緩《ゆっく》りするがよい。何が欲しいか」といいますと「まず金を出せ」という。それで銀貨の入れてある袋をそのまま遣りました。すると「背負って居るものにどうやら珍しい物がありそうだ、下《おろ》して見せろ」というから「ハイ」といって下し、また「山羊の背に負わしてあるものはそりゃ何か下して見せろ」というからハイといって下しますと、二人で穿鑿《せんさく》してお経とかまた彼らの要らない夜着とか重い物だけはそのまま還したです。これだけは俺等《おいら》が入用だから貰って行くと言って喰物もすっかり取ってしまいました。ちっとも失くなってはこっちが困りますから少し貰わなくちゃならんと思いました。

チベット泥棒の規則　一体チベットの盗人に遇《お》うた時はちゃんと規則があるんです。その事は前に聞いて居りました。何でも盗人に逢うた時はすっかり向うの欲しがる物をみな遣ってしまって、そうしてお経を申してどうか食物だけくれろというと向うから三日分位はくれるというから、そういう手続きにやろうと思いまして「私の懐《ふところ》にある物の中に釈迦牟尼仏《しやかむにぶつ》の舎利《しやり》を蔵めてある銀の塔がある。それはかつてインドのダンマパーラ居士がチベットの法王に上げてくれろと言って言伝《ことづか》って参ったものであるからこれだけは取らんでくれ」というと「それを俺に遣《よこ》さないか。」「いやそれを持って行くのはよいがこれを持って行った分にはお前が難儀な目に遇うであろう。なぜならばこの舎利様は普通俗人が持った分にはよくお護《もり》をすることが出来ないからどうせお前らに善い事はありゃあしない、しかし欲しければ上げる」と早速出して「まあ一遍開けて見るがよい」と言って渡しますと、その遣り方は思いの外《ほか》に出たと見えて彼らはそれを受け取らずに「そんな有難いものならば私《わし》の頭へ指して戴かしてくれろ、でその有難い功徳《くどく》を授けてくれろ」といいますから、其男《それ》の頭へ載せてやってそうして三帰五戒《さんきごかい》を授けて悪業《あくごう》の消滅するように願を掛けてやりました。それから今度立ち上って二、三日の喰物をくれろといおうとすると遥《はる》かの向うの山辺からまた

二人の乗馬者　が現われて来ました。それを私が認めると同時にその強盗らも認めたと見え、両人は立ち上って受け取った物だけ引《ひ》っ攫《さら》いある方向へ逃げ去ってしまったです。彼らが山を走ることは恰《あたか》も兎の走るがごとくで私など追いかけたところで、埒《らち》の明《あ》く訳でもな

い。また追いかけようという考えもない。そこでかの現われて来た乗馬者を呼び止めて彼らから幾分の食物を貰ってこの二、三日を安全に進もうと思ったところが、乗馬者はどういう都合かこっちの方には進まずまた向うの山の間へ上って行った。

だから私は声を揚げてチベット人の呼ぶ仕方で右の手を内輪に廻して呼び立てましたけれども、その声が耳に入らんのかあるいは他に用事があるのかこちらへ来てくれなかった。もっとも肌に着けて居ったインド金貨八枚だけは取られない。自分の荷物は大分軽くなり山羊の荷物は全く失くなってしまったから自分の荷物の幾分を山羊に載《つ》け山の中へ登って行った。非常に嶮《けわ》しい山で三里ばかり進むともう日が暮れて参りました。例のごとくその夜は山の間に露宿してさてその翌日は東北の方向を取ればある駅場《えきば》に出られる訳ですが、何分《なにぶん》にも磁石がないから方角が分らない。

雪を嚙む　東北に行くつもりで進んだのが東南の方へ進んだものと見える。後には全く南の方向へ進んで行ったものと見える。その後その着いた所によって推しますればちょうど今言ったような方向に進んで来て居るです。大分進みましたが午後三時頃からまた雪が降り出した。それから日の暮れるまで進みましたけれどどこにも人の居そうな所が見えない。で余り腹が減って喉が乾いて堪りませんが何にも喰う物がないから雪を喰いました。

一日に一度ずつ喰えば充分であるのですけれど何にも食わないと一層非常な困難を感ずるです。日は暮れる腹は減る、ほとんど進むことが出来ない程になって来た。雪の降ってる中ですから殊更《ことさら》に池のような深み溜《たま》りの間に入ってそうして雪を掃《はら》い込んでその中へ寝たんです。どうも広い原で雪に降られるのみならず暴風に当られますと凍え死をする基《もとい》ですから、それだけの用心をして池のような中へ入って、そうして例のごとく呼吸を充分注意してなるべく自分の呼吸と外界と遮断《しゃだん》するような方法にして禅定《ぜんじょう》に入りました。これが一番雪の中で寝るにはいいようであります。その翌日起きると雪は非常に積って居るけれどももう止んでしまって日が出て居る。で、その辺の山の様子を見ると

もと来た高原　どうも先に通ったナールエという遊牧民の泊って居た所の山の形によく似て居るからもしやそうではあるまいかと思って、だんだんに進んで行くとなるほど先に見覚えあるキャンチュという大きな川もその端にある。こりゃ旨《うま》い。ナールエの方へ行けばあそこは遊牧民の集まる所であるから誰かあそこに来て居るかも知れんと思って、わざわざ廻り路をして二里ばかり進んで行ったです。ところが何にもない。見渡す限り雪ばかり。その時にはほとんど失望した。何故ならば腹は充分減《へ》って居る。喉は乾いて来る。果てには非常に苦しくなった。もっとも荷物は盗人に取られて大いに軽くなって居りますから重荷を荷うという苦しみはないけれども、腹が減った苦しみには堪えられなかった。仕方がないからまた雪を喰い喰い進みましたがその甲斐もなくそこには誰も居ないという始末で実に失望致しました。

第四十三回　眼病の難

雪中の飢渇《きかつ》　しかしこれから引き還してキャンチュを渡って向うの方に行けばまたアルチュ・ラマの居った方向に出られるに違いない。あの人は余り他の遊牧民のごとくに諸所方々に行かない。僅かにあの辺で位置を変じて居るだけだということを聞いたから大方あの辺に居るかも知れない。そうするとまずあの方向に進んで行くのが今の急務であろうと思いましてキャンチュを向うへ渡りました。渡った所は前に渡った所よりも三里半ばかり川上です。しかしその時分は水が非常に減ってほとんど五分の一しかないのでそろそろ氷に変じ掛けて居りましたし、昼頃の事でございましたから氷の間をうまく杖で叩き付けたり割ったりして渡ってしまったんです。氷が厚く張って居れば大変都合がよいが薄いから融けて居るという有様で渡るのが非常に危険です。氷の切端で足を切ったり何かするものですから実に危険です。

　辛うじて其川《そこ》を渡ってだんだん南へ南へと進んで行ったです。すると私が引っ張って居る山羊、その山羊の上に載《の》せてあった僅かの荷物――羊の皮の敷物、履《くつ》、薬のような物、それがどこへか落ちてしまったです。その辺を余程捜《さが》して見ましたけれども何分雪の中の道のない所で落したものですからどこへ捜しに行って見ようもない。やはり海の中で物を失ったと一つ事であるから已《や》むなくそのままにしてだんだん進んで、どうか今夜はテントのある辺まで着きたいもんだ、毎晩毎晩雪の中ばかりに寝て居るともはや死ぬより外に道がないから、遅くなっても充分に進みたいという考えで、腹の減るのを無理押しに押して午後八時過ぎまでに八里余り進んだには進みましたが、雪の光の反射のためにいわゆる依雪《いせつ》眼病を煩った。

その痛さは喩《たと》えようがない。今にも**眼が潰れてしまう**　かというような有様で実にそのままじっとして居ることが出来ない。外には雪が非常に積って居る上にまた夜分になって雪が降り出した。非常な寒気と痛さで身体中は冷汗を流して居るような訳、いかにも苦しくって堪《たま》らんのでどうも観念に入ることが出来ない。また横に倒れて見たところで頭に雪が喰い付くというような訳でなお痛さが増して来る。で、その辺の雪を手に取って眼に当てて見たりしてもなかなか痛さが止らない。そうして居る中に自分の身体もだんだん凍えて痺《しび》れて来る様子ですから眼を塞いだまま無闇に身体に丁子油《ちょうじゆ》を塗り付けたです。眼は塞いだけれども寝るにも寝られずそのままやはり仏法を念じて居ります。その間に不意と歌が出たです。妙な時に歌が出るものでその歌が出てからなんだか苦しみが余程優しゅうなったように思ったです。その歌は

雪の原雪の蓐《しとね》の雪枕

雪をくらひつユキ・・になやめる

その歌の面白みに自分と自分の心を慰めて悦んで居りました。これで大和言葉《やまとことば》の国風の有難い事、かかる困難の時に人を慰めるものであるということを実験した事でございます。その翌は十月一日です。そこにじっと坐って居っても仕方がないから朝六時頃出掛けようと思いますともう雪は歇《や》んで日が照って居る。その雪に輝く光線が私の眼にキラキラ反射しますので一層眼が痛みました。

曠原を盲進す　眼を閉《つぶ》って進んで見たがどうも進むに困難である。だから少し眼を開いて進

んで行くとますます眼が痛み出して今にも潰れるような痛さ。自分の身体も我れ知らず引繰《ひっくり》返って雪の中であろうが草の中であろうが一向構わずに倒れ込んでしまうんです。そればかりでなく三、四日前から少しも食物を喰わずに居るものですから身体が非常に苦しい。ひょろひょろしてちょうど酒飲《さけのみ》が大変飲み過してじきに倒れてしまうごとくにちょっとした雪の中の小石に躓《つまず》いても倒れてしまう。けれども怪我はしない、その辺には雪がありかつ自分の身体はごく軽くなって居りますからなんともないです。腹は減る、眼は痛む、足はひょろつく、という始末で進退全く谷《きわま》って我れ知らず雪の中へ座《すわ》り込んでこりゃ死ぬより外に道がないのだろうという考えがつきました。けれども自分の精神は確実でこの雪の中で死んで行くかと思われるような精神は少しもない。ごく確かですからこの身体の苦痛さえどうにか免れる工夫が立ちさえすれば充分進める筈であると思ったけれども仕方がない。するとまた奇態に遥か向うに

乗馬者が見えた　です。それから痛い眼をよく引き開けて私の見違いではあるまいかと思ってよく見ますと全く一人の男子が馬に乗ってやって来るです。私はじきに立ち上ってその人を手真似で招いた。声を立てようとしたところがちっとも声が出ない。何だか喉が縛り付けられたような喉の穴が細くでもなって居るような具合に声が出ない。余程無理をして辛うじて二声ばかり声を発し、手をもって仕方をして呼び止めますと向うでもそれを認めたと見えてこちらへ馬を走らして来た。その時には嬉しかったです。

すぐに私の傍へ来ましてこの雪の中でどうしたのかといいますから、いや実は泥棒に遇っ

てすっかり何もかも失くなってしまった。その上に残って居った少しの荷物も途中で失ってしまい三、四日何も喰わずに居るのだが何か食物を下さるまいかとやっとの思いで声を出すと、若い男でございましたが感心な心掛けで暫く首を傾《かたむ》け、どうも私は今麦焦《むぎこが》しも何も持って居ないけれども一つこういう物があるからといって懐から出してくれたのが、牛乳を煮《に》て冷《さま》して置きますと薄く上へ張って来るクリーム、それを集めてその中に黒砂糖を入れたものであります。それはこのチベットのチャンタンにおいては無上の菓子として人に贈りあるいは珍来の客にすすめるものであるが其菓《それ》を私に一箇くれたです。

それから早速其菓《それ》をうまいとも何とも分らずに喰ってしまいそれからその若い男にどこかこの辺に私の泊る所があるまいか、食物も欲しいからと言いましたところが、いや私もやはり巡礼者だがあの山の際《きわ》に私共の父、母及びその同伴《つれ》の者が沢山居るからあそこへお越しなさい。どうにかなりましょう。私は急ぎますから先へ帰りますといって馬を駆《か》ってその山の方向に去ってしまったです。で私の居る所からそこまでは僅かに一里ばかりですけれども、そこまで進んで行くのに幾度か倒れたりあるいは眼が痛いので休息をして見たり、また腹がすいて喉が乾くので雪を喰ったりいろいろな真似をして行ったものですから、ちょうど三時間ばかり費やして午前十一時過ぎにやっとそこへ着きました。すると早速その少年が迎えに来ましてテントの内へ案内してくれたです。

九死に一生を得　で、まあ可哀そうにという訳で向うに拵えてあったところの米の御飯にバタの煮たのを掛けて、その上に砂糖と乾葡萄《ほしぶどう》とを載せたチベットでは最上等の御馳走を私にくれた。その時は実に有難《ありがた》かった。まあそれを二杯ばかり喰いました。余り一遍に喰ってもまた身体を害するであろうと思いましたからそれ位にして後は牛乳を少しばかり貰って飲んだです。その夜は眼の痛みで寝られない。けれども薬はなし外にどうもして見ようがない。ただ雪を切布《きれ》に包んで眼に当てて居ると幾分か楽に感じますけれども、その痛みが劇《はげ》しいのでその夜は良い寝床を得たに拘《かか》わらずやはり寝られなかったです。

ところがその翌日彼らは巡礼者の事ですから出立《しゅったつ》するという訳、私も同じく出立しなければならん。彼らはなかなか出立するのに暇が掛る。なぜならばその張ってあるところのテントを片付け、荷物をそれぞれヤクに載せてそれからぼつぼつ出掛けるという始末ですから容易じゃない。私は茶を飲んで外に出ますと彼らは忙しげにテントを片付けて居る。それから私はそのテントを片付けて居る一番外れの四、五軒目位の所に参りますと、例の七、八疋の猛犬が吠立《ほえた》てながら私のぐるりを取り巻いたです。

猛犬に嚙《か》み付かる　猛犬に取り巻かれたけれども私は眼が痛いものですからどうも常のように犬をよく扱《あしら》うことが出来ない。眼を開いて二本の杖で前後に迫る猛犬を扱って居る間はよかったですが、痛みの劇しさに不意に眼を塞《ふさ》いだ拍子にどうしたものか後の方の杖をある犬のために咬《くわ》え取られたです。すると他の一疋の犬が私の後からやって来て足に嚙み付いた。私はじきにそのまま倒れてしまいましたが、少し声を立てて救いを求めましたから、そこへテントを片付けて居った人たちが慌《あわ》てて遣って来て、犬に石を打《ぶ》っ付けて追い飛ばしたので犬はことごとく去ってしまった。ところで私の足を見ますと出血淋漓《りんり》としてどしどしと新しい血が出て来る。それから私は左の手でその噛まれた右の足の疵口《きずぐち》を押えてジーッとして居ると、其薬《これ》が犬に噛まれた時の一番良い薬であると言って、ある老婆は薬を施してくれたから、その薬をつけて括《くく》って立って見ようとすると少しも立てない。

第四十四回　再び白巌窟を訪う

噛まれた疵《きず》の痛み　によって少しも立てない。けれどもじっとそこに座り込んで居る訳にいきませんからその人たちにどうか方法がつくまいか、この辺にアルチュ・ラマが居る筈だが居られないかといって尋《たず》ねますと、あなたはアルチュ・ラマを知って居るかといいますから、よく知って居ると答えたところが、その中の一人がそれなら私の犬が噛んだのだからアルチュ・ラマの居る所まで私の馬で送って上げよう、あのラマはお医者様であるから充分に疵を治しあなたの眼病も癒《なお》すことが出来ましょう。だからまずあそこへお越しになるのが一番得策《とくさく》であるといって親切に馬を貸してくれたです。

それからまあ押し強く杖に縋《すが》って立ち上りましたが、一本の杖は折れてしまって役に立ちませんでした。で馬に乗ってテントの二つ張ってある所まで参りまして眼を開いて向うの方を見ますと、アルチュ・ラマのテントよりは甚だ小さい。どうもこれは奇態だと思って馬から下《お》りてそこへ行って尋ねますとこれはアルチュ・ラマのテントではない、その奥さんの親の家だという。それではアルチュ・ラマの家へぜひ遣《や》って貰いたいというと、ちょうどその奥さんが親の家に来て居りまして私の声を聞き、あれはこの間雪峰チーセへ指して参詣に行かれた尊いラマであるといって見に来たです。

それから私が逢って「あなたのラマはどこに居られるか。」「これから一里ばかり東の方の原に居る。」「私はそこへ行きたいが今日誰かに案内をして貰えまいか。」「私はもうあんな所に行かないんだから案内者は付けられませんが、あなたがお越しになるならば私はこの馬を牽《ひ》いて来た人に吩咐《いいつ》けますから、この馬方と一緒に行かれるがよかろう。」「なぜあなたは自分の家にお帰りにならんですか。」「あんな悪い人はないから私は暇を取ってやるつもりです」といいますから「それはいけません」といっていろいろの事を聞いたりいったりしてそこでまあ昼御膳をよばれて、それから一里ばかりあるラマの家に着きました。

再びアルチュ・ラマに逢《あ》う　するとそこには召使ばかり居て誰もが居らんでしたが、その夜になってアルチュ・ラマが帰って参ったから、実はこういう訳で盗人に逢いその後こうこういう所で犬に足を喰われたが何か良い薬があるまいかといいますと、親切に良い薬をくれまして、しかしこの塩梅《あんばい》では数日間ここに滞在しなければ歩くことが出来まい。ある犬は非常な毒を持って居りますから、まずその毒下しをしてあなたの身体に毒の廻らないようにしなけりゃあならんとの注意ですから、それじゃどうかそう願いたいといってそこへまあ滞在する中に薬の利目《ききめ》か眼の痛みも少し癒《なお》って参りました。これまでしばしば難儀《なんぎ》の上に難儀を重ねて

泣面《なきつら》に蜂　が螫《さ》すというような目ばかり見ましたが、これからとてもなおなおどういう難儀

があるかわからん。けれどもまず進むだけ進むのが真に愉快であるという考えから一首の歌を詠《よ》みました。

くさぐさに有らん限りの苦しみを
　なめつくしてぞ苦の根たえなん

その翌日ラマに向い、なぜあなたの奥さんは御自分の家に行って居られるのかというとラマはいろいろ奥さんの行き届かんことを説明された。どっちを聞いて見てもごもっともで私はどっちが善いか悪いかということは一向《いっこう》分らなかったですが、とにかく男は心を大量《たいりょう》に持たなくちゃあならん、女を慰めて遣るのが道であるからまああなたからお迎えを出すのが宜しゅうございましょうといって、だんだん仏教の方から説きつけますと「それはそうだ」といって迎えの人を二人出したです。

夫婦和睦の仲裁　それで奥さんは漸《ようや》くのことでその日暮に帰って来た。その翌日私は浄土宗の三部経中の無量寿経《むりようじゆきよう》に説明してある五悪段というものは、チベットの経文中にないという話をしますと、それは誠に結構な事だから是非そのシナ仏教の経文からその五悪段の講義をしてくれないかというラマの依頼で、私は毎日その講義をして遣ることになったです。その五悪段というものはこの濁悪世界の悪人共がいろいろの手段を尽してする悪事を五つに約《つづ》めて適切にありがたく説明されてある。それゆえその夫婦らはその説明を聞いて毎日涙をこぼして自分の罪を懺悔《ざんげ》し、ある時はほとんど後悔の情に堪えられないで暫く講義を止めてくれろといって二人とも泣いて居った事があるです。

　自分のした罪悪のために自分の心を責められるということは実に苦しい事でありますけれども、またそれは非常に善い事でそういう風に自分の心が苦しめられますと今度は善い事をするようになりますから、懺悔したのは実に感ずべき事です。で、ちょうど十日ばかりここに逗留《とうりゅう》し、夜分などは実に素晴らしい雪と氷の夜景さえ眼を楽しましむるその中に、碧空《あおぞら》には明月が皎々《こうこう》と冴《さ》え切って居るです。いわゆる**氷光明徹裡《ひょうこうめいてつり》の寒月**を見てそぞろに故郷を懐《おも》い、あるいはその凄じき清らかなる状態を想うて幾つかの歌が出来ましたが、その中の一、二を申せば

氷光明徹裡の寒月

塵一つなき高原に月さえて
　　きよき御国の影をしぞ思ふ
草かれて尾花も萩もなき原に
　　やどれる月のいともさびしき

こういうような事で楽しく日を過しましたが幸いに疵も癒《い》え眼の病もすっかり癒って身体も丈夫になって来た。それからそのアルチュ・ラマの勧めでかの白巌窟《そんじや》に住んで居るゲロン・リンボチェにまた逢いに行こうということになり、私の荷物と尊者に上げる供養物とを馬に載《つ》け私ども三人も馬に乗って行くという訳で、下僕《しもべ》が三人に馬七疋、同行六人で南の方へ指して進んで参った。大分に素晴らしい勢いであったです。

無性に駆けて五里半の路を暫くの間に着いてしまいました。まだ十一時前でもう少し経《た》たなければお逢いにならぬという。十一時になったところでそこへ参詣に来て居る者が三十人余り、それらが皆礼拝をなしあるいは尋ねる事を尋ね受くべきものを受けめいめい供養すべき物を供養して帰ってしまったから、私の同伴《つれ》も私と一緒に帰る筈であったですがその尊者のいわれるには、今日は私に対して話があるから待って居れという。そこでラマ夫婦はそれじゃあここでお別れ申しましょう。あなたはこれから首府ラサに行く道を取られるがいいといっていろいろ礼などいって別れたです。

白巌窟尊者との大問答　何の話があるのかと思って尊者の端に坐って居りますと尊者は余程思いに沈《しず》んで居られるようです。その訳を私はほぼ察しなかったのではない。なぜならばアルチュ・ラマの家に泊って居る間に少し聞いた事がある。それはどういう事かといいますと「あのシナのラマであるといって雪峰チーセに参詣した人はシナ人でない。確かに英国人である。チベットの国情を探るために来たのである」とこういう評判が大分に高くなって居るということを私はそのラマから聞いたです。もちろん彼が私にこの辺の愚民どもは何をいうか知れやしないと私を信用して、この地方の人民の取るに足らぬことをなお続けていいました。どうもあなたのような真実に仏教を修行なさる方を捉まえてそういう悪い噂をいう位の奴らですからどうも困ったものだ、愚かな者はして見ようがないとこういった位だから、その事がやはりこの尊者に聞えてあるいは思いに沈んで何か質問の端緒《いとぐち》を捜して居るのではないかと思ったです。

果たして尊者は実際的に問を起していいますには「あなたがいろいろの困難を取ってわざわざラサへ行かれるというのは一体《いったい》何のためでありますか」と聞きますから、私はこれに対して「私は仏道修行をして一切衆生《しゅじょう》を済度《さいど》しようために参ったのでございます」とこう先方《むこう》の実際的の問を外《はず》して形而上の仏教的説明の答をしたです。すると尊者はじきに「あなたは何の原因をもって衆生を済度するのであるか。」「何も私に原因はない。衆生がいろいろの苦しみを受けるからであります。」「それではお前は世の中の衆生という者を見て居るのか」といって非常に理想的の問を起しましたから私も理想的の鸚鵡《おうむ》返しをやったです。「我に我なくしてどうしてこの衆生を見ましょうか」とこういって答えましたから尊者はにこりと笑って問を変じ「あなたはこれまで色慾のために心を苦しめ〔られ〕た事がありますか。」

第四十五回　公道に向う

尊者の諷刺　私は尊者が色慾に関する問に対し「かつて大いに苦しんだ事がありましたが、今はどうやら免《のが》れたようであります。また全く免れんことを希望して居るものである」といいますと、じきに問はかの賊に逢《あ》った時の思いはどうであったかということに及んで来たです。尊者のいわれますには「賊に逢うた時にその盗人を憎いと思ったか、その盗人と別れた後に彼を憎んで呪法《じゅほう》でも行って彼らに仇《あだ》返しをするような事をやったか」とのことですから私は直《す》ぐに「私にそれだけの取らるべき原因があってかの強盗に取られたのでありますからあの人を憎む必要はない。私がかような不幸な目にあう原因を持って居るこそむしろ憎むべきである。私はこの借金済《な》しの出来た事を悦《よろこ》んで居るのである。だから何も彼らに対して呪法を行う必要もない。どうかあの男も私の物を奪《と》ったのを因縁として、この世では行かずともせめてあの世においては真道に入って立派な人間とも菩薩ともなるようにと願いを掛けた訳である」といいますと「そりゃ成程もっともだがこれからまたああいう賊に度々《たびたび》逢うかも知れないから、もはやあなたはラサの方へ行くことを止しなさるがよかろう。なぜならば賊に逢って殺された分には自分の**一切衆生済度**《いっさいしゅじょうさいど》の目的を達することも出来ん。であるからこれからネパールの方に帰るがよかろう。ネパールへ帰るにはローという所から入って行くと良い道があるからそこへ早く行くようにするがよかろう。もしこのまま進んで行くとどうもあなたは殺されるより外に道がないと思う」と何か意味ありげに申した後、なお厳格の言葉を発していいますには「およそ目的を達するためにはどんな方法をも執《と》るべしである。ただラサに行くべき事のみをもって目的とすべきものでない。一切衆生済度の目的が信実であるならばネパールに帰らねばならんのである」という。

私は実に驚きました。そこで「私はさような曖昧《あいまい》な事は出来ません。目的を達するためにはどんな方法をも執るべしというお説には同意することが出来ません。大日経には方便すなわち究竟《きゅうきょう》なりというて誠実なる方法を実行するのがすなわち究竟の目的を達したのである。別に極楽へ参ったのが人間の目的を達したのでもなければラサに達したのが目的を達したのでもない。ただ誠実な方法を実行するのをもって目的その者として一切万事誠実なる事のみを行うその端的に目的が達せられたものである。」「しからばそれではどの道を廻ってどこへ進んで行くか。」「私はもちろん山道を通ってチベットの首府に行くのである。」そうすると尊者は非常に急《せ》き込《こ》んで「どうも妙だ必死の虞《おそれ》ある危険の道を取るよりは安全に行けるネパールに帰るがよい。お前は乱暴な事をいう人である。私はちゃんと行末の事を見抜いて居ってこのまま進んで行けば必ず**お前が死ぬ**ということを知って居る」とこういって威《おど》しつけたです。「そうですか。しかし私は死ぬことも知りません。また生れて来ることも知りません。ただ誠実なる方法を行うことを知って居るだけであります」と答えますと尊者は少し頭を俯向《うつむ》けて考えて居られましたが、忽《たちま》ち話頭を転じてマニすなわちチベット仏教秘密の事に移りました。こういう問答は専門に渉《わた》ったことでありますからこれから後の分も略します。だんだん仏教の話が嵩《こう》じてとうとう夕暮になってしまった。尊者は大いにその疑念を氷解していわれますには「いやこの辺の俗物が俗な考えから種々な説を捏造《ねつぞう》したのである。全くあなたは信実に仏教を求める方である」というて大いに悦び、さしずめ必要なものは金銭と食物であるからというのでチベット銀貨二十タンガーと茶一塊、それから麦焦《むぎこが》しを入れた大きな袋一つとチベット銅鍋一つ、その他いろいろ旅中に必要なる物品を与えられた。

その価が五、六十タンガーですからちょうど日本の十五円位の物を一度にくれたです。「どうもこんなに沢山貰っては持って行くのが困難だからもう少し尠《すく》なくしてくれ」といいましたら「いやこれからお前さんの通る所はどこへ行っても私の弟子《でし》ばかりで、この袋を見せると私がくれた物であるということを皆知って居るから、この荷物は必ず運んでくれるに違いない。心配するに及ばない」という。それから其品《それ》を戴いてこっちに帰って参りました。すでにその時に約束した、明日はマニの秘密法力《ほうりき》を秘密に授けてやるといいますから、ありがたい事と心得てその翌日

マニの秘密法力　を授かるつもりでその夜は休みました。で、その夜つくづくと考えますに尊者に対してチベットのラサへ進入の道は山道を取るといって置いたがこの山道には尊者の弟子《でし》が多いから危ない。尊者は私を信用してくれたにしろ、弟子どもの中にはやはり疑いを懐いて居る者があるかも知れない。だからこりゃ少し廻り路をしても公道を取るべしと決定

致しました。で、その翌日朝の中に前日の約束のごとくマニの秘密法力を授かり昼頃にそこを立ってその荷物を背負って二里ばかり降って参りましたが随分荷物が重い。それから実は尊者から教えられた山道の方へは参らずに、教えられぬ公道へ出るつもりで北へ北へと進んだです。で二里ばかり参りますと二つのテントがあってその内から一人その辺の立派な遊牧民の風をして居る人が出て来てうやうやしく私を迎えたです。

不思議な事である。この辺に誰も知って居る者がないのに、どう顔を見てもその人は知らない。知らない人に迎えられるのですから気持は少し変であったけれども迎えらるるままにその中に入って行きました。するとそこにアルチュ・ラマが居りました。アルチュ・ラマは昨夜ここへ泊り込んで私が先夜仏教上のいろいろありがたい話をした事をそのテントの人たちに取り次いで居られた訳です。それで私のこの辺へ来るのを知って迎えられ三帰五戒を授けてくれといいますからそれを授けてやりました。で程なくそこを立って荷馬二疋と一人に送られてンガル・ツァンギチュという川に沿うて東に降って参りました。

この川はかつて白巌窟尊者の所を辞して雪峰チーセに進んで行く時分に渡った川の下流であります。その川岸に沿うて三里ばかり降って午後六時頃に川岸のテントの在る所に泊り込みました。私を送って来た人はじきに荷物を卸《おろ》してそこから引き還してしまった。そこでその晩いろいろ公道へ出る道を尋ねるとまたブラマプトラ川を向うへ渡らんければならぬという。その川を渡るにはやはり荷持と案内人が要る訳ですからその人を雇うことを約束して翌日はちょうど沼の原を四里ばかり東へ進みました。降り昇りとも一里余ある高い坂を踰《こ》えるといわゆるブラマプトラ川に着きその人らの案内で向うの岸へ着くと一つの貧しいテントがある。

ヤク拾いの番人　そのテントはそこに迷うて来たヤクを止めて置く所で、つまり番をして居るのです。そこにお婆さんと娘が居ってそこへ泊り込んだ。その翌日は肌着を綴《つづ》りなどして一日を過しそれから十月十六日また沼の原を東に進んで行きました。この沼の原というのは水の溜って居る所に泥があってその中に草が生えて居る。余程深い沼もあればまた浅いのもあるが本当の池の形を成しては居らぬ。ごく湿地の原です。其原《そこ》を四里ばかり行くとまた一つの川に着いた。その川はナーウ・ツァンボという。これはこの地方から北方の高原に流れて行ってブラマプトラに流れ込んで居る大河である。渡る場所はかねて聞いて居りましたから砂泥で非常に深く足が嵌《はま》り込んで渡るに困難でありましたが、幸いに無事に向うに渡ることが出来ました。

その川幅は二町位ですけれども深さは乳位まであってちょっと急流でもありますし、重荷を背負って居るのでほとんど倒れそうになった事もあります。川を渡って少し参りますと大分に大きなテントがあった。頼み込んだところが幸いに泊めてくれた。その夜その辺の道筋について話を聞きますと、これから二里程東北に当って公道がある。その公道の所にトクスン・ターサムという駅場がある。この高原地では大抵四日か五日路《いつかじ》位の道を隔てて駅場が一つずつ置いてある。そのトクスン・ターサムより四日路手前で雪峰チーセに近い方向に当ってやはり一つのターサムがある。それはサムツァン・ターサム【Satsan Tazam

(Shamsang)】というのです。これから後は私は公道を取るのですからそのターサムのある所は自然によく説明が出来て行くのです。で、その翌日やはり東に進みました。東北に進めばトクスン・ターサムに出られるですけれども要らない廻り路ですから東に進んで公道に出る道を取ったです。その翌十月十九日もその通りの方向を取って参りましたがここにまた一つの大なる困難が私の身に起って来たのであります。

第四十六回　ようやく公道に出《い》ず

泥中に没す　もとより沼原池を行くのですから浅い水の所を渡ったり泥の中に入ったりして行かねばならん。で泥淖《どろ》の所へ行き当ったから試みに杖を突っ込んで見ると大分深そうです。こりゃこの中に溺れては堪らんとなるべく距離の狭い所を択んで渡り掛けました。もちろん浅い水で殊に泥の上には砂が被って居るものですからそれほど深い泥とは思われない。杖を突っ込んで見ると少しは下に入るけれどまずもって渡るに差支えなさそう。それに幅は二間にも足りない所ですからこれなら大丈夫とその泥の中へ飛び込むと大変です。ふた足目にはゴボゴボと深く入ってちょうど斜線状に向うへ倒れ込んだです。幸いに杖があったものですからその杖で踏み堪《こた》えた訳ですがさて進むことが出来ない。後に引き返そうとしますと大分向うへ摩《す》れ落ちて居るのでどうも後に帰ることが出来ない。
　それからその杖を楯《たて》に取って非常に力を入れ自分の身体を上へ上心《あげごころ》にしてうんと息張《いきば》ると

高原の沼泥中に陥る

幾分か上りましたから、今度はそろそろと荷物をこの泥の中へ引き下し背の方に手を廻して向うへ一つ投げてはまた次の残ったのを投げる。そういう具合で荷物は悉《ことごと》く向うの岸に投げ終ったです。それから自分の着て居る着物は濡《ぬ》れては居りますが、其衣《それ》も帯を解いて脱いでしまって向うの岸へ投《ほう》りつけ下着もその通りに投りつけて丸裸体になりましたが、どうもその寒いことといったらないです。ところが何が役に立つか分らないもので、子供の時分に足芸の軽業《かるわざ》を見たことがありますがあれを不意と思い出しました。

足芸の利用　さてこういう時に急いでやるときっと踏み損《そこな》うからまあそろそろやるべしと考え徐《しず》かにその杖に力を籠めて自分の身体を上に上げることに掛りました。ところが注文通り斜線状になって居た身体がまっすぐになったから、そこで一本の短い杖を自分の遥か向うへ横にしてそれから後の足をその杖へ載せる程の見込をつけ、で長い杖を右の手で充分突き立てて自分の身を軽く飛び上り気味に後の足をその杖の上にふーっと載せてしっかりとその杖を踏みつけて、それと同時に後の足を上げて前の杖に乗ってある足の深く入らぬ中にひょいひょいと飛んで、自分の身体の軽くなって居るのを幸い向うの岸に訳なく飛び上ったです。

飛び上った時には寒くて震《ふる》えて居ましたが、しかし非常に愉快でした。妙なもので子供の時に見た軽業がよい所で役に立ったものだと大いに愉快を感じたです。着物が濡れて居りますからまず絞って乾しました。なかなか乾くのを待って居られませんからとうとう濡れたままを着て、そこから公道の近所に見えて居るテントの方向に進んで行ったです。幸いそこにも巡礼者が居てその夜はそこに泊ることが出来ました。それでその翌日は

いよいよ公道に出た　です。公道といえば非常に立派なようでございますが別に人が普請《ふしん》をして拵えたというような道ではなく、ただ通り易い所を馬や人が沢山に通ったというだけです。委しくいえば商人なり政府の役人なり兵隊なりあるいは遊牧民なりが最も多く通るために草も沢山生えて居らず石礫《いしがら》も少ないというだけそれを公道と呼んで居るです。沙漠《さばく》の中に参りますとその公道といわれて居ったものも風が一遍吹くと足痕《あしあと》も何も消えてしまう。でチベットには本当の道はラサの近所に少しあるだけの事で外には道らしい道はない。皆天然に人馬の踏破した跡が道になって居るというに過ぎない。公道といえば車でも通るかというような考えもありましょうけれど、チベットでは人力車とか馬車の通るような道は一つもない。それについておかしい話があります。ネパールの王様がヨーロッパ風に出来て居る四頭曳《ひ》きの立派な馬車をカルカッタから買うてチベットの今の法王に上げたです。ところがチベットではこんな物を貰《もら》ったところで私の方では動かす所がないからどうか持って帰って貰いたいという始末。けれども折角遠い所を持って来たものだからまあ飾り物にでもこっちに置いて貰ったがよかろうというので、今なおチベットの法王の宮殿の中にその

馬車が飾り物として　残って居るです。それはつい四年ばかり前の話です。そういう訳ですから道路の悪いということはこの辺ばかりでない。チベットで最も開けて居るラサ、シカチエでさえ道はほとんどないのです。とにもかくにも公道に出たのですからこれからはまあ安心なもので、途中に関所もなくラサ府に着くまでは坦々たる公道を大手を振って行けるという道へ出たんですからなかなか面白く感ぜられるです。で、その日ある沙漠の間を踰《こ》えて向

うへ出ますと一つのテントがあった。それがその辺での酒店なんです。どうもこんな所に酒店があるのは奇態だと思いましたが、これはその月の末頃までロー州のモンダン【Mondan (Lo Mantang)】という山村から売りに来て居るのだということでした。

この辺では塩、羊毛、ヤク、馬等の交易が盛んに行われるのでありますからそういう商人を目当てに酒を売って居るんです。もっとも麦で拵えた酒でありますが……何でもいい、そういうテントのある所へ日暮に着いたのですからそこへ泊めて貰おうと思って行きますとその家の人は奇態に知って居る人であったです。それは私がロー、ツァーランという所に居った時分に知合いになったお婆さんが酒を売って居るのです。大いに悦んであなたはどこへ行かれたかと思って心配して居りましたが、よくまあ外へお出《いで》なさらないでここまでお越しになりました。これからロー、ツァーランの方へお帰りになりますかという話。で私はさあどうするか分らんといいましたがその夜はそこへ泊ったです。大いに便宜を得たようなものでありますが、さて大いなる便宜はいつでも大いなる厄介を持ち来すものですから、少しは思案をして見なければならん事もありますけれども、その婆さんはごく無邪気な人ですから何事もなく済みました。

第二の酋長の住居　翌日その婆さんの下僕《しもべ》の者に送られて荷物はやはりヤクに載《つ》けて貰うて五里ばかり東南の方にあるギャル・プンという人の家に着きました。それはお婆さんの紹介でこのラマは尊い方だからあなたの所に泊めてくれろということであったです。そのギャル・プンというのはこのボンバ州一帯の第二の長者でヤクが二千疋に羊が五千疋その外財産が随分あるです。その人のテントの大きさは三十間四面のものもある。それから横に石造りの仏間もある。また普通の大きさのテントが一つに遊び屋になって居るような小さなテントが一つ並んである。で、その最大なるテントの中に入りますと、沢山な物品がそのテントの幕尻の押えになって居ってその上に一々チベット製の毛布が掛けてある。

その下には何があるか分らないが大抵バタとか麦とか小麦とかあるいは羊毛とかいうような物が大部分を占めて居るのであります。そこへ泊りましたがそのギャル・プンという主人は七十五、六の人であってそのお婆さんが八十位の人で盲目でありました。で、その人には子がないのです。そんなら養子でもあるかというにそれもない。こういう場合にはチベットではどういう風に相続するかといいますと、それは必ずそのギャル・プンの近親あるいはその兄弟の子で最もその人に縁の近い者をもって相続させるので、他人を養子に貰うということはチベットでは許されんのです。ですからそのまま打っちゃって置けば無論自分の身に一番近い者が出て来て相続することになって居るので、別にそういう法律が発布されて居る訳でもありませんけれども、習慣が自然の法律になって居りまして誰もそれに対し異議を唱える者がないのでございます。

第四十七回　公道を進む

死後の供養　その哀れなる老人二人が私にいろいろ仏法の事を尋ねますからねんごろに話し

てやりますと、誠に結構《けっこう》だ、どうかわれわれが死後に回向供養《えこうくよう》のためお経を読んで戴きたい、もう私どもは死んで後の事より外に何も望みがないと大層喜んだです。私は随分身体も疲労して居りますし余り道を急いで自分の身体を悪くしてしもうてもならんから、向うの頼みをさいわい数日間お経を読むことになった。ところがその長者はもし私がそこに止って居ることが出来るならば半季でも一年でも止って居て長く仏教の説明をして貰いたいという望みであったですがこれに応ずることは無論出来ない。長くここに滞在して居るとヒマラヤ山のロー州以来の思いがけない風説が伝わり伝わって私の身を危うする憂いがあるのみならず、いくら沢山着物を着てもどうもこの地の厳寒中の寒気に堪え得ることは出来ないだろうという想像がついたです。

既にその時すらも余程堪え難くなって来て長者の着て居った毛皮の着物を二枚も借りて着て居ってもなお夜分は随分寒気が膚《はだえ》に徹《とお》す位でありますから、これから厳寒になって来たらばこんなテントの中に住むことが出来ようかという感じがありました。それでどれだけ頼まれてもそこに居ることが出来なかったのですが、その時の長者の望みというたら非常なものでそれに応ぜぬのは実に気の毒な程でした。

血塊を吐く　ところがそこに滞在して居る中に私の身体に病気のような非常な変化が起って来た。ある時外へ散歩に出て居りますと、何か喉の所に塊が滞《とどこお》って居るようであるから何心なく吐いて見ると血の塊を吐き出したです。ドドッと一遍に吐き出した血は鼻から口から止め度もなく流れ出したです。はてこりゃ肺病になったのじゃあないかしらん、私は元来肺が強いつもりであったがなぜこんな病気を患うのか知らんという考えも起ったですが出血はどうも止らない。しかしそういう時にジーッと静かにして居られますのが前に禅宗のお宗《し》家《け》様から

頭を叩かれた功徳であって実に苦しくなる程余計静かになって来る。そこで呼吸の内外に通ずるのを余程阻《そ》害《がい》して行くような心持をもってじっと草原の中に坐り込んで居ると大分に血の出ようが少なくなった。漸《よう》くの事で止りましたが、その時に出た血がどれだけあったかその辺は真っ赤になって血が沢山溜って居りました。どうしてこんなに沢山血を吐いたものか知らんと、自分ながらびっくりして顔も青くなって帰って来ますとギャル・プンの長者が、あなたの顔が大変青いがどうしたのかという。その次第を告げますと、そりゃあなた何だ、シナの人などがこの辺に出て来るとどうもこの辺は息気《いき》(空気の稀薄な事を知らぬゆえ)が悪いもんだから血を吐くということを聞いて居る。それには良い薬があるからといって薬をくれたです。

そこで私も経験ある老人に教えられて始めて肺病でない、成程空気の稀薄な土地を長く旅行したためにこういう害に遇《お》うたのかと漸く安心致しました。けれどもまた三日ほど経ってまた血を吐いたです。今度は大分少なかった。で、その老人のいうにはもう二度やれば〔この後は〕そんなに血を吐く気遣いはあるまいといいましたが、成程そうと見えてその後はもちろんラサ府に居る時も一度も血を吐かなかったです。その筈です。この辺は海面を抜くこと一万五千尺の高さでラサ府は一万二千尺ですからラサ府で血を吐くというような事は始めからない

訳です。で長者から牛乳などを沢山貰いまして七日間滞在して養生《ようじょう》して居りました。

八日目に出立することになりますと長者は私に向って、あなたに何を上げても用をなさないがイー【yi】という獣の皮を上げましょうという。其獣《それ》は雪の中に居る猫のような形で――猫よりは少し胴が長いけれども――その毛は非常に柔かで温かなものである。それはチベットでも一番高価に売られる毛皮である。其毛《それ》でもって拵《こしら》えて肩まで被《おお》わるところの帽子を一つくれたです。此帽《これ》は新しければ二十五円位、古いのでも棄売《すてうり》にして十円以上の物であると後で他の人から聞いたです。其帽《それ》と少しばかりのバタと金を十タンガーくれまして馬と下僕《しもべ》をつけて送らしてくれた。四里ばかり参りましてアジョプーというその辺の一つの部落の長の家に着いてその夜は泊りました。とにかくギャル・プンの家に一週間ほど泊ったのは大変好い事であったです。

もし道中であれ程出血するような事が起ると私は出血のためにあるいは死んだかも知れん。なぜなれば滋養分を得られないで出血ばかりした分には補いがつきませんから……十月二十九日その家を出立してまた自分一人で荷を背負って東南の沙漠地を進んで行くこと四里ばかりでブラマプトラの川辺に着きました。その時分にはもう余程氷が張ってございまして日光が氷に映じてギラギラと光を放って居りました。実はこの方向に進んで来る訳じゃあないのです。此道《これ》は間道であって一体公道を行くには東へ進んで行かねばならんのです。しかるに東南に向って来たその訳は、東に進んで行くとタズン・ターサム【Tadun Tazam (Tradom)】という所まで全く遊牧民の居らぬ無人の地であるということを、昨夜泊ったと

ころのアジョプーという人から聞いたから、それでこちらへ来れば遊放民が居るというので
その通り来ましたところが、果たして川端に遊放民が居りました。
そのテントについて宿を借りましたが宿主は余程親切な人でギャルポという人です。その人のいうには、我々は明日あなたの行く方向へ進んで行くのですから一緒に出掛けよう、で、あなたの荷物は皆ヤクに載せて上げましょうとこういう訳で、その翌日その通りに荷物をヤクに載せて貰ってだんだん川に沿うて東南に降って行った。その辺はやはり磧《かわら》で沼の原になって居る。行くこと一里半ばかりにして白い砂原に着いた。その砂は余程深く足が入ってどうも抜くに困難を感じて居りますと、ギャルポという人は見兼《みか》ねてお気の毒だけれどもあの裸馬にお乗りになったらどうか、鞍《くら》があれば誠に都合が好いけれども鞍がないからあなたに乗ることが出来るかどうかといいますから、それは結構だといって

裸馬に乗って沙漠を進む　その裸馬に乗りました。で暫く乗って行くと馬の背骨で尻骨を痛めた。その痛さ加減は何ともいえない。ですから西洋の女が馬に乗るような具合に足を馬の背骨の上に掛けたけれどもそれでも物の十町も行くと足が痛み出して来る。仕方がないからまたその馬から下りてその困難な道を歩いて行きました。困難といったところが荷物は背負って居らず誠に楽なもので、その砂原を二里ばかり行くと今度は突兀《とつこつ》と突っ立った巌壁と巌壁との間を流れて居るブラマプトラ川に着いた。川幅は狭まって居るが非常な急流です。私どもは凄い水の落ちる横合の岩の間を通り抜けて向うに出ますと拳《こぶし》を伏せたような具合の山が三つあってその間々に三条の渓《たに》があってブラマプトラ川は東南の山の間の渓へ流れ込んで

居る。

私どもはその流れ込んで居る方向へ行かずに東北の谷の間へ出て行った。ですからそこでブラマプトラ川と離れてだんだん東北に進んで大きな山を踰《こ》えて向うに着きますと誠に広い原が見えて居る。その山際に一つのテントがあってそこへ私は泊ることになった。この日は七里ばかり歩いたので私と一緒に来たギャルポという人たちは外の方に行くといってその日別れてしまった。その夜これからタズン・ターサムという所まで行くには川があるかないかと聞きますと一つあるという。で、その川は危ないから案内者がなくてはいけませんというのでその翌日案内者を雇うて、広い原を東南に進んで行くこと三里ばかりにして幅一町余の川が一つある。まだ十時頃ですからよく氷が融《と》けない。で案内者のいうには今渡った分には

氷で足を切られるかも知れない。ここで茶を沸し昼飯を済まして居る中にはこの氷が融けるからそうしましょうというので、茶など飲んで十二時頃に川端の氷を叩き割って中へ飛び込んだ。融けた氷が自分の腰や足に打ちつけますからどうしたところが少々の傷は受けるんです。向うへ渡り終るともう寒気が骨髄に徹して皮膚の感覚を失って居るです。それから三里ばかり進んでその夜は小さなテントに泊り翌十一月一日九時過ぎ出立、行くこと二里ばかりにして十二時過ぎに小さな氷河を渡り、なお行くこと二里余にしてチベットの北原においては最も名高いタズン（七つの毛という。その意味は七仏《ぶつ》の毛をその寺内に埋めてある故なりという）という寺に着いた。それは小山の上に建てられてある寺で、その寺の端には政府の租税を取り立てる所もある。いわゆる北原地のターサム（駅場《えきば》）の一つでありますからち

ょっと市街のようなもので商人も大分集まって居るです。何しろ随分大きな寺で中には珍しい〔宝〕物も沢山ある。

第四十八回　途中の苦心

途に無頼漢に遇う　その翌日はそこに逗留して堂内にある宝物や像などを拝観した。この地はちょうど私が前に一年ばかり住んで居ったヒマラヤ山のロー州のツァーランという所から二十五里真北に隔《へだ》って居る所である。で、ここへはツァーラン地方の人もその近所の人も沢山商《あきな》いに来て居るです。けれどもそういうことは私はよく知らなかった。宝物を拝観して後に寺のぐるりを散歩しながら自分の居る家〔宿〕に帰って来ようと思いますと道で不意と一人の知って居る人に出遇《であ》った。その人は非常の飲酒家《さけのみ》でヒマラヤ山中の土民の中でも余程悪い博徒といったような男で、常に私に対して蔭言《かげごと》をいい、あれは英国の官吏である、探偵であるというような事をいい触らして居た男ですけれども、私はそういう男には普通の交際をしてその男の家の者が病気になった時分にはやはり薬なんか遣ったものですから、余り酷《ひど》い悪口もいわん〔く当らなかった〕けれどもこちらの遣り方一つではすぐ喧嘩を仕かけて酒の種にしようという悪い男です。

そういう男に遇ったから私は一策を案じたです。もしこのまま打っちゃって置けば必ず政府に告げ口をして私の大目的の妨げをなすに相違ないと思いましたから、殊更言葉を和げてその男に向い、久々で逢ったんだから酒を一つあなたに上げたい、私は酒は飲まんけれどもここは駅場《しゅくば》でよい酒があるという話じゃから一番よい酒をあなたに上げて久闊《きゅうかつ》の情を叙《じょ》したいと思う、どうです私の居る所に来ないか、といいましたところが酒と聞いては少しの猶予《ゆうよ》も出来ぬ人間ですから早速やって来ました。それから宿主にいいつけて一番よい酒を沢山に買うて私もその対手《あいて》をして、もとより酒は一滴も飲まんのですがなるべく飲んだようなそうして酔うたような風をして、その夜の四時頃までも飲まして遣ったです。で彼は非常に飲んだものですから酔い潰れて大変によく寝てしまった。

私もそこへちょっと寝たような振りをして居た。すると宿主が五時半頃起きましたから私も起きて宿主に向い、ここに寝て居る人は私の大事な人だ。お前にこれだけの金を上げて置くから今日も充分お前の腕前で酒を飲ましてくれろ。その代りにお前にもこれだけの礼を上げて置くから、といって若干の金を渡しなお宿主に、決してその人を外へ出してくれてはならん。もし眼が覚めて私がどこへ行ったと問うたらばツァーランの方に行ったといってくれろ、といいつけてそれから荷物を整え六時頃そこを出立しました。ツァーランの方に行くというのはいわゆる策略で実は東南の方向のラサを指して公道を通って進んだです。

ゆくゆくも考えますのは、彼はヒマラヤ山中の人間の中でもすばしこい奴だからもし眼を覚して私がどこへ行ったということを尋ねてツァーランに行ったという時分に、なあにあいつはラサに行ったんだ、俺を欺いて酒を飲ましたとこう悟ってタズンの収税官吏に告げはすまいか。もしそうでもあるとすぐその官吏に馬でもって追かけられるから私がどれだけ急いで逃げて見たところが駄目だ。どうかこの際今持って居るだけの金を皆使ってもこの荷物を持って行く人なりあるいは馬なりを借りたいものだとこう思ってはみましたが、もとより曠原地で馬も何にも得られよう筈がないから仕方がない。ただその公道をずんずん東南に進んで参りますと後の方から人馬の煙を立てて大勢やって来る者がある。何か知らんと思って見ますと様子がどうも

一大商隊　らしく見える。近寄るに従ってなおよく見ますと馬が八、九十疋に人が十六人居るです。で私はその中のある人を呼び止めて、どうもこの荷物を持ち歩くことが非常の困難である、お金を出すからどうかこれを馬に積んで持って行って貰うことは出来ないか、すると私は馬の後から走って行くからとこういって頼みますと、その男はその中の下僕《しもべ》と見え私にはどうするという訳にはいかないと断《ことわ》るです。それからその後に出て来るその中の主《おも》だった者と思えるような人に対してまたその事を願いましたところが、どうも今承諾する訳にはいかない。とにかく私どもは今日向うの山の間に泊るのだからあすこへ来てはどうだ。少しは辛かろうが急いであそこまで来るならばまたどうにか我々の中で話のつかんこともあるまいというような話でした。これは結構、よい幸いであるからどうかあの山の間までどんなに苦しくっても今日は着きたいものであるという考えで非常に勇気を鼓して進んで参り、午後八時頃に大きな白いテントの二つ張ってある山の端《はた》へ着いたです。するとその中の一番大将であるらしいラマが一人居る。その横にまたその次らしいラマが一人居る。どうも

僧侶の商隊　と見える。早速そこに拵えてある茶をくれてそれからそこに煮てあるところの

肉を〔と肉とをくれたが、そのうち茶を戴くが肉は〕喰わないといったところが、どうしてお前は肉を食わないのかと尋ねますから私はその理由を逐一述べました。するとそのラマは余程感心したような顔で「お前はどこの者か。」「私はシナの僧侶である」といいますとそのラマは少しシナ語を知って居ると見えてまたシナ語で話し掛けますから、私はそれを避けるためあなたのシナ語は北京語だからと申して例のごとくお断りをなしやはりチベット語で話しました。

ところが先生シナ文字を出して読んでくれといいますからそれを読んでその文字の意味を説明したところが、始めて私をシナ人だと信じたようでしたが、まだ多少疑って居るようにも見えたです。さてこれらの人はどういう人かというに、チベットの西北の隅《すみ》でカシミールの東境のラタークという所に接して居るルトウという国がある。その国のフンツブ・チョエテン【Lhuntubu-choeten】という寺のラマなんです。一番主なるラマをロブサン・ゲンズンといい、その次の人をロブサン・ヤンベルという。で、その人々の商売を引き受けてやるツォンボンという者がある。ツォンボンとは商将という意味です。そのツォンボンが実は私をここへ来いといって導いてくれたのでその他は皆坊さん及び俗人の下僕《しもべ》であったです。

この一隊はカシミール地方の産物の乾桃、乾葡萄及び絹物あるいは毛織物《おりもの》類をラサ府に持って行き、そうしてラサ府から茶、仏像、仏画の類を買って来るための旅行なのでしたから、私にとっては大変好い便宜を得た訳でどうかしてこの人達にうまく話し込み――この荷物をラサまで一緒に持って行って貰うてはかえって都合が悪いから――せめてこのチャンタンの間すなわち一大牧場の間なる曠原を通り抜けるまで一緒に行くことができれば好都合であるという希望を起した。ところでその主のラマのいいますには、あなたはどういう仏法を学んだか、どういうことを知って居るかといい、だんだんチベット風の仏法で質問を起して来たですが、ありがたい事には先にも述べたごとく私はロー、ツァーランで博士ギャルツァンという方にチベット仏教を充分〔大体〕に研究し、また文典《ぶんてん》については殊に自分も注意を加えて研究しましたから、かのラマの問に対して訳なく答が出来たのみならず、まだこの人達の知らない事までをチベット仏教について沢山説明してやったです。

ところが彼は大いに驚きチベット文典について非常に質問を起した。その人は大分チベット文典を調べて居るようですけれど広く調べて居らん〔深い研究はなかった〕。殊に科学的に分類をして調べるというような事は向うの人にはとても出来ないのですからもちろん分る訳はない。で私がだんだん文典上の解釈を施しますと彼は、どうかこれから一緒に行って貰いたい、我々は毎日午後二時ごろまでは馬でもって進行するけれども二時ごろになると必ず泊るから全く暇なんだ、あなたのような方に文典の講釈をして貰うのは実に結構である、いずれ相当のお礼もするしまたこの旅行中の食物はすべて私が上げますからそうしてはくれまいかという。くれまいかどころの騒ぎではない。こっちからそう願いたいというて私は早速承諾しました。

第四十九回　同伴者の難問

商隊の野営　翌朝四時頃に眼を覚すともはやテントの人はヤクの乾いた糞を燃して肉と茶を拵えているです。暫くすると皆の人も起きましてその内の七、八名は昨夜放して置いた騾馬《らば》や馬を捜しに参りました。これは夜通しその辺の草を喰わせるために放ったのであるいは山のかなたに行って居るのもあれば山また山を踰《こ》えてその向うに行って居ることもある。それを捜しに参るのです。で帰るまでには少なくとも一時間、ことによると三時間も掛かることがある。もちろんその人達が捜しに行けばその馬は逃げて来ないなどという事は少しもない。人の顔を見るともう時が来た。帰って行けばうまい豆が御馳走になれるという楽しみがあるものですから訳もなく帰って来るのです。で、それらの馬群があちらこちらに散らばって居るのを皆の者を集めて参りまして杭へ括《くく》り付け、そうしてかねて湯でもって潰した豆の中に麦焦《むぎこが》しの粉を入れて捏《こ》ねた大きな塊を一つずつその馬にやり馬が喰って居る中に荷物を負わせるので、で馬の世話役は五、六疋に一人ずつときめてあるようです。

この人々は荷物を載《つ》け終る前に代る代る食事をすますのですが、その食事は羊、ヤク、山羊の肉が大部分を占めて居る。都会の地へ来れば豚も稀には喰うようです。このように荷物を負わせ食事がすむとそれから宵に張ったテントを片付けてそれも馬に背負わせ、自分の乗る馬は自分で鞍を付けてその馬に乗って自分の受持の五、六疋ずつの馬を追って行くのです。私の同伴は十六人ですがその内十五人は皆馬に乗り一人だけはラサ府へ修学に行く坊さんでそれは馬にも何にも乗って居らん。つまり同じ地方の者であるから一緒に連れ立って来たというような訳です。で私とその人とは歩いて行く都合ですから少しも早く出たらよかろうというのでその人と共に彼らの荷物を片付ける前から茶を飲んでそのテントの在る辺を出てだんだん東南の方へ進んで参りました。

人には添うて見よ　馬には乗って見よという喩《たとえ》もありますがその人はなかなかの学者自慢で自分は非常な学者のように思って居る。実際大分の学者ではありましたが仏教の要領は少しも知らない。またその細かな区別の存在して居ることも認めない。ただ広くぼんやりと知って居るように見られたです。ともかく旅行中に良い友達を得たのですから私も心に嬉しく互いにいろいろの事を話しながら参りましたが、私の喜ぶに拘わらずその人は少し私に対して不快の念を持ちしかもその不快はその後だんだん深くなって来たようでした。その不快の原因は何かというと昨夜私がチベット文典の大綱を説明した一事にあるです。その人は学者自慢でありながらチベットの文法を知らない。そこでその人のいいますには文法のようなものを知ったところが本当の仏教の意味を知らなくては何にもならない。つまり馬鹿の物知りというようなものであるというその素振といい言い様といい、どうも私に対して少し嫉妬《しっと》心を持って居るように見えたからよい程に扱《あしら》って置きました。

その日は大きな山を一つ踰《こ》え前後七里ばかり歩いてある沼原地に泊ってやはりその夜も文法の講義をしました。その翌五日もやはりその坊さんと一緒に砂原を行きました。この坊さんはラサ府に着いてからも大層難儀して全く喰物がなくなって困った時分に私はあべこべに大分《だいぶん》の物がありましたから、その人に対し救えるだけの事をして幾分の助けをしたのであります。それは後の事ですがさて道中いろいろ面白い仏教の話が出て来ました末彼は私の素性《すじよう》を探ろうということに掛かったです。で、どうも英国の人ではあるまいか。英国人でないにしろヨーロッパ人種に違いない。何故ならば色が白いからというようなところからだんだん疑いを深くして来た。だがその人の尋ねる位の事は私には既に解って居るものですからよい塩梅《あんばい》にその疑いの解けるように説明して置きました。その砂原を行くこと二里にしてまたブラマプトラ川の岸に着きました。もうその時分には氷が解けて静かに下の方へ流れつつそうして

氷塊《こおり》の打ち合う音　その氷塊と氷塊が打ち合って非常に凄じい響の聞えた時は実に爽快《そうかい》に感じた。またその氷に日光が反射する塩梅がいかにも美しく見られたです。その川の岸を東に降って行くこと三里ばかりにしてその川を離れそうしてブラマプトラ川の流れ込んで居る川端に沿うて東北へ三里余り登りそれから馬に乗ってまたその川を渡りました。その川岸の少し北に当ってニューク・ターサムという駅場《えきば》がある。しかしそのターサムへは着かずに其駅《それ》を左にして東に行くこと一里ばかりにしてある山の腹に泊りました。ちょうどその日は九里ばかり参りましたが、一体この商隊はハルジェ【Lharche（Lhatse-dzong）】という駅のあるつい近所に着くまでは駅場とかあるいは村のあるような所には少しも泊りませんでしたが、それは何故かというに馬に草を喰わせますには駅場のある近所に泊っては草の良いのを得られません。

　そこで駅場よりは少し離れてどこか良い草のたくさんある所を見付けてその辺に泊り込みますので、そういう訳ですからこの西北原地では駅場などへは泊らなかったのであります。

ちょうどこの夜私は感じました。もはやタズンという所から二十六里ばかりもこちらへ来て居るからあの無頼漢に追い付かれて捕えられる気遣《きづか》いはないが、あの時は随分危なかった。あの男が急に眼でも覚しそれと気が付いて告発したならばその告発のために大きな金が得られるのであるからきっと自分を追ったに違いないが、いい塩梅《あんばい》に酒のために前後を忘れて一両日は夢中で過したものと見えるとこう想像していささか安心致しました。例のごとく文典の講義と仏教上の話が終りますと、私を非常に疑って居る僧侶、自分が学者として任じて居る僧侶はどこまでも私を**猜忌《さいき》の眼《まなこ》**で睨《にら》んで居るので突然私に向い、あなたはインドに行って来たというがインドにはサラット・チャンドラ・ダース（エスクールバブ（秋月氏）という）かつてチベット探検を試みたという人がある（に来たことのある人がいる）。その人に会って来たろうなとこういって尋ねたです。それは私のチベット語の師匠〔外護者〕ですから知って居るどころの話ではないけれども、そういう人はどこに居るのか、インドは三億も人の居る所であるからなかなかチベットのような具合にどこにどういう人が居るというてどんな名高い人でも尋ねることは出来ない、それはどんな人か、といって何事も知らない振りで尋ねると、例のサラット・チャンドラ・ダース師が今より二十二、三年前にチベットの仏法を盗んでインドへ帰って行った。その後その事が知れてチベットで第一の学者であり道徳家であるところのセンチェン・ドルジェチャン（大獅子金剛宝《だいししこんごうほう》）という方も死刑に遇うし、またたくさんな僧侶、俗人らも殺された。それから財産を没収《ぼっしゅう》された人もたくさんにあったというような事情を委《くわ》しく話し、さてサラット・チャンドラ・ダース師はインドでもなかなか名高い人だからあなたが知らんということはない。大方あなたが知りながらとぼけて居るんであろうという。

その言いようが憎らしい言草でありましたが私は其言《それ》に対し、そりゃ名高いイギリスの女王でも私はまだお顔を拝したことがない。どうも広い所は困ったものだといって笑いに紛《まぎ》らしてしまったです。このサラット・チャンドラ・ダース師の話はチベットのどこへ行っても話が出ますので、子供でもその話はよく知って居るです。しかしチベット人中にサラット・チャンドラ・ダースという名を知って居る人は誠に少ない。エ・スクール・バブー（学校の長という意味）といって居る。その事についてはいろいろ付け加えた奇談《きだん》がございます。それはつまり、外国人を導いてチベットに入れたチベット人は殺されるものである、また其事《それ》を知って政府に告げざる者は財産を没収されるものである、ということを子々孫々によく知るようにお伽話《とぎばなし》のようにして親達が子供に話をするものですからどこへ行っても其事《それ》を知って居る。で、サラット・チャンドラ・ダース師の事が発覚以来**チベット国民はほとんど巡査か探偵**のように猜疑心《さいぎしん》を起し外国人に対しては非常の注意を持って穿鑿《せんさく》するという有様である。その事は私もよく承知して居るから一言一句《いちげんいっく》といえども——たとえ笑いながら発するごく無邪気の言葉でも——充分注意を加えて居りました。だがなかなか質問の仕方も上手で、笑いに紛らすとその僧侶はいろいろの点から質問を始めて来る。すると元来猜疑心に富んで居るチベット人の事としてみなその猜疑心に駆《か》られてからして、私はほとんど沢山の敵の中に独り孤城を守って居るような姿になって来たです。

第五十回　物凄き道

奇智話頭を転ず　私も危く感じましたからたちまち話頭を転じて、あなた方は一体釈迦牟尼《しゃかむに》如来《にょらい》がありがたいか、この国の旧教派の開祖《かいそ》のロボン・リンボチェがありがたいかといってポンと外の話を突き出した。これについてチベットに「釈迦牟尼仏より尊いペッマ・チュンネ【Padma Chungne】」という語があるがそれは釈迦牟尼仏より旧教派の開祖のペッマ・チュンネがありがたいという意味なんです。で日頃その国で非常にやかましい議論があるものですから私の問が口火になってだんだん議論に議論の花が咲き、とうとう私の方に向けた質問の矢が一転することになりましたが、私はどうもこりゃ危ない。せっかくここまで来て見顕《みあらわ》されるような事があってはならない。よほど用心しなければならんという考えを持ちました。

モンゴリヤ人がチベットの人を評した語にセムナク・ポェパというのがあります。その意味は心の黒い者はチベット人なりという事なんですが実に内情に立ち入っていろいろの事を探り廻るというのはチベット人の癖で、その上腹が立って居ってもにやりにやり笑って居て後で酷《ひど》く仕返しをするというのがまたその性情の一つであるです。そんな人ばかりでもありませんけれど多くはまあそういう傾きがある。今の諺のポェパというのはチベット人という意味でありますがついでに何故チベット人をポェパというかという説明を致して置きましょう。ポエ【Poe】というのはチベットの国の名で、チベット人はその国を呼んでポエといって居ります。チベットという名はチベット人自身はチベット《ちっと》も知らんのです。そこでポエという意味はチベット語の「呼ぶ」という意味、その名の意味はどういう所から出て来たかというにこの国が始めて出来た時分に

この国の祖　となったのはなにものかというとテーウ・トンマル（赤面の猿という意味）という男とタク・シンモ（岩の鬼女）という女であります。テーウ・トンマルは観世音菩薩の化身《けしん》でタク・シンモは瑜珈女《ゆかによ》の化身であるという。その瑜珈女がテーウ・トンマルに請うて夫婦となりそれから六道即ち地獄、餓鬼、畜生、修羅、人間、天上から一人ずつ呼んで来て六人の子を拵えたというところから、「呼ぶ」即ちポエという名を国に付けたという。これは恐らく後世あるラマが仏教に付会《ふかい》して拵えた神話であろうと思われるですがそういう説もある。ところでインド人はチベットといわないでボーダ《ボーダ》というて居る。ボーダ《ボーダ》には道というような意味もありもう一つ外（に覚という）意味もあるです。どっちの語源から起って来たかただいま不明でありますが（どちらも同じ語源から起ってきているのでありますが）、インド学者の説によるとポエはボーダ《ボーダ》という音の詰《つま》ったのであるとこういうて居る。

なおインド人はこのチベット国を称して餓鬼の国ともいって居るです。それはさきにお話した通りパンデン・アチーシャがプレタプリー（餓鬼の街）という名を付けたのでも分って居るです。このチベット国の名についてはまだ二様《多数》の名があっていろいろ研究すれば面白い事もありますがこれは専門的になりますから止して置きます。でポエパの「パ」の字は人と

いう意味でそこでポェパといえばチベット人という意味になって居るのです……翌十一月六日道を東南に取り波動状の山脈を幾度か降り昇りして八里の道を経てようやく大いなる雪山の麓に宿り、その翌七日東に向い雪山の端を降り昇りすること二里余りにしてチャクサム・ツァンポ（鉄橋川）という川に着きました。想うに昔此川《ここ》に鉄の橋が架《かか》ってあったろうと思う。といったところで立派な鉄橋ではない。ただ一筋の

鉄縄《てつなわ》の架橋　が此岸《こっち》の山の岩から向う岸の山の岩へ括り付けてあって其橋《それ》へブランコになって人が向うへ渡って行くというに過ぎなかったのでしょう。聞くところによればラサの近くにはその鉄縄が二つ引いてあってそうしてその間を通ってよい具合に向うへ渡れるようになって居たそうです。それもこの頃はないのですけれど昔はそれを用いたことがあったので、今このチャクサム川の鉄橋はその内のいずれか分りませんけれどとにかくその一つであったので、それに因縁して名を付けたらしく考えられるです。その川は非常な急流で氷がたくさんに流れて居りますけれども、私は騾馬《らば》に乗って誠に気楽に向うへ渡りそれから山間《やまあい》の原を進んで参りましたがこの辺の山には樹もない。

それかといって草が深く生えて居るということもない。まあ水のあるような所には草が生《は》えその外は全く石の禿山《はげやま》といってよい位。しかしその平原地になって居る所には水も溜って居り幾分か草も生えて居る。その景色は実に淋《さび》しい厭《いや》な有様で少しも旅行の苦を慰《なぐさ》めるというような事はない。そういう山の間を一里半ばかり行くとまた小川があって、それからまた同じような山の間を一里半ばかり東南に進んでサッカ・ゾンという城の西の沼の端へ宿りま

した。サッカ城は山の上に建てられて居る城で、その建て方は寺と別に変って居らないけれど幾分か様子の変って居るのは戦いの目的に備えられたものであるからでしょう。しかし別に政府から兵を置いてある訳ではない。

土着の兵隊　何か事があった時分にはそこに住んで居る二百名余りの人間が皆兵隊になるのです。その時の話でございましたが一昨年も北原からしてある部落の者が攻めて来て大合戦の揚句《あげく》人死《ひとしに》が二、三十名もありヤクを二千疋ばかり取られてしまったそうで、それが今チベット政府の裁判沙汰になって居るという。すなわち此城《これ》はそのいわゆる遊牧民の襲撃を防ぐために備えてある城と見える。そこには税品を取り立てる所もあるです。この日はちょうど六里ばかり歩きましたがその夜も同じく文典の講義をなし（以下同様）、翌日同じような山の原を東南に進んで行くこと三里ばかりにして左側にチョモ・ラハリ【Chomo-Lhari】という大きな雪山がありました。その雪山の麓を向うへ通り抜けて東南に二里ほど行って泊りましたがその日は別に話すこともない。その翌九日また同じような枯れた淋しい山中を東南に進んで行くこと六里半にしてある山を踰《こ》えて谷間《たにま》に着きました。

禿山の怪獣　ところが向うの方に非常に大きな動物が見えた。ヤクの形に似て居るが確かにヤクでないことは解って居る。早速何かといって尋ねますと彼獣《あれ》はチベット語に「ドンヤク」とて山ヤクという非常に恐ろしいもので大きさは通常のヤクの二倍半あるいは三倍、背の高さはおよそ七尺《しゃく》、しかし象ほどはない。じろりとこちらを眺《なが》めて居るその眼は実に恐ろしい。その角の根元の廻りが二尺五、六寸で長さが五尺ばかり、太さは二尺五、六寸もあります。これはその後ラサ府で山ヤクの角を見た時分ったのでその時に測量して知った訳ではない。そのヤクの説明を聞くとやはり草を喰って居るんですけれども、何か腹の立った時分には飛んで来てその角で人なりあるいは他の獣類なりを突き殺すのみならずその舌は小剣を並べたごとく、一度舐《ねぶ》られるとどんなものでもずたずたに切れてしまうという。

私はその後その舌の乾かしたのを見ましたがその舌の乾いたので馬の毛をこするブラシにして居たです。で此《これ》舌は山ヤクの子供の舌であるというて居りましたがそれでもなかなか大きいものである。そこで私の一行の中のある正直な男が非常に怖がって私に向い、どうか今夜無事に過されるだろうか、一つ占筮《うらない》をしてくれろという。「はて山ヤクが出て来るので恐れて居るのか知らん」と思うとそうではない。「つい昨年の事であったがこの山の少し下で……」といって一、二丁ある所を指さしてその男のいいますには、あそこで強盗のために商売人が六人殺された。今夜も我々は寝ずに居らねばならんかと思うほど何だか怖いから一つ占ってくれんかという訳なんです。まあ心を休める方便ですからそんな事は決してないと説明して置きましたが、随分その辺の様子を見ると山ヤクがのろのろとやって来る位ですから物凄い厭な所でありました。しかしその夜は無事で、その翌日また東南に向って山原地を進むこと六里にしてある沼原地《しょうげんち》に宿った。宿る時分にはなるべく沼のある原を択《えら》むです。なぜならば沼の原は草が余計ありますから……。

その翌十一日も同様山原を六里進み、十二日にクル・ラという降り昇り三里ばかりの急坂を踰《こ》えて東に行くこと七里ばかりにして、またある沼原地に宿りました。この間の事です。

空谷怪獣に遇う

私と同行して居るあの坊さんは他の正直にして篤《あつ》く仏教に帰依《きえ》して居る人達が私に対して同情を表することが非常に盛んになってつまり私の味方が沢山出来て来たものですから、さすが高慢なる坊さんもその味方の悪口を恐れて私と特に親密にしようという傾向を現わして来たです。もちろんどういう動機であってもその人の親切を無にするというのは宜《よろ》しくない事でもあり、かつその人と反目することは甚だ不得策でありますから向うの親切よりも私はなお一層親切にしたです。それから大いに円満になってまあこれなればあばかれるような不幸もあるまいかと安心が出来たです。

第五十一回　始めて麦畑を見る

都なまりの住民　その翌十三日大変大きな坂を二ヵ所ばかり踰《こ》えて岩石の突兀《とつこつ》として聳《そび》えて居る山の麓《ふもと》に宿り、その翌日はその突兀たる岩石の間を流れて居る渓川《たにがわ》に沿うて東南に行くこと三里、また五里ばかりの緩《ゆる》い坂を踰えて川端に宿り、十一月十五日その川に沿うて東南を行くこと二里にして平原に出て、そうしてその曠原を東に横切って三里ばかり行くとギャートー・ターサムという駅場に着きました。その駅場は前の駅場よりも石造の家が大変に多い。で人も大分沢山居りましたが総《すべ》てで四百名位だということです。家屋は六十戸ばかり、風俗もこれまで通って来たチャンタンといういわゆる遊牧民ばかり住んで居る所とは大分に違い幾分が都風に化せられて居る様子が見えて居るです。遊牧民は非常に粗野で人と物をいうにも剝出《むきだ》しで実に荒々しい風ですが、もうこの地方の住民は遊牧民とはすっかり違って言葉の使い方も幾分か都風になって居る。なお地方の訛言《なまり》は免れて居りませんけれど……。

そこで買物などをして二里ばかり東南の山中に進んでその川岸に宿りましたが、もはや陽暦でも十一月中旬頃でございますからなかなか寒いです。けれども誠に仕合せな事にはその沢山な人達が着くと直《すぐ》にヤクの糞を沢山に拾って来て、夜通しテントの中で火を燃して居るのみならず、私が文典を講義してやりますので主人およびその次序《つぎ》のラマが大いに私を厚遇して敷物や夜着などを貸してくれたですから少しも寒さを感じない。その翌日大きな急坂を踰ゆること二回（この里程六里足らず）にして平原に出で一里半ばかり行きますと

岩上の寺院　その平原の中央に大きな岩の柱が二本抱き合わしたように鋭く空中に聳えて居てその上に一つの寺が建って居るです。その岩の高さはおよそ三丁ばかりあるという。その上に寺が建てられてあるのですから浅草の凌雲閣どころの騒ぎではない。実に高いです。その寺の名をセースム・ゴンパといって古派《こは》の寺であります。その下を過ぎて東の沼原地に宿り、その翌日山の間を東南に行くこと八里ばかりにしてサン・サン・ターサムに着きましたが、その駅場には泊らずにその東の原に宿った。なかなか火を燃して居ってもこの辺は殊に夜分などは寒気が厳しい。翌朝起きて見ますと雪も何も降らんですけれど全く雪の降ったごとくにその枯草に霜が一面に積って居りました。そこで詰らない句が一つ出ました。

かれくさや霜の花さく高の原

例のごとく東南の山原を一里半ばかり進んである山の麓の三軒家に着きました。ところが

その三軒家の軒を見ますと大変です。沢山な羊を殺して皮を剝《む》いたその身体〔屍〕が幾《いく》十となく掛かって居ります。で、そこでまたヤクを殺して居るです。元来チベットでは秋の末になりますとすべて家畜類を殺して肉を貯えて置きますので、その肉は乾肉にするのです。チベットは寒国でございますからその肉を干して置いたところで別段腐るということもない。その乾肉の旨《うま》いことはチベット人のいうところに依るとこれほど旨い物はないという。ある人などは夏になって乾肉がなくなったというて大いに心配して居ったのをその後私はたびたび見ました。そうですから

余程旨い物　と見えるです。そういう旨い肉を拵えるために秋の末に沢山殺すので、秋は家畜を殺すに大変好い時期であるそうです。なぜならば夏の間すっかり家畜類が良い草を沢山喰ってその肉が充分肥ったその時に殺して乾肉にするのですから非常に旨いという話なんです。しかし自分の部落とかあるいはテントの辺で殺してはよくないというのでわざわざこの三軒家まで連れて来てこの近辺の住民が殺すのだそうです。一人一軒の分を殺すのでなく一村のを集めてそこで殺して居るのです。

　ちょうどその日に殺した数を尋ねますと今日は羊と山羊が二百五、六十疋、それからヤクが三十五疋、その内二十疋だけ殺してまだ後に十五疋ばかり残って居ったです。それを今殺すという。で「ヤクが鳴くところを見ると余程珍しいから見ちゃあどうか」との話でした。どうしてそんなものを見るに忍びましょう。しかしその様子を知りたくもあったのでじっと見て居りますと、ヤクはとぼとぼとただ牽《ひ》かれて行くその後の方から二人で押して来るで

す。で、ようやくその殺される場所まで出て来ますと直ぐ四足を縛《しば》られてしまったです。ヤクは今自分の友達が殺されて多量の血の流れて居るその臭い中へ牽き出されて、もはや自分も殺されるということを知って居るものと見えまして**その眼の中に涙**を浮べて居る。実に見るに忍びない。自分が金がたくさんあればどうかみなこれを助けてやりたいと思うほど可哀そうでしたが、別にしようもございません。ところがそこへ坊さんがお経を手に持って出て来て何か口の内で唱《とな》えながらお経と数珠《じゅず》をヤクの頭に載せて引導を渡すです。こうすればヤクが死んでからも生れる所に生れられるからまあ殺した罪はあってもヤクの怨《うら》みを受ける気遣いはないという考えなんだそうです。そりゃまあ殺すのは実に残酷ですけれどお経でも唱えてやったならば幾分かありがたい利目《ききめ》があるであろうと思われる。

けれどもその唱え言をして居る様を見るのが余計に悲しくって、私はもう涙が流れその首を切り落すのを見るに忍びませんから家の中に逃げ込みました。そうして可哀そうに思って涙ばかり溢《こぼ》して居りましたが暫くするとヤクの首を切ったと見えてズドンと落ちた音が一つしました。それはやはりチベットの鋭い刀で一度にその首を切り放してしまいますので、すると血がたくさんに流れ出しますがその血をなるべく外に溢さないように桶《おけ》のようなものに取って居るです。で、その血はよく煮固めて羊羹《ようかん》のような物を拵《こしら》える。それがまた大層うまいそうです。もちろん殺さなくっても時々には首筋に傷を付けてその傷口から血を絞り取ってその血を煮てそうして

血の羊羹　を拵えて彼らは喰うのでございますが殊に殺した時のはうまいそうです。こんなに沢山《たくさん》殺すというのは実に酷《ひど》い事だと思いましたが、その後ラサ府に着いて其府《そこ》に住んで見ますとこの位の事は実に小さな事で、ラサ府で十月、十一月、十二月のこの三ヵ月に殺される羊、山羊、ヤクの類《たぐい》は実に五万以上に超ゆるのでありますから、このくらいの事は何でもない事なんです。それからそこを立って悲哀の感に打たれながら大変急な坂を三里半ばかり登りまた三里降って川端に宿り、その翌十九日古派の寺でターサン・ゴンパという大きな寺のあるその山の麓を通り抜けて渓川の傍《かたえ》に泊りました（この日の行路八里）。その翌日また山の中を行くこと二里ばかりにしてマヌユイ・ツォという池の西岸に在るラールンという村に着きましたが、この池は周囲五里ばかりでよほど深いように見えました。このラールン村に着くまでは少しも田畑がなかったが、此村《これ》からして小麦の作られる畑があってあちこちに村舎も大分見えます。

第五十二回　第三の都会を過ぐ

習慣を墨守す　その時分はもう冬季ですから麦《〔麦畑〕》などはどういう風に出来て居るのか見ることが出来なかったが、聞くところによるとこの辺の麦作は一斗の種で四斗ぐらいの収穫を普通とし、もし六斗も取れれば非常の豊作だといって喜ぶそうです。またラサ府の近所では一斗の種でよい年には八斗あるいは一石ぐらい取れることもあるがまあ六斗くらいでもよいとして居るそうです。これで見ても耕作法のいかに進んで居らぬかが分る。で、その畑を見ると一層驚かざるを得ない。その畑の中にはごろごろと石の多いことまるで石を植えた石畑のようなものです。これは決して悪口でない。どこへ行ってもその通り。

だから私はある時チベット人に忠告してこの石を取り除けてはどうかといいますとそんな事は昔から習慣がないからやらんという話。チベット人は昔からの習慣ということを先天的命令のように心得て居ってこの習慣がすべての事情を支配して居るです。もっとも都会の人は幾分か改進的の気象を持って居りますから西洋品なども輸入するのでございますけれども、一般の人民は非常に昔の習慣を尊んで居りますので、現に自分の田畑を害して居るところの沢山な石を取り去ることすらも習慣がないからといってやらんのです。実に面白い遣り方ですが、なおそれよりも奇妙なことを私はその辺の村夫子《そんぷうし》に聞きました。その時はそんな馬鹿げた事があるものかいい加減な事をいうて居るんだぐらいに思って居たですが、その後ラサ府でその事を聞いて見ますと誰も彼もやはり同じ事をいって居た。それは実に

奇妙な量田法　であってその遣り方はまずこういう訳です。一体田畑があればそれに政府から地租を課さねばならん。その地租を課するにもどれだけの大きさの田地《でんち》ということが分らぬ。ところでちょっと前にも説明しましたようにチベット人には数学的観念というものは実に乏《とぼ》しい。いなほとんどないくらいであるから田地を正当の方法で量《はか》るということは到底出来ない。そこでヤク二疋に鋤《すき》を引っ張らしてその田地を鋤《す》かして見るです。で半日掛るところがヤク二疋で鋤いて半日掛った田地の大きさというのでそれだけの租税が極まり、一日掛

ると一日の田地ということで政府はそれを標準として税品を取り立てるのです。随分奇態な遣り方です。その他いろいろそのチベットの風俗あるいは僧侶の品行等の話を聞いて、それから五里ばかり池の端を通って向うへ出ますと渓の流れの合して居る所があってそこへその夜は泊ったです。十一月二十一日ごく狭い山の間の谷道に沿うて行くこと二里ばかりにして今度はまた大きな池に着いた。その池もやはり周囲五里ばかりのごく清潔な池でその名をナム・ツォ・ゴガという。その池の北岸を東南に進んでセンゲー・ルン（獅子《しし》渓《だに》）という渓《たに》の間を通って行きました。がその渓の両側の岩が妙な形をして居るのでチベット人はその岩の形の獅子に擬《なぞら》えそれで

獅子渓　と命《つ》けたと思われるです。その渓の間を三里ばかり進むとまたセンゲー・ルンという村に着いた。その村に宿《とま》らないでナクセーという村まで行って泊りましたがその日は十里以上歩いたです。なぜこの日に限ってこのように不規則に歩いたかと申しますと、これから旅行の遣り方を変えなければならん必要があったからです。今まではチャンタン（牧場）の草の多い所を通って来たから馬に草を喰わせるために早く泊り込んで、そうして充分馬を養《やしな》わなくちゃあならなかったが、家のある方へ参りますと田畑が多くって牧場が少ない、それゆえ秣草《まぐさ》を買わなくちゃあならない。ある宿屋に着いてその宿屋から秣草すなわち小麦藁《わら》、麦藁、豆の木などを買うて馬にやらなければならない。ところが此《これ》秣がなかなかチベットでは高《たか》価いのです。

今一疋の馬に一晩充分喰わせるとすると安い所でも十五銭、高い所では確かに三十銭ぐら

い掛る。その上になお豆をやりあるいはまたバタを融かして脂《あぶら》にして馬の口に注ぎこむこともあるです。ですからチベットで行商をやるということはなかなか困難な事でもあり費用も沢山掛るそうです。十一月二十二日また大分に高い山坂を踰《こ》えて山原地を進むこと五里ばかりにしてまたブラマプトラ川の北岸に着きました。その辺のブラマプトラ川は私が先に渡ったようなものではない。幅《はば》は二町ばかりですけれどその深さは青みがかってどのぐらい深いか分らない。到底馬でも渡ることは出来ない。殊に夏になればその川幅が非常に広くなって一層深くなるそうです。で、その川には渡船《わたしぶね》がありますがその渡船は**インド風の四角な船**なんです。底は平面の長方形で舳《へさき》の真中に蛇の頭がぬるっと首を出して居るところの彫刻物が食い付いて居る。で其《そ》船《れ》には馬も二十疋、人も三、四十人位乗れる位の大きさのもので、向うの岸に渡りますとその岸がハルジェというチベットでは第三の都会の地です。そこまで着けばまずチベットの内部へは全く入り終ったようなもので、ここからチベット第二の府たるシカチェという所までは僅かに五日間の旅程しかないのです。で川を渡ると南に当ってシナ人の立ててある旅館がある。旅館というたところが宿屋になって居るという訳ではなく、シナ人がそこへ出て来た時、泊り込むだけになって居るまでの事で別段宿屋の主人というものもない全く**無主の旅館**です。それはシナ人がチベットで商いをする便宜のためかつは兵士らが行軍する時分の便宜のために建てられたのである。随分大きなものです。私共の一行もそこへ着いて泊りました。ところが一行の人達は大悦びで西北原のあの恐ろしい間で幸いに賊難にも遇《あ》わず、また猛獣の侵撃にも遇わずにここまで来たまずめでたい祝うべしというので、大いに酒を飲みまた女を聘《よ》んでその夜は騒いで居りました。そういう有様は日本あたりとちっとも変らないようである。その翌日も私は逗留しましたがもはやその人達と別れる時に臨んで居るものですから、今まで親切にしてくれた恩を謝するために一日

漢文の法華経　を読みました。その日は私共の同行者は実に獣慾的快楽を極めて居りましたがその有様はいかにもいうに忍びないから止《よ》します。その翌二十四日に私は二、三の人といよいよ出立してサッキャア派の大本山に行く道を取り、またあの一行の商隊は公道を取ってプンツォリンを経てシカチェ府に行くことになりました。別れに臨んで今まで私が文典の講義をしたお礼として主僧から十タンガーその他の人々も感心な巡礼のラマであるといって若干《そこばく》の金をくれて敬意を表せられたです。で、その主なるラマとその次のラマと下僕《しもべ》一人だけは私と共にサッキャアの大本山に行くことになりましたので、其寺《そこ》まではあなたの荷物を持って行ってあげよう、また共に馬にも乗って行くがよいというので、安楽にサッキャアなる大寺へ指して参詣することになりました。その日は南に向って麦畑の間を行くこと二里、その辺は余程土地が肥えて居る、もっともチベット人は耕作法を知らないことは前に申した通りですから充分収穫を取ることは出来ないに極って居るが何しろ土地は非常に肥えて居る。

麦類の本場　とにかくチベットではこのハルジェという所が麦、小麦、豆、バタというようなものが一番安い所です。それはこの辺で沢山出来るからでございましょう。その畑を過ぎ

て二里ばかりの急坂を踰《こ》え東南に向って畑の中を行くこと四里半ばかりにしてレンターという小村に宿り、その翌日は川に沿うて七里半行くとサッキャアの大寺が見えました。なかなか立派なものでこちらから見ますと二丁四面余の高塀の中に大なる建築物がありだんだん近づいて見ると皆石造で、その本堂の高さが十間《けん》ばかり東西の長さが三十四間、南北が四十間、石は皆白く塗られ塀は弓形方《ゆみなりがた》に立ち上って、その上にヒワダを重ねたような具合に黒塗の一城が築かれてある。そのずっと上の屋根になって居る所に最勝幢幡《さいしょうどうはん》と露台が金色の光を放って周囲に突っ立って居るです。その内容のいかんに拘わらず外部から見た時分にはいかにも森厳にして人をして敬粛《けいしゅく》の念を生ぜしむるように建てられてあるのです。

第五十三回　サッキャア大寺

寺の結構　で私はその寺の近所に着いて宿を求めその宿屋からの案内で本堂その他の諸堂へ参詣致しました。まず高さが二丈ばかり厚さが六尺ばかりある石塀の門を通り抜けて門内に入りいろいろの堂の間を通って本堂の間《ま》に着きました。その本堂を外から見ると四方形で中は全く塞《ふさが》って居るように見えるですが、中には空間があって中庭から光線を導くようになって居るです。それで堂の間口十三間奥行六間ばかりある玄関を入って参りますと、その両脇に二丈五尺余の青と赤との金剛力士が立って居る。その力士の様子は日本の仁王《におう》と違って右の足を少し折り曲げ心〔気味に〕に左の足を斜線に突き立て、右の手を空に振り上げ左の手を伸ばして力を籠めて居る有様である。余程美術的に出来て居ると見えてその筋肉の働きなどは大分よく現われて居ます。詳しく見たらもちろん不充分なものであろうという事は我々素人《しろうと》にもよく分って居りますが、とにかくチベット美術としては余程立派なものに違いないです。それからその次の右側に高さ三丈ばかりある四天王の大きな像が四つ並び、また左側を見ると諸天諸菩薩の大きな画が壁に描かれてある。其画《それ》は石壁の上に土を塗りなおその上にチベットの天然の石灰のようなものを塗った所へ種々の方法を尽して立派に描《か》き上げたものですが、高さ三間半に横四間位の大図なるに拘わらず一つも壁の割れたなどという所がなくって誠に綺麗に出来て居る。

建物も随分古いけれどもよく保存されて居るです。其堂《そこ》を通り抜けると中央に東西五間に南北六間位の庭がある。其庭《それ》もやはり一体に板石が敷き詰めてありますが其庭《そこ》は下等の僧侶《そうりょ》が集まってお経を読みまた茶を飲み麦焦しを食う所です。よい坊さんは本堂の内で喰うのですけれども下等の坊さんは皆その中庭に居るのです。その広庭を過ぎて正門すなわち西の方にある本堂中のいわゆる本堂に入る。この一体は皆本堂ですけれどもここに本尊様を祀ってありますから、仮に本堂中の本堂というて置きます。その本堂に入るに二つの入口があって南の方の入口はこの寺の坊さんらの入る道、また北の方は我々参拝人の入る道なんです。すなわち私共はその北の口からずっと入って見ますと実に金碧燦爛《きんぺきさんらん》として何ともいえない感に打たれたです。

本堂内の光景　どこから形容してよいかどこからいい出してよいか分らん程錯雑《さくざつ》して居るが

なかなか立派です。惜しいかなその仏像の陳列の仕方が拙《まず》いので参拝人をしてそれ程に敬粛の念を起させない。つまりぞんざいな仏像画像及び経本等の博覧会に行ったような感じが起ったです。けれどもその天井を見ると五色の金襴《きんらん》あるいは綾錦《あやにしき》の類をもって蔽《おお》われて居る。それから下には諸仏、諸菩薩及び妙王、金剛、薩埵《サッタ》の類の像などが三百余りもあって皆金色《こんじき》の光を放って居る。その金も非常に精選したものらしく柱もまた金襴で巻き立てて、その中央には三丈五尺の釈迦牟尼仏の金色の像が安置してある。それは泥で拵えたものだそうですけれど立派な金で塗ってあります。それからその仏の前に並べてある七つの水皿、燈明台《とうみょうだい》、供物《くもつ》台等は多くは純金で、ごく悪い所に在るのでも銀で拵えてある。その仏像、仏具及び装飾の金繍《きんしゅう》等が互いに反映して輝く有様は皓々赫々《こうこうかっかく》として目眩《まぶし》くその立派なることは実に胆《きも》を潰すばかりでありました。けれども私は余り感服しなかった。装飾度に過ぎて秩序なきがためにかえって不愉快に感じました。

経殿《きょうでん》の模様　その仏像を祀《まつ》ってある後の堂に入りますと今度はなかなか立派なものがある。それは前のごとく赫々と光を放って居るものではなく実に立派な経殿である。その経殿の高さは十間余、広さは四十間でその堂はすべての経文が満たされて居るのである。その経典は紺紙《こんし》金泥《きんでい》及び梵語《ぼんご》で記された多羅葉《たらよう》の類で、古代この寺を開いたサッキャア・パンジットという方がインドからして沢山経典を取り寄せられ、またその後もインドの方へわざわざ僧を派遣して沢山取り寄せた経典があるのですから、この中には非常に我々の参考に供すべき経文が沢山あるであろうと想像しました。版本になって居るチベット語の経典はないがただ写本だけの経文がここに余程納まって居るということでございました。その所を出て本堂の彼方此方《かなたこなた》を見廻って居りますと始めはそんなに思いませんでしたが非常に嫌な臭《にお》いがして居る。

異臭鼻を撲《う》つ　これはチベットのどこの寺に行ってもこういう臭いがするので、とても日本人が始めて入った時分には鼻持ちのならぬ臭いであろうと思われたです。チベットでは燈明は皆バタで上げる。それから僧侶がここに来て茶を飲む時分にバタや茶を溢《こぼ》すです。ところが庭は板石といったところで漆喰《しっくい》みたようなものですからじめじめ湿って居りますからそのバタの腐敗した臭いが堂内に満ちて居る。此《これ》臭はチベット人にはよい臭いとして嗅《か》がれて居るのですけれども私共には非常に厭な臭いである。本堂を出ますとその両側にまた堂があっていろいろの仏像が飾ってある。

その中でも殊に目立った物は古派の開祖《かいそ》ペッマ・チュンネの像でありました。其《それ》像は台も像も一体に宝石で出来上って居る。ぐるりの壁もまた庭にも宝石が敷いてある。もっともそれは敷き詰めてあるのでなくって模様に宝石を置いて《〔象嵌としていれてある〕》あるだけですが、実に人目を驚かすばかりの立派な有様である。本堂の外に出ると僧舎が沢山あって僧侶が五百名程住んで居るそうです。で南の方の大なる層楼に住んで居る当寺の大教師はチャンバ・パーサン・チンレー【Chamba Pasang Tinle】という人でこの五百人の僧侶を導くところの大教師であるです。

第五十四回　チベット第二の府に到る

サッキャア寺の主僧《しゅそう》　そこで我々一行は大教師に逢《あ》いに参りましたがなかなか立派な室で、大教師は二畳台の上に乗って居りました。見るからいかにも有難そうな風采《ふうさい》です。私はそのラマにいわゆるサッキャア派が他の宗派と異って居る点を尋ねようと思い、いろいろ話を仕掛けますと今日は忙《いそが》しいから明日来いという。で、その翌日出掛けて行くことに極《き》めてその日はそこを辞し、それから二階を降りて石の高塀の外に出ますと遥《はる》か南の枯れた柳の林の中に御殿のようなものが大分に沢山に見えて居る。一行の者はあすこがすなわち当大寺の主僧《あるじ》であるサッキャア・コマ・リンボチェという方の居られる所であるから逢いに行かねばならんという。それで私もそこへ出掛けて行きました。

コマ・リンボチェとは上宝《じょうほう》という意味でシナの皇帝もやはりチベット人はコマ・リンボチェといって居ります。東ではシナのコマ・リンボチエ、西ではサッキャア・コマ・リンボチエ、この二人が日月のごとく尊いお方であるとこういうような具合に民間に伝えられて居る。そういう尊い人ですからその人に逢えば誰も彼もが皆礼拝していろいろありがたい授かり物をして来るのでありますが、しかしその人はその実俗人なんです。それはサッキャア・パンジットからの血統で今日まで続いて来て居りますので、もちろん俗人の事ですから肉《にく》食《じき》、妻帯、飲酒《おんじゅ》等もして居るのですけれども、チベットは妙な所で純粋の僧侶がやはりその方の所に行くと礼拝するのです。しかし釈迦牟尼如来の教えとは全く違って居るのですから私はそこに行った時分に敬《うやま》いはしましたけれど三礼はしなかった。なぜかというに俗人に対して僧侶が三礼するという規則がないからその事はやらなかった。けれどもお逢い申して見ると威厳あって随分尊く見える貴族でした。

礼拝を行わず　その方に逢っての帰り途に私と同行のラマ達がなぜあなたはあのコマ・リンボチェに対し礼拝しなかったかといって責めますから、私は別に軽蔑した訳ではない。ただ釈迦牟尼如来の教法を守って礼拝しなかったのである。あの方は俗人で私は僧侶であるから礼拝したくも出来なかったのであると答えますと、どうもシナの坊さんは非常に意地の堅いもんだといって驚いて居って、その翌日かねて約束の時間にサッキャアの大寺に逢いに参りますとその尊い教師の側に可愛らしい十二、三の子僧《こぞう》が居るです。其《それ》子が教師にふざけて居る。いかにもその様子の馴れ馴れしいこと実に教師の子ではあるまいかと思いましたが、しかしその方は純粋の僧侶であるから妻君がないに極って居る。しかしその様子がどうしても一通りの関係でない。実におかしい事であると思いましたが後にラサ府に着いてからその疑問がすっかり晴れたです。

実はこの大寺に二週間ばかりも泊ってせめてこのサッキャア派の仏教の綱領だけでも知りたいという考えでしたけれども、そういう腐敗した坊主について学ぶのは厭ですからその翌日出立してまた以前《もと》のごとく一人で荷を背負って、東南の方へ指して渓流に沿うて一里ばかり登り、それから東に二里ばかりの急坂を踰《こ》えて今度はずっと山の間を東南に進み、川に沿うて四里余り参って二軒家に泊り込んだです。荷物を背負って居りながらとにかく七里ばかりの道を歩くことが出来たのは余程身体が丈夫になって居ったからであると思いました。その翌日また一里の急坂を登り、降ること二里、降雪のために荷物が濡れていやが上に重くなりましたからその辺のある家に泊り込み、その翌十一月三十日、四、五十疋の驢馬《ろば》を率いて居る七、八人の運送業者に遇ったのを幸いに賃銀を払い荷物を託しタール川に沿うて北に降って行くこと二里、その川がまた方向を変えて東南に降って居るから、その川の岸に沿うて降ること六里にしてある村の端《はず》れに宿ったです。で、この驢馬の運送屋はやはり村の中へは泊らない。畑の中へ指して行きましてそこへ驢馬の荷物をすっかり卸して其《そ》れ荷を三方に積み立てて囲《かこ》いを造り、その中へ人が入って例のごとく石を三つ集め鍋を掛けてその辺から拾い集めたヤクの糞をもって火を燃すという趣向です。今まで私の一緒に来た商隊よりは余程劣って居るのです。

十二月一日川に沿うて降りかつ登ること四里、そこで川を離れ東の山中に登ること四里にして非常に険しい赤い岩の下に着いた。いわゆる赤壁巌《せきへきがん》でこれをチベットではランラと称して居る。そこにまた露宿してその翌日石壁の間の二里の急坂を踰えて山の原を行くこと二里、カンチャンという大きな寺がある。その寺の南の野原に宿りましたがその辺は皆畑なんです。ところが運送業者はその畑の中をどこでも横行して行くです。こんな事をしたらばその畑の主が喧しく叱言《こごと》を言いはすまいかと言って尋《たず》ねますとなあに決して叱言など言いはしない。

休み田地　だからという。休み田地というのはどういう意味かといって尋ねますと、一年麦を作ると一年休ませて何にも作らないのだそうです。これはラサ府の方ではない事ですけれどこの辺では二年に一期の収穫なんです。またたといそうでなくても冬の間は田畑の中をどこを道にして歩いて行ったところで誰も何ともいう者はないのですから畑の中はどこでも道といってよろしいのです。その野中に露宿してその夜は運送屋のために説教をなしその翌日東に進んで行くこと三里ばかり、チベット政府が新たに建築して居る立派な寺が山の際に見えたです。なぜ政府が自身に寺を建築するのかというて尋ねますとその寺の建って居る下に泉があるそうです。ある神下《かみおろ》し（わが国の修験者《やまぶし》のごとき者）が此《これ》泉は龍の口であるからこの泉が破裂するとチベット国中が海になってしまう。だから寺を建てて塞いで置かなければならんといったそうです。のみならずちょうどその事をいった時分にシナから

妙な予言書　が来た。それはある僧侶が何かためにするところがあってそんな物を作ったんであろうと思われる。私はその予言書を読んで見ましたが、つまりこの頃は不道徳の行いが盛んになって来たためにこの世界はすっかり水に溺《おぼ》れて滅亡してしまうとか、あるいはその前に大饑饉《だいききん》が起るとか大戦争が起るというような事が沢山書いてあるです。その予言書もです、天から降って来たというので、もしこれを嘘だなどというと即座にその人は血を吐いて死んでしまうなどということも記されてある。ところが私はちょうどそれを読んだ時分に嘘だと言ったけれども幸いに血は〔も何も〕吐かなかった。なにしろ悪い考えで拵えたのではなかろうけれども、余りに妄説が沢山記してありますから少し見識あるものが見れば嘘な事は分るで

す。

けれどもチベット人の多くはそれを信仰し、そしてその予言書がチベット語に翻訳してチベット国中にはどこにも散らばって居るです。で、その本を読んで居るその時分にちょうど神下しがそんな馬鹿な事をいい触らしたものですから、堂々たる政府がこういう神下しの事を聞き莫大の金を費やして寺を建てて遣るというその馬鹿さ加減には驚かざるを得なかったです。けれども神下しの言を聞くのはただこれだけではない、国民皆自分の判断のつかん大抵の事はいつでも神下しの言葉を聞くのですから、日本の天輪王《てんりんおう》の尊《みこと》などがあちらに行けば随分はやるだろうと思う位に迷信が盛んです。その新築をして居る寺の下を過ぎて少し行くと

禄付きの禿鷲《はげわし》　山の端にチャ・ゴッポ（禿鷲）という鳥が五、六羽居るのを見た。それからその訳を尋ねますと、この辺では死んだ人の死骸を持って来て上げる信者が少ないからそれでこの禿鷲が大方餓えて居るので、タシ・ルフンプー【Tashi Lhunpo】寺の台所からこの八羽の禿鷲に禄が付いて居るんだという。その禄は肉だそうです。鳥に禄があるというのは奇態ですけれどこの鳥は葬式の時に人の死体を持って参りますと其肉《それ》を喰うのです。その有様はどういう風にして喰うか、どういう風にして食わせるかまた葬式の仕方はどんなであるということは私がラサ府に着いてから見た事についてお話し致そうと思います。

持斎堂《じさいどう》　さてその辺を過ぎてナルタンという寺の近所のニュン・ネー・ハーカン【Nyun ne Lhakhang】（持斎堂）に着いて私は泊ったが、その他の一行は私に荷物を渡してシカチ

ェ府の方へ行っちまいました。私は少しここで調べ物をする必要がありますからその翌日も泊るつもりでその人らと別れて特にここに宿ったのでございますが、持斎堂というのはこの辺の僧侶や俗人が八斎戒《さいかい》を保つその上に一日間全く肉を喰わぬとか、あるいは人と少しも物を言わぬという行《ぎょう》をするためにここに立てられて居る堂であります。チベット僧侶はすべて肉を喰うな〔喰わない〕ということはないけれどもその戒を保つと〔その故に八斎戒をもつと〕同時に殊更にそれを守るのであります。その翌日ナルタンという寺へ参ってその寺の一番宝物であるところの版木《はんぎ》を拝見しました。その版木はチベット一切蔵経《いっさいぞうきょう》の版木で一切蔵経はチベットで仏部、祖師部に分れて居る。なおチベットのラマ達が拵えた語録様の版木も沢山あります。その版木の入れてある堂も余程大きなもので、三十間の間口に奥行が十間ばかりその中に版木がいっぱい詰って居る外にもまだそれぐらいの堂と小さな堂が少しあるです。

大蔵経の版元　で、この寺で大蔵経の版が刷り出されますので、その寺に住んで居る三百人の僧侶はすなわち版刷職工である。私はその寺の大教師に会いましたが、その方はタシ・ルフンプー寺から特派されて居る大教師であってなかなか問答の遣り方が巧みです。で私は終日仏教の話をして大いに益を得たのみならず大層快く取り扱うてくれたです。その翌十二月五日東南〈『日記』の東北が正しい〉に向って平原を行くこと五里、すると岩山の下に金光《きんこう》燦爛《さんらん》たる御殿風の屋根が見えその横には白堊《はくあ》の僧舎が沢山立ってある。それからその間に朱塗の殿堂のようなものも混って居って実に壮大美麗な姿を現わして居る。これが

チベット第二の府　シカチェに在るところの大寺でタシ・ルフンプーという。タシは栄光、

ルフンプーは塊、その意味はすなわち〔この語は須弥山の一名で、すなわち寺の山が〕須弥山《しゅみせん》の形をしているので開山のゲンズン・ツブ【Gendun Tub】という人がこう名を命《つ》けられたんです。その寺には三千三百人の僧侶が居る。もっともチベットで一番大きな寺というのじゃない。第二流の寺ではありますけれどもその資格は法王の寺と同等に位して居るのです。その寺の向うにシカチェという市街《まち》が見えて居る。その市街は三千四、五百戸もあろうかと思えるですが、住民は僧侶と共に〔三〕万余りだそうです。これは決して当てにはならない。チベット人は統計を作ることを知らないのですからおおよその事をいって居るのです。私はその大きな寺の中に入って参りまして西北原から出て来たという西北原の信者やラマの泊るべきピーツク・カムツァンという僧舎を尋ねました。それは暫くこの大寺に逗留して博士、学者、徳者に逢い仏教上の教えを受けようという考えで泊り込んだのです。この寺の今の主人は

チベット第二の法王　というてもよい。政治上の権力は少しもありませんけれどもシナ皇帝から与えられて居る位階の上からいうと法王より上に在るんです。もっとも法王がお隠れになって再び生れ返って来て法王の位に就《つ》き政権を執《と》るまでは、時としてはこの第二の法王が政権を執られることもあるんです。だが尋常政治には関係しない。この寺の大ラマの通俗の名はパンチェン・リンボチェで、今のパンチェン・リンボチェの名はキャプコン・チェンボ・チョエキ・ニマ（大主護《たいしゅご》法日《ほうじつ》）という。私の着いた時がちょうど十八歳で生れは未《ひつじ》の歳、阿弥陀如来の化身《けしん》だといわれて居る。私はこのお方に会おうと思いましたが離宮の方へ

行って居られたので会うことが出来ませんでした。ところで多くのラマなり学者なりあるいは博士なりを毎日尋ねて行っていろいろ仏教上の事を質問するのを私の仕事にして居りました。

第五十五回　大ラマ、文典学者

大ラマの侍従教師　ある日この大ラマの侍従教師であるツァン・チェンパという老僧の所に参りました。その方は七十四歳の高齢でなかなか親切に仏教の事を説明してくれた。それから文法と修辞学においてはこの大寺の内で第一等の学者であるということを聞きました。私も文法については一方ならぬ研究の力を費やしたものですからその点についていろいろ質問しますと、そういうむつかしい事は私は知らんからしてこれからラサ府に行く道にエンゴンという所がある。そこに医者をして居る人で大変な学者がある。その方について聞いたならば大抵は分るであろうという。

私は自分の分らない事を聞いたのではない。どういう説明をするかと思って参考のために聞いたのです。けれどもそういう次第であったからそのままお別れ致しました。もっともチベットへは昔のインドの五明とて五つの科学が入って居る。それは声明《しょうみょう》とて言語音声に関した一切の科学、医方明《いほうめい》とて医学、因明《いんみょう》とて論理学、工巧明《こうこうみょう》とて工学、内明《ないみょう》とて宗教的科学及び哲学でありますけれどそれをよく取り調べて明らかに通じて居る人はごく少ない。それ

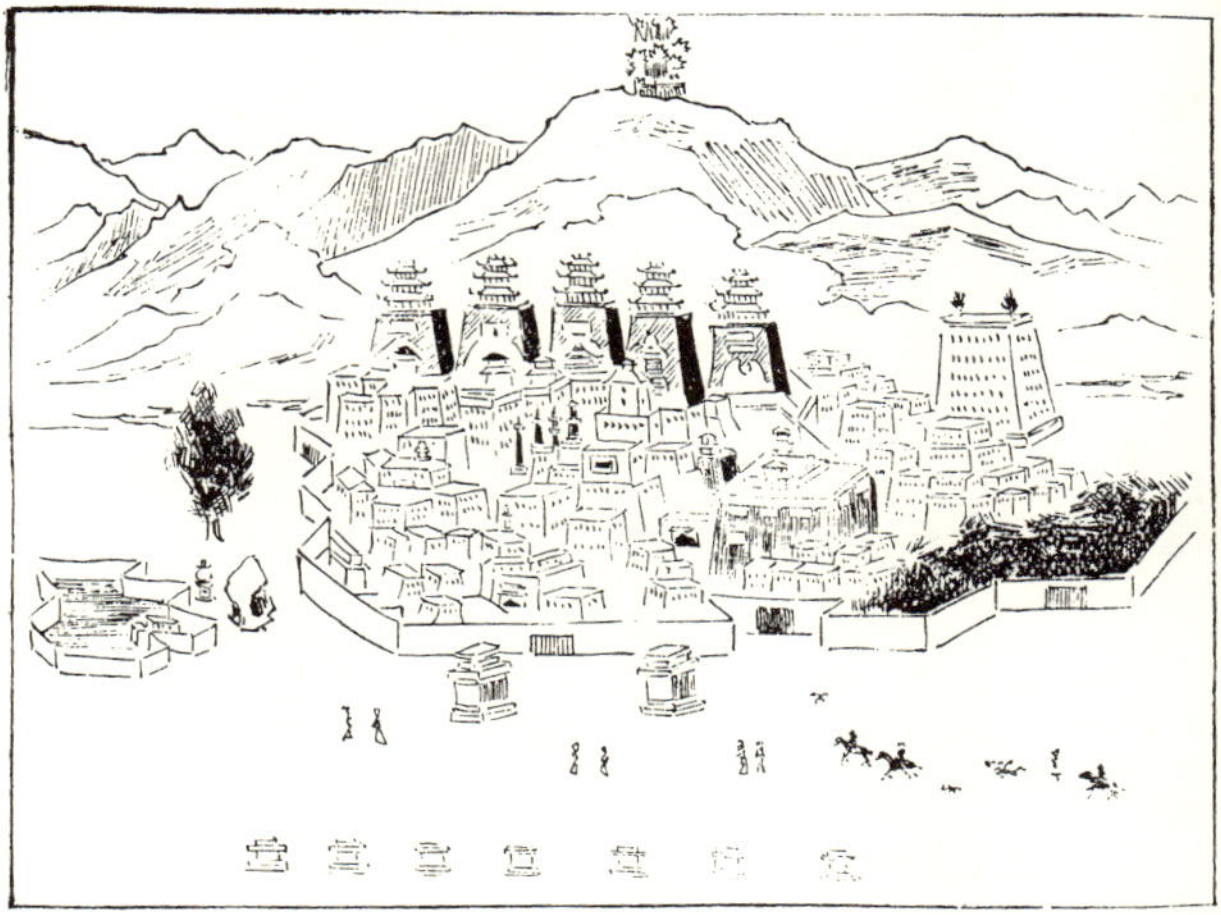

タシ・ルフンプー大寺

はほとんど無いというてもよいぐらいですから文法などを心掛けるような人はごく少ないです。まあ政府部内の人で是非文章を書くに必要だから少し学んで置こうぐらいのもので、それもごく初歩の文典を学んで居るに止まって居る。だから仏教の哲理を説明し及びその事を修学《しゆがく》するの甚だしきに拘わらず、歴史とかあるいは科学の事について質問されると何にも知らないというような堂々たる博士があるのでございます。数日逗留したがもはや余り泊る必要もないから出立しようと思うて居るその日に、大ラマが離宮《りきゆう》から帰って来られるということですから、どんなお方か、どういう行列で帰って来るかと拝観に参りました。

大ラマの行列　すると道というような道は無論ないのですけれど広く人の足痕《あしあと》のある所が道になって居る。その両脇につぶつぶと円い郵便函のような物が立って居る。それが何かといいますと香《こう》を焚《た》く台である。その大ラマの出て来る前からして僧俗の者が香を焚いて待ち受けて居る。そういう人達は行列をジーッと見て居るというより礼拝して地上に打伏《うつぶ》してしまうのが多いです。私はジーッと見て居りますと馬がおよそ三百騎ばかりで、その大ラマは金襴《きんらん》あるいは異様の絹布類で装われてある宝輦《ほうれん》に乗って来ました。それが実に立派なものである。で始めにはチベット流の音楽、ちょうど日本の簫篳篥《しようひちりき》及び太鼓《たいこ》のようなもの〔などの音調そのまま〕で行列を整えて参ります。もちろんこの行列には鉄砲、槍、刀の類を持って来るような者は少しもない。ただ仏具を持って居る者を大分に沢山見受けたです。

余程盛大なもので随分一日泊って見ただけの価値は充分にございました。その夜私の泊って居る舎《こや》で僧侶らの請《こい》に従って十善法戒《ぜんほうかい》の説法を致しました。すると彼らがいいますには仏法はこんなに分り易く説いてくれる方はごく少ない。論理的で趣味のないむつかしい事ばかり聞いて居ると、坐睡《いねむり》の出るような事ばかりいわれるから私共は仏法の坊主でありながら厭であった。けれども今日 承《うけたまわ》って仏法のありがたい事を知りましたといって悦《よろこ》んで居りました。それでチベットの中等以下の僧侶がいかに仏教を知らぬかが分るでしょう。しかしこの寺の僧侶の行いはなかなか厳格だそうです、後に聞いて見ますと……。だが酒を飲むのが一つの癖で実によく酒を飲みます。

酒と煙草　それについてなかなか面白い話は、ラサ府の法王とこの寺の大ラマとが一緒になられた事がある。その節の話にラサ府の法王がいわれますには、私の方の寺の坊主共は煙草を沢山飲んで困るということであったそうです。ところが大ラマは私の方の寺の僧侶は酒を沢山飲んで困る。酒と煙草とどっちが罪が深かろうという話がだんだん出たそうですが、既にその悪い事が公然の秘密になって法王達もよくご存じであるけれどもいかんとも仕方がない。ところで酒を飲むことを防ぐために僧侶が市街《まち》に行って帰って来る時分には門の所に立って居る警護の僧に対し口を開いて香《にお》いを嗅《か》がすのです。で酒の香いがして居ると引捕《ひっつか》まえる。ところがなかなか僧侶もずるい。充分酒を飲んで足はひょろひょろ、眼はうとうとして居りましても口には少しも酒の香いをさせないようにするのです。それは 蒜《にんにく》 を沢山喰って蒜の香いのために酒の香いは消してしまうのです。まあそんな悪い事も、ありがたいラマの話も聞いて玉石混淆《ぎょくせきこんこう》の道場を後にして、十二月十五日朝十時に其《そ》寺を出立しシカチェの町を横切って行くことほぼ一里にしてサンバ・シャル（東の橋）という大きな橋に着きました。

サンバ・シャル　長さは三町程で幅が四間ばかりある。この長さ三町の橋は日本のごとくに橋杭を打って向うまで架けてあるというものじゃあない。川の中に四、五間ずつ隔てて大きな土手を築いて居る。その土手は皆石で積み上げられて居る。それへそれに相応した長い木の柱を横たえてそれからその上に板石を敷き土を被せてある。欄干《らんかん》もやはり張木で拵えてある、そういう具合にして三町幅の川を向うへ渡れるようになって居るですがこの川の名はツアンチュといいます。その川を渡って北に行くこと一里半ばかりにしてまたブラマプトラ川の岸に着いて、その川に沿うて東に降り行くこと五里ばかりにしてペーという村の貧しい農家に宿りました。するとその農家の内で私が見て変った感じを起しましたのは、五徳《ごとく》の横に積み立ててある薪《まき》はヤクの糞《ふん》でなくって芝草の根なんです。芝草の根を土と共に切り取ってそれをよく乾して燃すようにしてある。これはその辺で多く用いて居る薪だそうです。

木板の手習　その火の燃えて居る端《はた》に十一、二の子供が手習をして居るです。それは黒い板木に白い粉を振り蒔《ま》いて竹でもってその上へ書いて居るです。すっかり書き終りますとその親に見せて悪い所を直して貰って一応その字〔から白粉〕を拭き取りまた白い粉を振り掛けて書くというような訳で手習をして居るのです。私は大いに感じまして、どうしてこんな貧《まず》しい家で子供に手習をさせるかと思って尋ねますと、この辺は皆農家であって地主《じぬし》に小作料を納《おさ》めます時分に字を知らないというと地主にごまかされる。だから字を習い数を算《かぞ》えることをよく習うのでございますという。数を算えることは先にも説明したように石や棒あるいは数珠《じゅず》で算える外に遣り方はないのです。

貧民で字を習うことはこの地方の農家に行われて居りますだけで、ラサ府の方に行きますと貧民は決して字とかあるいは不完全なる算え方さえも知らないです。そういう点は余程この辺の方が勝って居る。その夜はその人達に説教してその翌日また大河に沿うて降って行くこと二里ばかり、大変嶮しい岩山に沿うて川を左にして細道を東に降って行くこと一里半ばかりにしてちょっと広い所に着きました。で、その右側を眺めますと山の上に大きな寺が二つ見えて居る。

エンゴン寺　其寺《それ》がかねてタシ・ルフンプー寺の老僧に教えられて居った文法学者の居るエンゴンという寺である。そこで公道を取らずにそのエンゴンという寺へわざわざ上って参りました。坂を登って行くこと一里ばかりにして寺に着きました。峰の上の方にある寺は男僧の寺で少しく下にある寺が女僧の寺です。で、その寺には男僧が二百三十名、女僧が七十二名居る。なかなか由緒《ゆいしょ》のある寺で委《くわ》しい事はここで申す必要はありませんから略しますがそこにある坊さんの舎《こや》について宿りました。早速その学者に遇いたいといいますと明日でなければいけないというのでその翌一日逗留して博士に逢いました。ところがその方は仏教の事について少し説明をされたが文法あるいは修辞学についてはよく知らないから医者のアムド・カーサンという方に尋ねるがよかろうという。そのアムド・カーサンという人はさきに私が老僧から教えられて居った文法及び修辞上の大学者であるという。

チベット文法の問答　そこでその人の所へ参り相当の礼物《れいもつ》を差し上げてそれから来意を告げますと、あなたは文法あるいは修辞学をやったことがあるかという。そうです三年ばかりやりましたと答えました。それは私はチベット語を学ぶ始めからチベット語の文典についでは非常に注意して居ったものですからそう答えました。ところでその学者のいわれますのには、しかし三年やったって遣り方によっては少しも分らんからなといって二、三質問されました。それはごくやさしい質問で私は直ぐに答えました。それから何か一番むつかしい修辞学上の事を尋ねてくれないかといいますとその学者は私は修辞学を知らないという。それではあなたはチベット文典についてはどういう学派の主義を取って説明されるかといって尋ねますと、チベット文典では不完全なングルチュ【Ngul-chu】という人の文典を用いて居るという。こりゃ私に向って嘘をいって居るのではないか知らんと思いましたから、チベット文法を精確に説明したる「シートゥ【Situ】」ラマの主義を取らないかというて尋ねますと彼は「シートゥ」の名は聞いたがまだその書物を見たことはないという。

そこでチベット文法学者中に非常に議論の盛んなるチベット文字の母音について尋ねました。まず始めにチベットにはどれだけ母音があるかといって尋ねました。これは何でもない問題のようですけれど実にチベット文法の真意を解釈するにはこの問題から決しなければならんのです。ところがその方は少し当惑して母音が十六字あるといってサンスクリット語の母音をそろそろいい出したです。奇態な事をいう人だと思いましたから、チベットでは母音は五字だという説があるがその説には賛成しないかといって尋ねますと、ああそうであったつけ、これはほんに梵語《ぼんご》の母音である、チベット〔語〕の母音は確かに五字である、といって大いに恥じて断りをいいました。ところがそのチベットの母音が五字であるということも非常に間違った説で、西洋人〔の学者〕などはチベットの母音は五字であるという説を伝えてそのまま翻訳して得々として居るのでございますけれど

チベットの母音は四字　真実チベット文字を創造したツーミ・サンボーダ【Thumi Sambhota】という方の原書にはチベット文字は四字の外母音を置かないとしてある。それが全く真実である。それを間違って五字でなければいかんという説もあるので、それがためにチベットの文典学者の中でも議論がいろいろに分れて居る。そういう初歩のやさしい事すらよく知らない坊さんが文典修辞については大学者であるといわれて居るのはどうも分らない話だ。事によると嘘を吐《つ》いたのではないか知らんと思っていろいろ他の文典上のやさしい話を尋ねましたが一向何も知らない。ごく知り易い誠に平凡な事だけ知って居るに過ぎない。

こういう方がこのチベット内で文法の大学者であるの修辞学の大博士といわれて居るのは実に鳥なき里の蝙蝠《こうもり》であると思って、いかにも文法や修辞学上の学識の程度の低いのに驚いて自分の宿って居る僧舎に帰って参りますと、その舎の主僧《しゅそう》が私にあの医師の所で何を話したかと尋ねますから、私は文法について話したと答えますとかの主僧は勿体《もったい》らしくいいました。「あの医師はツァン州において唯一の文法及び修辞の学者でなかなか一度や二度遇って話したぐらいであのお方のいうことは解るものじゃない、あなたもほんとに文法を知りたくば此寺《ここ》に二、三年間留まってあの方に毎日習学したらわかるであろう。私なんぞは側《そば》に居って始終聞いて居ても何にもわからない」と。かかる滑稽《こっけい》な事を聞いた私は我知らず吹き出し

て大いに笑いましたが、かの主僧はその大笑に訝《おか》しな顔をして居りました。その翌十八日、東南の方に向って少しく坂を登りまた降ること二里余にしてブラマプトラ川に着き、その川の岸の大いなる原をだんだん東に向って参りますと向うの方にポンボ・リーウチェ【Pombo Ri-o-che】という古派の寺が山の上に見えて居る。ほとんど一里ばかり手前になったところで原の中から突然私を呼び止める者がありました。

第五十六回　異域の元旦

また強盗に遇《あ》う　何か知らんと思って眺《なが》めて見ますと、二人の偉大な男が現われて来たですす。両人共前にチベット流の刀を横たえてこちらに進んで来ました。近づくに従って何か用でもあるのかと言って尋ねますと、一人の若い男は「何を言やあがる」と言っていきなり下にある大きな石をもって私に打ち付けようという勢い。それから私はじっと眺めて居りますと「逃げて見ろ、逃げるとこれで打ち殺してやるから」と威《おど》し付けたです。「ははあ、こりゃ例の強盗であるらしい」と思いましたから、私は道端の石に腰をかけた。

するとと両人ともずかずかと私の前に来て私の持って居る杖を強奪《ふんだく》ってしまったです。で、「何を持って居るかさっそく言え、一体手前はどこから来たのか」と言う。「私は巡礼者《じゅんれいしゃ》で雪峰チーセの方を廻って来た者である」と言いましたところが、「金《かね》があるだろう」と言うです。「金は少しはあるけれど、沢山な金は西北原で泥棒に取られてしまったから今ここには余計はない。」「そのうしろに背負って居るのは何か。」「こりゃ経文と食物である。」「それを解《ほど》いて見せろ、そこに沢山な金がはいって居るかも知れない。」「金は懐《ふところ》にある。このうしろの荷物の中には金は入って居ない。私は僧侶だから嘘はつかない。金が欲しければ金を上げる、荷物も欲しければ荷物も上げる」と言って金を出そうとすると、向うから馬に乗った男が三人ばかり走って参りました。

するとその二人の男は杖を打棄《うっちゃ》って逸散《いっさん》に逃げ出したです。これがため図らずも賊難を免れた訳で、その馬に乗った三人の人は私に向い、「今の人は何か」と聞きますから、「金をよこせ物をよこせと言って出て来たものです」と申したところが、「憎いやつである」と言うてしばらくそこに立って居りましたが、「あの寺のある下まで行けば村があるから、あすこへ早くお越しなさい。向うへ着くまでは私がここに見張りをして居るから」という御親切であった。そこで私はその村の方に進んで参りますと、その馬に乗った人もしばらくたってから西の方へ行ってしまいました。

その夜はその村に泊らずに、其処《それ》から三里ばかり東へ進んでニャーモ・ホッターという小さな村に着いて宿り、その翌日テーショクという村で昼飯《ちゅうはん》を済まし、その夜はタクツカという村に泊りました。十二月二十日は前夜来大分に雪が降りましたので朝未明《まだき》に雪を踏み分けながら川に沿うて東南にのぼって参りますとブラマプトラ川の川洲《かわす》——砂原のあちこちに夜来の雪が残って居ります。その間に鶴が幾羽か徐《しずか》に歩みながら誠に高い清い声を放って居るです。その光景に寒さも忘れて幾つかの歌が出来ました。二つばかり申しましょう。

妙《たへ》や妙《たへ》玉のいさごの河原《かははら》の
　雪のまに〳〵群鶴《むれつる》の鳴く
おもむろに雪ふみわけつ妙鶴《たへづる》の
　千代《ちよ》にかはらぬ道をとくかな

こういう美しい間を川の南岸に沿うて降って行くこと三里半ばかりにしてクルム・ナムセーという村に着き、ここで昼飯を喫して同じく川に沿うて二里ばかり東へ行きますと、川は〔西〕東北の方へ流れ去り、本道は東南の山の中へ指して登って行くようになって居るです。その翌日坂を登って行くこと一里半ばかりにしてシャブ・トンツブという村に着いて泊り、その東に清らかな小さな流水に沿うて登ること一里半ばかりにして、その川流の岸に登って参りますと大きな岩山がありまして、山の麓にチャム・チェン・ゴンパ（大弥勒寺《だいみろくじ》）という寺があって、その寺は名のごとく三丈五尺余の弥勒仏《みろくぶつ》の像がございます。一体弥勒は菩薩なんですけれど、またこの次に生れ変って来る仏だと言うのでチベットでは菩薩と言わずに仏と言うて居るです。その弥勒の菩薩に参詣して、それからその横にある水牛面忿怒妙王《すいぎゆうめんふんぬみようおう》の大堂と釈迦牟尼仏《しやかむにぶつ》の大堂にも参詣してある僧舎について宿りました。この寺は僧舎二百戸に坊さんの数が三百人ばかりあって、第二の府のシカチェから首府のラサまでの間の一番大きな寺であります。

主僧《しゆそう》凶夢を苦に病む　私の泊った主僧《あるじ》は何かこの間から続けて凶《わる》い夢を見たというので大いに恐れて居る。何を恐れて居るかと言うに、自分は財産が沢山あるけれども、この間から続けて死ぬような夢を見たからそれが怖くってたまらない。どうかその災難を免れるようにお経を読んでくれまいかと言う。私はそんな災難避《よけ》のお経は知りませんけれど、何してもここに一切蔵経《いっさいぞうきょう》があるからその中のお経を何か読んでやったら向うの心も休まりましょうし、また幾分か功徳《くどく》になるだろうと思いまして、それじゃあお経を読んで上げようと言って、その翌日からチベット語の法華経《ほけきょう》を始めとして他のお経を読みました。

ちょうど十二月二十八日でございましたが、この寺からある僧侶がネパールのカトマンズへ行くと言いますから大変好都合であると思って、故郷の方へ手紙を出す都合をしたです。それは故郷の親友の肥下徳十郎という人にあてて出しますので、どうかこの手紙をネパールへ持って行って郵便局で書留にして出してくれろと言って、大分にその僧侶にも金をやって持たしてやりました。余程正直らしい男でありましたが、どうなりましたか、その人に託して出した手紙は今日こちらに届いて居らない。察するに嘘を吐《つ》くような人でないことは分って居るんですから、多分その人は途中で死んだのではないかと考えられるです。その月の三十一日の午後、その僧侶の親元の宅《うち》へ来てくれと言うて馬で迎えに来ました。

その馬に荷物を載せ、自分も他の馬に乗って一里半ばかり東に行くとターミラという村に着いて其村《そこ》でまた読経する事になった。その村へ乗り行く馬上で「明治三十三年も今日で終るのだが、まあ今年は大変ないろいろの困難を経てとうとうチベットの中央まで入って来た。これ全く我が本師釈迦牟尼仏《しやかむにぶつ》の加護である」とその恩を感謝し、この後もなおいかなる艱難《かんなん》が起ってもあくまで進んでその艱難を切り抜けて、いささか仏法のためにする志望を完《まっ》とうしたいものであるという考えを起しました。もちろんチベットでは陽暦がございませんから、その翌一月一日とても何でもないのです。けれども私はその日はことさら早く午前三時頃に起きて東の方に向い例年のごとく

元旦の読経 を始めた。それはこの仏教の規定として我が大日本帝国今上《きんじょう》皇帝陛下の万歳万万歳を祝願すると同時に、皇后陛下ならびに皇太子殿下の万歳万万歳を祝願して皇国の御威光がますます万国に輝かんことを深く願うというのがつまり我が仏教の世間門《せけんもん》に対する主義ですから、その主義を確実に実行するためにどのような山の中に居っても、それは必ず一月一日になれば東方に対《むか》い読経礼拝して祝願するのでございます。その祝願を終って一首の歌が出来ました。

チベットの高野《たかの》に光る初日影《はつひかげ》
　あづまの君の御稜威《みいつ》とぞ思ふ

其村《そこ》で一月五日まで経を読み、その翌日出立《しゅったつ》してオーミという村まで三里ばかり進んで其村《そこ》に泊りました。その村のお寺にスン・チュン・ドルマ（物言う解脱母《げだつぼ》）という菩薩〔の像がある〕が居るので、その姿は三尺ばかり、非常に綺麗なもので、いかにも物を言うたような、今でも物を言いそうにあるのです。チベット人の説にはかつて本当に物を言ったことがあるとしてあるのです。その寺の僧侶に頼まれてまた二日経を読んでやりますと、なかなか沢山な布《ふ》施物《せもつ》をくれました。私は泥棒に逢って金が失くなったけれども、その後いろいろの人から金を恵まれ、それからお経を読んで布施をもろうても其金《それ》を使うということはそんなにない。

喰物《くいもの》は人からくれるという訳で大分金が出来ました。

第五十七回　二ヵ月間の読経

河中《かちゅう》の温泉　一月十二日朝五時出立、荷持ちに荷物を持たして東南の山間の渓流に沿うて登りました。その辺は一体に雪が氷になってどうかすると辷《すべ》り込みそうで余程注意しないと危ない。五里半ばかり進むとチョエ・テンという村へ着いた。その村に温泉があって現に入浴の出来るのが三ヵ所ばかりある。どういう効験《ききめ》があるか詳しいことは解りませんが、僂麻質《リウマチ》斯《ス》には余程いいようです。で、川の中には幾所にも温泉が湧《わ》き出て川水と共に湯気を放って流れて居る。そこで昼飯を済まし、同じ流水に沿うて東に上ること三里半余にして川辺の柳《やなぎ》林《ばやし》の間にある美しい小さな寺に着きました。

其寺《それ》をマニ・ハーカン【Mani Lha-khang】と言う。マニとは心のごとくなるという意味で、心のごとくなるところの真言《しんごん》を書いた紙を沢山に集め、其紙《それ》を円く長い筒のようにしてその外部《そと》を銅板で綺麗に被《おお》いなお金銀で飾りを付け、そうしてその中心には鉄の心棒があって、くるくる右へ廻すようになって居ります。その大きなのを祀《まつ》ってあるからマニ・ハーカンと言いますので、これはことにチベットで名高いのであります。すなわち

チベット新派の開祖　ジェ・ゾンカーワ【Je Tsong-kha-pa】という方がこの摩尼《マニ》をこしらえられたというので非常に尊んで居るです。私はこの堂へ泊りましたが、その堂の護《もり》して居

る坊さんはいかにも貪慾な人らしく、私の顔を見て言いますには、貴僧《あなた》はどうも一通りの人でない。私の人相を見ることが出来るだろうから見てくれろと、こう言うのです。私は人相見をした事はないけれども、チベット人は非常に迷信が深いから少しは戒めにもなるだろうと思って、その男に向い、あなたは気の毒なもんだ、金や品物が沢山入って来ても、また人から損を掛けられたり、あるいは偶然な災難に出遇うてせっかく貯《た》めた金を時々に失くしてしまい、いつも借金に苦しむという質《たち》だと、こう言いましたところが、案外にも其言《それ》が非常に適中したものと見えてびっくりして、いやこれは実に驚いたと言って呆気《あっけ》に取られ、その事をその近所での一番大家《たいか》ドルジェ・ギャルポ（金剛王）という人の家《うち》に行って私の事をすっかり話したとのことで、その夜その家の奥さんと見える綺麗な方が子供を伴《つ》れてどうか人相を見てくれと言って出て来ました。

人相を見る　実は私も弱ったですが、その子供を見ますに、いかにも勢力がなくってどうも死にそうな様子があるのみならず、チベット人は殺生《せっしょう》することが非常に嗜《すき》ですから一つ殺生を戒めてやろうという考えで、どうもこの子は寿命がない、誠に気の毒な事だと言っていろいろその因縁《いんねん》を話しました。するとどうにか方法はあるまいかと言いますから、私は心の中でこういう大家へ行って一切蔵経を長く読むことが出来れば誠に仕合せだ、ラサ府に着いたところがどうせ忙しくって充分読めはしないから、こういう山家でゆっくりとお経を読むのもラサ府に着いてから研究の材料を余計に得る訳だからと、そこで奥さんに向い、お経を沢山読めばどうにかなるだろうとこう言いますと、その夜はそのまま帰って行ったですが、翌朝からその子供が非常な病気になったのでその家の人達は大いに狼狽《ろうばい》して私の言の適中したのに驚き、どうか幾日掛っても構わんからお経を読んでくれろと言って頼みに来ました。

それからその宅に移ってお経を読むからと言ったところが一切蔵経はその宅にはない。そこから少し上に昇《あが》ったところでロン・ランバという駅がある。その駅に一切蔵経があるということで、その駅へ書物を借りに行くという始末。その間私は坐禅をやって居りますと勝手元の方で非常に女の泣声がする。どうも奇態だ、何か喧嘩でもして居るのかと思って耳を欹《た》てて聞きますと喧嘩の様子ではない。何か非常に悲しい事が起った様子である。けれどもどうも始めて来た家ではあるし、何であるかと言って尋ねに行く訳にも行かず、じっと聞いて居ますと、その家の花嫁さんが私の所へ走って来まして「坊っちゃんが死んだ、あなたの言った通り死んだ。助けてくれろ」とこういうことなんです。影が薄いからああは言ったものの、偶然にも妙に適中するもんだと、さっそく参って見ますと、全く感覚を失うてしまって冷たくなって居る。

医術の適中　それから脈など見ますとほんの微《かす》かに搏《う》って居るばかりで、腹の中に手を入れて見ると幾分か温気《あたたまり》がある。首筋を持って見ると非常に堅くなって居る。私も多少医書を見たことがあるですが、こりゃどうも脳に充血したものであろうという考えで、それから冷水を取らして切布《きれ》に浸し、その頭を冷しながら非常に首筋なり脳なりへ圧迫力を加えて居りますと二十分ばかりもたちましたころ、もっとも一時の絶息でもありましたろうがその坊っちゃんが眼を開きかけて来たです。するとその時のお婆《ばあ》さんの喜びは非常なもので、可愛い孫の今死んでしまったのがまた甦《かえ》って来たと言って大きな声を立てて悦《よろこ》びますから、暫く静かにしろと言ってだんだんその脳髄、脊髄《せきずい》の筋肉の堅くなって居るのをよく揉《も》んで遣ります とどうやら甦って来たです。そこで彼らは大いに驚いて一通りの方でないというようなことになり、どうか長くここに逗留《とうりゅう》してお経を読んでもらいたいという訳なんです。

寒い間こういう山家でヤクの糞《ふん》の沢山あるところで暮すのは余程得策でもあり充分書物も読めるという考えで、そこへ逗留することになりました。その逗留が満二ヵ月余《わずら》でございましたが、その間にいろいろの事があったですけれども、余り細かな事を言うのも煩わしゅうございますから、その中の興味のありそうな事だけお話いたしましょう。だんだんそこでお経を読んで居る傍《かたわら》に山の間あるいは川の辺を散歩して居りますと、その私に救けられた子供及びその兄などは私を親のごとくに慕って共に散歩をするです。誠に可愛いもので、私は一体子煩悩《こぼんのう》で自分が子を可愛がると言うよりは子供から愛せられるというような点も余程あるようです。毎日まあお経を読んだ間に子供を連れて遊ぶのが仕事で、実にチベットに住んで居った間の無邪気な楽しみはこの時にありました。けれども厭《いや》な事もまた沢山ありますので、それはほかの事でない、チベット人には実に

汚穢《おわい》なる習慣

がある。その二、三をお話いたしますが、その私の居る家には下僕《しもべ》が二十人ばかりも居る。その下僕が毎日チベット茶を持って来る。その茶碗は宵に飲み干したままです。で、申しますには「此器《これ》はごく清浄《しょうじょう》です。夜前あなたが喫《あが》ったのですから」と言ってバタ滓《かす》の茶碗の縁に付いてあるのをそのまま侑《すす》めるのです。不清浄《ふしょうじょう》という意味は、他の下等

の種族が飲んだ茶碗であればその碗は洗わねばならないけれども、自分の飲んだ物及び自分と同等の種族の飲んだ物は清浄《しょうじょう》であるからと言って、チベットでは決して洗わんです。しかしバタの滓《かす》が沢山付いて居るなどは実に見るから厭なものであるです。それをどうかちょいと拭いてくれないかと言うと、ようございますと言ってじきに取り上げて、自分の鼻汁を拭いた長い筒《つつ》っ袖《ぽ》の先で茶碗を拭き取るのです。それで誠に清浄になりましたと言ってそこに据えて茶を注がれる。いかにもその茶を呑むことは出来ないけれど、余りに喧《やかま》しく言うと例の疑いを起されるような事になりますから、なるべく辛抱して呑むのです。

第五十八回　不潔なる奇習

卑陋至極《びろうしごく》　食器を自分の着物で拭く位の事は平気なもの、卑陋至極ではありますが彼らは大便に行っても決して尻《しり》を拭《ぬぐ》わない。またインド人のごとく水を持って行って左の手で洗うというような事もしない。全く牛が糞《ふん》をしたように打棄《うっちゃ》り放し。しかしこれは少しも奇態な事ではないので、上は法王より下は羊追いに至るまでみなその通りですから、私のように隠れ場へ紙を持って行くというような事をしますと大変に笑われるのみならず不審を抱かれるです。子供などがそれを見付けますと大笑いに笑って向うの方に逃げて行ってしまう。実にこれには困りましたけれど、さてそれかと言ってどうも隠れ場へ行ってそのまま出て来ることは出来ないから、なるべく隠して紙を持って行ってどうにか向うの知らん中にうまく始末をして厠《かわや》の中から出て来るという始末。これには実に閉口しました。それも家のあるところでは便所があるですが、テントのところでは便所というようなところはない。

便所は犬の口　なんです。どうもその西北原でテントの端《はた》でお便《ちょうず》をして居りますと恐ろしい犬が四、五疋取巻いて横で見物して居る。気味の悪い事と言ったら始めはなかなかお便《ちょうず》が容易に出ない。けれどもそれも自然と慣れるです。そうしてこっちが其便《それ》を済まして来ますと犬は先を争うてその人糞《じんぷん》を喰いに来る。だから西北原の内には便所はないけれど人糞の転がって居るような事もない。それだけではない。彼らは元来生れてから身体《からだ》を洗うということはないので、阿母《おっか》さんの腹の中から出て来たそのままであるのが沢山あるです。都会の人士はまさかそうでもないが、田舎にいたる程洗わぬのを自慢として居る。もし顔を洗ったり手先を洗ったりすることがあれば大いに笑ってその取締のない事を嘲《あざ》けるのです。そういう訳ですから、白いところと言ったらば手の平と眼の玉とである。ほかは全く真っ黒である。

　もっとも田舎人士の中でもその地方の紳士とか僧侶とかいう者は顔と口と手だけは幾分か洗うものですから、そんなに汚なくもありませんけれども、やはり首筋から背中、腹に至っては真っ黒なんです。アフリカ人の黒いのよりもなお黒いのがある。で、手の平がなぜ白いかと言いますに、向うでは麦粉を捏《こね》〈捏〉る時分に手でもって椀の中でその麦粉を捏〈捏〉る。であるから手の平に付いて居る垢《あか》は麦粉の中に一緒に混って入ってしまうんです。それで手の平には垢がない。まあ垢と麦焦《むぎこが》しとを一緒に捏〈捏〉て喰うというまい御馳走なんです。そういう御馳走をです、黒赤くなった歯糞《はくそ》の埋《う》もれて居る臭い口を開《あ》いて喰うのです。それを見ただけでも随分胸が悪いのです。で、生れてから身体を洗わないという理由《わけ》はどうかと言いますと、洗うと自分の福徳が落ちると言うのです。妙な考えを起したもので、もっとも中央チベットではそれほどにも言いませんけれども、辺鄙《へんぴ》なヒマラヤ山の北方のチベット人などは実に甚だしい。

垢の多少が縁談の条件　まず嫁を取る時分に向うの娘はどういう顔をして居るかと言いますと、どうも垢で埋もれて真っ黒けになって白いところは眼だけである。手先でもどこでもが垢でもって黒光りに光って居る。それからその着物と言うたらば垢とバタで〔もって〕ですな、黒く漆《うるし》のごとく光って居ると、こう言うとその娘の福相を現わして居ることになる。もしこの娘が白い顔をして居るとか手先や顔でも洗って居るとか言うような事を聞きますと、そんな娘は福が洗い落されてしまって居るから、それはお断りだと、こういう訳。それは男ばかりでなく女が聟さんを選ぶにも、やはり垢の多少をもって福の多少を判断して、それで嫁に行ったり聟を取ったりするというような始末である。実にこれらの事はその地にいたって実際を見ない者の想像以外で、話だけ聞いては私共でさえ始めは信じなかったのですが、いろいろの地を経て来て始めてその前に聞いた話の実説であることを確かめた訳です。

　中等以下の者は全く着替がないですから、着物なども古くなると垢でぽろぽろに千切《ちぎ》れてしまう。それから人の前でもどこでも自分の着物の裾裏《すそうら》をまくって洟《はな》をかみ、そうして其洟《それ》をうまくすり付けてしまう。余り洟〔汁〕が多いと筒《つつ》っ袖の方にもそれをすり付けて置くんです。

で、裾の方が涕の壁のように堅くなって、その上で鼻をふくことが出来なくなりますと、今度は膝の辺でまたふきますですから、着物は涕とバタと垢《あか》との三つの壁になって居る。これらは中等以下の社会の人に多い。しかし中等以上はさすがにそれほどにもない。垢は沢山付いて居っても幾分か綺麗なところがある。ことに僧侶にいたっては顔を洗い手を洗い着物も綺麗にしなくてはならんと言って、しばしば僧官から戒められますから、そりゃ幾分か綺麗なんですが、それとてもいろいろ種類があるです。これはラサ府に入って後の実地について充分に話することにいたしましょうが、何にしても、そういう人に冊《かしず》かれてお茶を戴き御膳をよばれるというのですから、随分嫌な事は沢山あります。

もちろん雪山のツァーランというところに居ります時分にも、そういう事には余程慣れるつもりで勉強して居ったんですけれど、やはり嫌な事はいつになってみてもよくないもので、余程苦しく感じました。だが嫌な事もある代りにまた天然の景色は格別心を慰めたです。それはついチベット暦の正月前の事でしたが、家の人達は正月が来るからと言うので忙しくして居るけれども、私は窓の横に経机を置き、お経を読みながら外を眺めると雪が降って居ります。その少しく隔ったところには柳の樹に雪が積もって実に綺麗な、なよなよとした姿を現わして居る。それればかりでなく、もう一層美しさを添えるチベットの名物とも言うべき鶴がその雪の間をあちこちとさも愉快そうに散歩をしている。そういう景色を見るとまた平凡歌《へぼうた》でも考え出さずには居られません。

雪降りて枯木《かれき》に花は開きつる

白雲群鶴裡の読経

さまをよろこぶ群鶴《むれづる》の声
わが庵《いほ》の経《ふみ》よむ窓に鶴《つる》の来て
道ときつると妙《たへ》になのれる

そういうような風で厭《いや》な中にも楽しい事は沢山あるので、ことにチベット暦の正月元日には随分面白い礼式がございました。

チベット暦の由来　一体チベットの暦《こよみ》はインド暦でもなければシナの太陰暦でもない。トルキスタン暦を取って居るので、その暦はシナの太陰暦にほぼ似て居るけれども全く同一ではない。すでに閏《うるう》月のごときもシナの暦では当年ですけれど、チベット暦は昨年であったです。四年目、四年目に閏月のある事は同じであるけれども、こういう具合に一年後先《あとさき》になって居るばかりでない。月の内の日を繰ることもチベット暦では大変妙な繰り方をするので、七日というような日が二つあって見たり、また十日という日が切れて九日からじきに十一日になったりすることがある。ちっとも私共にはその訳が分りませんでしたが、その後ある暦の学者に遇って聞いて見ますと、それは時間を勘定する上において、ある時には一日余計入れ、ある時には一日切り去ってしまわなければいかない事がある。そういう都合でこの勘定は出来たものである。

なお日の中にも善《い》い日と悪い日がある。悪い日の時分にはその日を切り取って、ごく善い日の時分にはその日を二つ重ねて置くという誠に都合のよい暦で、其《それ》暦がチベット国中確かに一般に行われて居るけれど、その日の繰り方なり正月元日の出て来る日なりが地方によって一致しない事があるです。それはもとより驚くべき事ではない。チベット政府においては四名の暦官を置いてある。その四名の者が白い石や黒い石や棒切や貝殻でもって勘定して毎歳暦をこしらえ出すのですが、大抵四名とも少しずつは違って居るそうです。そのうちのよいのを二つ取って、例の神下《かみおろ》しに尋ねてどっちがいいかということを聞いて、その一つを取るんです。数学的観念のない半開人のすることは実に憫《あわ》れなもので、噴き出すような馬鹿な仕方であるです。で、正月元日の式は大抵政府の暦によってやるんですが、それとても本当の元日はどうだか分りはしない。大抵シナの太陰暦の元日とチベットの元日とは同日になることはごく稀《まれ》です。一日あるいは二日後先《あとさき》になることもありまた三日位違うこともある実に奇態な暦であるです。

第五十九回　正月の嘉例

元日の礼式　は朝起きますとすぐに麦焦《むぎこが》しを山のように盛り立てて、その上へ五色《ごしき》の絹ハンカチーフを集めたような物を旗のような具合に挿《さ》し、また麦焦しの粉の中にはバタと乾酪《ほしちち》がはいって上に乾葡萄、乾桃、信濃柿のような小さな黒い乾柿が蒔《ま》いてある。で、其果《それ》をまず第一に主人からしてちょいと右の手でつまんで何か唱《とな》え言《ごと》を言いながら空中へ三度ばかりばらばらと撒《ま》き、そうして其果《それ》の幾分を自分の掌《てのひら》裡に取って喰うのです。それもやっぱり黒い垢《あか》だらけの手へ取って喰って居る。それから自家《うち》の奥さんお客さんなど主《おも》な者から下僕《しもべ》に至るまで順々にやってしまいますと、チベット茶と同時に一人一人に小麦粉を捏《こ》〈捏〉ねてちょうど棒捩《ぼうねじ》にしたような揚げ物と瓦煎餅《かわらせんべい》にした揚げ物を盆に一ぱいずつ分けるのです。そのお盆は日本のようなものではなく銅《あか》の皿のような風になって中に白鍍金《しろめっき》がしてあるのです。で、茶を飲みながら其菓《それ》を喰いますが、別段日本のようにまず明けましておめでとうと言うような事もないのです。まず喰うのが何よりの楽しみで、それから肉を沢山喰う。その肉は乾肉、生《なま》の肉、煮た肉の三種で焼いた肉は礼式には用いません。

元日の御馳走　チベットには川魚《かわうお》〔肉〕もあるのです。けれど魚を殺すのは罪が深いと言って普通の人は余り魚を喰わない。喰うのはヤク、羊、山羊の類を主として居る。豚もチベットに居るシナ人は喰いますけれど、チベット人はシナ人に交際して居る人だけが喰うので、その他の人は余り喰わないです。朝の式が終りますとまた十時頃にちょっとお茶を飲んでお菓子あるいは果物のような物を喰います。それで午後二時頃に本当に昼御膳《ひるごぜん》を喰うので、その時にはまたよい家では卵入りの饂飩《うどん》をこしらえます。だしは羊の肉などでうまそうに喰って居る。夜分は九時あるいは十時頃に肉のお粥《かゆ》を焚《た》〈炊〉きますので、その粥は普通麦焦しの粉と小麦団子と肉と大根と乾酪《ほしちち》とを入れるのです。それを夜分喰います。

しかしこれは毎日順序がきまって居る訳ではない。時によると夜分喰うところの粥を朝喰うこともございます。決して一定はして居りませんが、まあこういうようなものがチベットの上中等社会の御馳走である。下等の者は粥と言っても乾酪《ほしちち》や肉を入れることは困難であるからして脂肪を入れるです。大根などもなかなか得られない。まあ小麦の団子を入れるのが余程上等の分で、それも正月とか客来《きやくらい》の時にでも喰うが関の山、普通はただ麦焦しの粉を入れて、どろどろに拵《こしら》えてその中に草の花を入れるです。冬はもちろん草花はない。夏乾かしてあるだけで、もっとも大根の沢山ある地方は大根を入れるのです。普通の食物は麦焦しを捏《こ》〈捏〉ねて喰うのが上下通じてチベットの食物で、これは米よりもかえってよろこびます。すでにダージリン辺に来て居るチベット人が長く米ばかり喰うて居りますと病気になると言って、わざわざチベットから麦焦しの粉を取り寄せて喰うです。

病気の時分麦焦しを食うと余程勢分《せいぶん》が付いてよいと言う。尤《もつと》もインドにも麦焦しのない事はない。けれどチベットの方が余程よいと言って彼地《あちら》からわざわざ取り寄せる位ですから、チベット人にはこれが最も適当した食物であります。まあそういう風で正月も済み、私はお経を読みながらその綺麗な景色を眺《なが》め、あるいはチベット風俗の真相はどういうものであるかも、その家族の人と共に住んだお蔭で一入《ひとしお》研究の材料が得られたような訳でしたが、さてその窓の下へ鴉《からす》よりも小さな白と黒の混った全く鴉の形をした鳥がやって来るです。其《それ》鳥をチベット語でキャーカと言って居る。この鳥はなかなか利口な鳥で人を見分けることをよく知り、それから進退共にちゃんと法則がきまって居るようです。ある時私がジーッと窓から覗《のぞ》いて居ると、そのうちの大将らしい鳥が何か朋輩同士の鳥が喧嘩をしたのを怒ったと見え、一羽の鳥を喰い殺してしまった。ひどい事をするものだと思ってその話を宿の主《あるじ》にしますと、そりゃもう

鳥の法律　というものは人間の法律より正しいもので、ご承知でもあろうがこういう諺があ

る。

チャ　チム　ターンガ　ツァム　シクナ　ミー　チム　ニャ　シン　ツァム　シク　ゴで、その意味は「鳥の法律が馬の尾〔先〕程破らるならば人の法律は大木程もやぶらるべし」ということなので、その位鳥の法律は厳《きつ》いものであると言っていろいろそういう例話を引いた話を聞きました事でございました〔引いておもしろい話をされたのでありました。〕。長い間経典を読んで居りましたが大分に暖かになって来ました。三月十四日に其家《そこ》を出立することになりますと、朝から家内一同の者がどうか三帰五戒《さんきごかい》を授けてくれろと言うから鄭重《ていちょう》に授けてやりました。で、昼御膳を其家《そこ》で済まし布施《ふせ》には金と法衣を一枚貰いました。其衣《それ》は羊毛で拵《こしら》えた赤い立派な物で、買うと三十五円位するそうです。

馬で送りたいけれどみな商いに出してしまって居らんからと言うので、下僕《しもべ》が荷持になって送ってくれました。それから東へ進んでヤクチュという川に沿うて四里ばかり上り、チェスンという駅場に着いてその夜は宿り、翌朝六時出立、川に沿うて東に行くこと三里ばかり、その間はみな非常に狭まったごく高い山の間で、谷間には雪が非常に積もり川には氷が張り詰めて居るという始末。三里向うへ出ましたところで少し広いところに着いた。左傍《ひだりて》の山の上を見ますとごく頂上に一つの白い堂が見えて居る。どうも奇態だ。本堂でもなければまた坊さんの住んで居る寺でもない。何か知らんと思いまして同行の人に尋ねますと、彼望《あれ》は**防霰堂**《ぼうさんどう》でございますとの答え。その防霰堂という意味はこれまで私には分らなかったのですが、この時その人から始めて話を聞いて、そういう奇態な事があるのか知らんと思ったです。実は始めて聞いた時分には余り奇怪でございましたから信用が出来なかったですが、その後ラサ府に着いていろいろの人に委《くわ》しく尋ねて見ますと、その時聞いた話が全く事実であったから、ここに此《これ》堂を見た因縁でその奇怪なるお話をいたしましょう。元来チベットの耕《こう》田部《でんぶ》では霰《あられ》を一番恐れて居るのである。特に夏の間に霰が降りますと一年一季あるいは二年一季の収穫の麦あるいは小麦をその降霰《こうさん》のためにすっかりと荒らされてしまうものですから、チベットの農民はその降霰を恐るることは実に大敵国が攻め込んで来たように恐れて居るのでございます。ですから其《それ》霰を防ぐ方法を立てなくてはならぬ。その方法が実に奇々怪々で抱腹絶倒せざるを得ないのです。

第六十回　防霰奇術

八部衆《はちぶしゅ》の悪神征伐　チベット国民は元来宗教を信ずることが甚だしいところから、ある僧侶が奇怪な説を出したです。元来年々大きな霰《あられ》の降るというのは八部衆の悪神すなわち天、龍、夜叉《やしゃ》、乾達婆《けんだつば》、阿修羅《あしゅら》、迦楼羅《かるら》、緊那羅《きんなら》、摩伽羅迦《まからか》等〔八部衆の悪神〕が人民を害することを大いによろこんで霰や雹《ひょう》を降らして、そうして収穫を減却《めっきゃく》してしまうのである。だからこの八部衆の悪神と合戦をやってその悪神等を殺戮《さつりく》してその降霰《こうさん》を防禦《ぼうぎょ》しなくてはならないということを主張するところから、その防禦に従事するところの僧侶が出来た。それは大抵古派の修験者《しゅげんじゃ》です。

さてその修験者らはどういう方法でこの悪神と合戦をして打ち勝つかと言いますと、まず八部衆の悪神等が雹を拵《こしら》えるのはいつであるかということを考えなくてはならん。それは冬の間に最も雪が沢山降る時分にこの八部衆の悪神がある場所に集って、雪を固めて雹を沢山製造するので充分作物を害し人民を殺すに足るだけの雹が出来るというと、その雹を天の一方に貯蓄して休息するので、その貯蓄した雹の弾丸《たま》をもって夏の時分に穀類がほとんど熟せんとする時に当ってこれを空中から投げ付けるのである。だから人民はたまらない。その雹弾《さんだん》を防ぐ武器としては、充分立派な武器を拵えなくちゃあならん。その武器はまず彼らが雹弾を拵える時分に当って、我々も秘密にある山の谷の中へ入り込んで、そうして**防雹弾《ぼうさんだん》を製造**しなくちゃあならん。その防雹弾は何で拵えるかと言いますと、泥を固め雀の卵位の大きさの物を沢山に拵えるです。それも一人の修験者が拵えるのではない。一人あるいは二人の従者を引き連れて、そうしてその寂寥《せきりよう》なる山間の道場に入って秘密の法則でもって防雹弾を沢山に製造して、一種の咒文《じゅもん》を唱え、その一つ一つに咒文を含ませて置くんです。此丸《これ》が夏雹の降って来る時分に当って、その雹を防ぐところの戦闘用具である。一体チベットにおいては、修験者の事をンガクパ【Ngak-pa】（真言者《しんごんしゃ》という意味）と言うて居る。その者は昔から修験者の血統のかかったものでなければ、その職業をすることを許されない。

だから新派《しんぱ》のラマのように誰もが坊さんになれるという訳のものでなくって、親から子に血統相続をされますので、これらの修験者は大抵一村に一人ずつあるのです。冬の間は祈禱をしたり、あるいは呪咀《まじない》をしたり、あるいは人のために幸福《しあわせ》を祈ったりしますので、時によると人に害を加える悪い呪咀をして人を殺すような祈禱もするというのがチベット人の信仰である。だから誰々はどこそこの修験者に逆らったがために悪い呪咀をされてとうとう死んでしまったというような話はどこででも聞く事なんです。冬はまあそういう仕事をして夏になると霰との合戦に従事するのです。ついでに申して置きますが、

チベットは夏と冬の二季　チベットには春夏秋冬《しゅんかしゅうとう》の四季はない。夏と冬との二季に分れて居るだけです。もちろんチベットの書物には春夏秋冬の四季の名は現存して居るのでございますけれど、その実際は二季のほかはないものだから、チベット人もやはり実際の気候に従ってヤルカー（夏）、グンカー（冬）という二つしか一年中に用いない。それで陽暦の三月十五日頃から九月十五日まで夏で、その他は冬です。で、もはや陽暦の三月、四月頃から畑を耕してぼつぼつ麦蒔《むぎまき》にかかる。そうするとその修験者《しゅげんじゃ》は一番そのチベットでの高い山の上に建ててある防霰堂《ぼうさんどう》へ出掛けて行くです。この防霰堂はなぜ高い所に建てて居るかと言うのに、霰の雲がどの方向からやって来るかということを発見するのに便利なためにどこでもその地方中の一番高い山の上に建ててあるのです。

で、麦の芽が出ますと修験者は多くはそこに住んで居るのでございますけれど、始めのうちは余り用事がないものと見えて、そこから自分の宅《うち》へ帰って来ることも折々あるそうです。六月頃になるとだんだん麦が大きくなって来ますから、霰を防ぐ必要も迫って来る訳

修験者防霰弾を虚空に擲つ

で、そこでその堂に詰め切って毎日その守護神すなわち馬頭妙王《ばとうみょうおう》あるいは執金剛妙王《しっこんごうみょうおう》あるいは剛蓮華生《ごうれんげしょう》等に供養をして祈禱をしますので、それが昼夜三遍ずつやって毎日毎日沢山な真言《しんごん》を唱えるのです。また一番よく大きな雹の降るのが不思議に麦の大分に熟して来た時分なんです。その時分になるとその修験者《しゅげんじゃ》らは実に一生懸命になってその雹を防ぐことに従事するのです。

まず山雲《やまぐも》と戦う　時に油然《ゆうぜん》として山雲が起って来ますと大変です。修験者は威儀を繕《つくろ》い儼乎《げんこ》たる態度をもって岩端《いわはな》に屹立《きつりつ》します。で、真言を唱えつつ珠数《じゅず》を采配《さいはい》のごとくに振り廻して、そうして向うから出て来る山雲を退散せしむる状をなして大いにその雲と戦う。けれども雲の軍勢が鬱然《うつぜん》と勃起し、時に迅雷轟々《じんらいごうごう》として山岳を震動し、電光閃々《せんせん》として凄まじい光を放ち、霰丸簇々《さんがんそうそう》として矢を射るごとく降って参りますと修験者は必死となり、今や最期と防戦に従事するその勢いは関将軍《かんしょうぐん》が大刀《だいとう》を提《ひっさ》げて大軍に臨んだごとき勢いを示し、強くここに神咒《しんじゅ》を唱えつつ、右の手の食指《ひとさしゆび》を突立ててあたかも剣をもって空中を切断するように縦横無尽に切り立て、それでもなお雹弾がどしどしと平原に向って降り付けると、大いに怒って修験者それ自身が狂気のごとく用意の防雹弾を手摑《てづか》みに取って虚空《こくう》に打ち付け投げ付けて雹と戦うです。

それでもいかないと今度は自分の着て居る着物を引っ裂いてしまって、その引っ裂いた着物を空に打ち投げるというまるで瘋癲《ふうてん》のごとき有様で雹を喰い止めることに従事して居る。幸いにしてその雹がどこかほかの方へ指して行ってしまい、そこではそんなにひどく降らぬということになるとその修験者は大いにその戦勝を得たことを誇り、また民人も大いに賀する訳でありますが、もし不幸にして雹が沢山降って収穫を害する時分には修験者は被害の多少に従って、かねて法律にきめられて居る刑罰を受けなければならん次第である。その代りにこの修験者がうまくやってもやらいでも、その年雹が降らなかったかあるいは降りかかってもうまく留《と》めたというような時分には充分の収入がございますので、それは毎年きまった税品を取るんです。チベットにおいてはこれを名づけて防雹税《ぼうさんぜい》という。実に不可思議なる税品もあるものです。

第六十一回　修験者の罰法

防雹税　という不可思議な税品はほぼ一反について麦二升程ずつ修験者に納めなければならん。まだそのほかによく出来ると二升のものは二升五合にして納めなければならん事があるという。これは実にチベット農民にとっては大いなる負担です。なぜならばただこの修験者に雹税を納むるのみならず、政府にはやはり当り前の租税を納めなくてはならないのですから、実にこういう仕方のために、いらない不可思議の税物《ぜいもつ》を納めて居るのです。そこでなお奇態な習慣は、夏の間は収穫の出来るのも出来んのも全く修験者の力にあるというところから、その地方の裁判の権力はみなこの修験者に帰して居るのです。すなわち

夏季の執法官は修験者　であって、その雹税を受けるほかに執法官としての収入がまた甚だ

多い。されば大抵これらの人は財産家であるべき筈であるが、奇態にチベットではンガクバと言えば貧乏人が多い。どうも人を欺《あざむ》き人の妄信に乗じて金を取るような悪銭はいわゆる身に付かぬものと見えるです。けれど権力は非常に強くって、これを称してラー・リンボチェと言うて居るです。その意味はラマの宝と言うので、ちょっと道で逢っても貧乏な乞食坊主《ぼうず》のような修験者に立派な紳士が舌を出して頭を下げて最敬礼をやって居るです。だがこのンガクバはそれだけ大収入を得るに反して、もし雹でも降ると大変です。その時分にはその地方の長官からその耕田部《こうでんぶ》の害された度合に比して罰金を取られるです。それから刑罰に処せられて尻《しり》を擲《なぐ》られることもあるんです。

チベットはそういう点は余程面白いので、貴族でも、ありゃ貴族だから悪い事をしても仕方がない、打棄《うっちゃ》って置け、というような事はしない。こういうところはちょっと面白い。これで防雹税の事は済みました。その防雹堂の下からまた三里ばかり東へ進んでヤーセという村に着いて、この村の少し東の山の中から流れて出るヤクチュという川があって、それが西北に流れてブラマプトラ川に入って居る。しかるに西洋のある地図にはこのヤクチュ川がヤムド湖から流れて出て居るように画いてあるものがある。これは間違って居ります。その村からなお東に進んで行くこと一里ばかりにして世界唯一の一大奇湖を見ました。この湖の名をチベット語にヤムド・ツォ【Yamdo-Tso（Yamdrok Tso)】と言います。西洋の地図にはレーク・パルテーとしてありますが、パルテーというのは湖水の名でない。湖の西岸にある駅の名であります。何かの間違いで駅名を湖名に付けたものと見えます。

その周囲は確かな事は分りませんが、およそ七十里余あって湖水の中央に山脈が連綿として浮んで居る。こういう風に湖水の中に大きな山があるというのは世界に類がないそうでございます。もちろん小さな島のある湖水は沢山にあるのですが、ヤムド・ツォ湖のごとき類はないということは余程地理学上名高い。もっとも南の方には二ヵ所ばかり外部の岸と中央の山とが陸続きになって居る。この山脈が湖面に浮んで居る有様はちょうど大龍が蜿蜒《えんえん》として碧空に蟠《わだか》まるというような有様で実に素晴らしい。ただそれのみでなく、湖水の東南より西南にわたって高く聳《そび》ゆる豪壮なヒマラヤ雪峰《せっぽう》は巍然《ぎぜん》として妙光を輝かして居ります。ただそういう景色だけ見ても随分素晴らしいものですが、時に黒雲《こくうん》飛んで大風起ると同時に、湖面は大なる波濤を揚げて愉快なる音響を発します。実にその物凄く快濶《かいかつ》なる有様に見惚《みと》れて私は湖岸の断壁岩《だんぺきがん》に屹立《きつりつ》して遥かに雲間に隠顕《いんけん》するところのヒマラヤ雪峰を見ますると儼然《げんぜん》たる白衣《びゃくえ》の神仙が雲間に震動するがごとく、実に豪壮なる光景に無限の情緒を喚起されました。

湖辺に沿うて東へ一里半ばかり行くと、それから東北へ向って行くようになって居る。左側は山続きで右は湖水を隔ててその湖面に浮んで居る山脈に対して居るんです。その湖岸の大分広い道を東北に向って行くこと二里半ばかりにして、パルテーという駅に着きました。その駅には湖に臨んで居る〔小〕高い山があって、その〔小〕山の上に城が建って居る。その城の影がさかさまに水に映って居るので夕暮の景色は実に得《え》も言われぬ面白い風情である。その城の下のある家について泊りました。その日は十里余り歩きましたが、景色のよいのでそんなに疲れも感じなかったです。翌三月十六日午前四時に雪と氷を踏み分けながら湖辺に沿うて東北に進んで参りますと、やはり左側は山で右側は湖水である。その道はやや北に向って居るけれど、決して一直線に付いて居るのでなくって山のうねうねと畝《う》ねくって居るところを廻《めぐ》り廻って、あるいは昇《あが》りあるいは降《さが》って行きますので、随分氷で辷《すべ》り転《こ》けたりあるいは雪の深い中へ足を突込むこともある。その危険は非常であるけれども、ヒマラヤ山を踰《こ》えた危険に比すれば誠にお茶の子で訳なく進むことが出来ました。

湖上の弦月《げんげつ》と暁の雪峰　暁霧《ぎょうむ》を冒して少しく山の上に登ったところで、いかにも景色が美《よ》うございますから湖面を眺めますと、碧々《へきへき》たる湖上に浮んで居るところの朦朧《もうろう》たる山脈の間から正月二十六日の弦月が上りかけたその美しさ……微《かす》かなる光が湖面に映って何となく凄味《すごみ》を帯びて居りますが、次第に夜の明くるに従って月の光の薄らぐと同時に南方雪山の頂には暁の星が輝々《きき》煌々《こうこう》と輝いて、その光が湖面に反射して居る。これら微妙の光景に旅の苦しみも打ち忘れてぼんやりと見惚《みと》れて居ると足元の湖辺の砂原に赤あるいは黄、白の水鳥が悠々とあちこちに声を放って行《ゆ》き通《か》い、湖上には鴛鴦《おしどり》が浮んで居る。また鶴の群も素晴らしい声を放っておもむろに歩んで居る。その一際《ひときわ》洗ったような美しい景色は昨日の凄まじい景に比してまた一段の興味を感ぜられたです。こういうところを朝未明《あさまだき》〔九〕に旅をするのは実に旅行中の最大愉快である。湖辺に沿うて行くこと五里ばかりにして朝五時頃に山の間の小さな流れのところに着きました。そこで茶を沸《わ》かして、その流れの水で麦焦しを喰いますので、湖には水は満々と満ちて居りますけれど、

その水はいわゆる毒水《どくすい》なんです。これにも面白い話がある。その毒水になったという次第は、かの有名なイギリス人のサラット・チャンドラ・ダース師（実はインド人）が昔インドから此湖《ここ》に来て――チベット人は僅か二十年前の事を昔と言う――何か呪咀《まじない》をこの湖水の中へ吹っ込んだ。そうするとこの湖の水が真っ赤になってまるで血のような有様を示して居った。ところがあるラマが来てその赤味だけを無くしてくれたけれど、その毒が残って居るから今は飲めないと言う。これはチベット人の拵《こしら》えた妄説であって、取るに足らん事でございますけれども、その水が真っ赤になったということは事実なんで、それはなにもサラット・チャンドラ・ダース師がそうした訳ではない。何か湖中のある変化から水が一度赤くなった事があったんでしょう。其事《それ》がちょうどサラット師が帰って後間もなくそういう事が起ったものですから、師がそういう事をやったような風説が起ったのです。

　もっともサラット・チャンドラ・ダース師はご承知のごとくインド人である（今なおダージリンにあり）。けれどもチベットでサラット・チャンドラ・ダース師のインド人であるということを知って居るのは世事（間）通の人だけで、普通の人はみな英国人だと言うて居るです。とにかくヤムド・ツォ湖の水は昔から毒があるに違いない。なぜならばこれはどこへも流れ出ないでそこにたまって居るばかりでなく、その辺にはいろいろの元素がある。現にこの辺の山の間には石炭もあるかと思えるようなところもあり、またいろいろ妙な礦物薬品らしいものが土の中にあるのを見ましたから、それらが溶解して水が毒になって居るのであろうと思われる。

ある西洋人の地図にはこのヤムド・ツォ湖の水が直ちに北に流れてブラマプトラ川に入るところを書いてあったのを見ましたが、あれらは全くの間違いであるのです。そこで私共が昼飯をやって居るばかりでなく、ほかにこの山河〔流〕の水で昼飯をやって居る者も大分にありました。何分ここはチベット第二の府からして首府ラサへ通ずる公道でありますから、往来《ゆきき》の者も随分多い。そこで一人出遇ったのがネパールの兵隊で余程瓢軽《ひょうきん》な面白い男でした。それから道連れになって一緒に参ったです。

第六十二回　遥かにラサを望む

未練な兵隊　その兵士はラサ府に居るネパール公使を守護するために行って居ったんだそうです。ところが自分の阿母《おっか》さんが恋しくなって一旦ネパールに帰るというのでシカチェまで帰って行ったところが、ふと自分の内縁の女房にして居るラサ府の婦人を想い出して阿母さんの方を打棄《うっちゃ》って置いてまた跡戻《あともど》りをして来たという頓馬《とんま》な兵隊なんです。それからいろいろ話が出て、ネパール政府はラサ府には何人兵隊を置いて居るかと尋ねますと、その兵隊を置くようになったのは今より五、六年前の事である。それまでは兵隊を置かなかったのであると言う。それはまたどういう訳かと聞くと、なあに今から十二、三年前にラサ府に大変な事が起ったという話。そのいろいろな話を約《つづ》めて言いますと、ラサ府にはネパールのパルポ【Palpo（Newari）】種族の商人が三百名ばかり居る。これはネパールの国民中でも商売には最も機敏な質《たち》であって宗教は仏教を奉じて居る。チベット語の仏典でなくサンスクリット語の経文によって仏教を信じて居るです。商売はラサ府では非常に盛んにやって居りますので大抵その品物は羅紗《らしゃ》、木綿類、絹類、珊瑚珠《さんごじゅ》、宝石類、西洋小間物、米、豆、玉蜀黍《とうもろこし》といったような物を多く商《あきな》って居るです。

娘の裸体《はだか》吟味　ところで今より十三年程以前にそのパルポ商人のある大きな店へラサ府の婦人が買物に行って珊瑚珠を一つ瞞着《まんちゃく》したとかいうので、店の主人が大変に怒って調べたがどこに入れてあるか分らんので、その女が嫌だと言って非常に泣いたにも構わず、無理往生に家へ引っ張り込んで丸裸体にして捜したところが何にもないという。そこで女が出て来ますと、その様子を見て居た外の人達がその女にどういう具合であったかと尋ねたところが、こういう訳だと言うて裸体にされた一伍《いちぶ》一什《しじゅう》を話したそうです。其事《それ》をセラ大寺の壮士坊主が聞いて居てすぐパルポ商人に向い、どうも無礼だ、嫌だと言う女を無理に裸体にして恥辱《ちじょく》を与えるというのは実に不届き千万な訳である。一体本当にそういうことをしたのかと詰問すると、全くその通りやったもんですから、そうだと言って答えたそうです。そんならよろしいと言ってその壮士坊主は帰って行ったが、

壮士坊主の襲撃　セラへ帰った後この事を親分に話し壮士坊主の群を千人ばかり召集した。その壮士坊主は一人の親分に取り締られて居て親分が命令を発すればすぐに集まることになって居る。その時分には余り沢山居らなかったので、それでも千人ばかり集まったそうです。で、その夜ラサ府へ侵入してパルポ商人のすべてを打撲《ぶんなぐ》って殺してやろうと言うてその

用意をして居ると、ラサ府とセラとは僅かに一里半位しか隔って居らんところですからその風聞がラサ府に聞えた。そこでパルポ商人は大いに驚き、自分の物も何も打棄《うっちゃ》って置いて逃げ出した。もっとも逃げ出さずに居った者もあったが大抵は逃げてしまったそうです。

　そのうちにセラの壮士坊主共は各〻《てんでん》に刀または大きな鍵を提《ひっさ》げてラサ府に侵入して来たところが、パルポ商人の家はいずれも戸が締め切ってあるので戸を叩き破って屋内に侵入し、すべてのパルポ商人の財産を奪って持って行っちまったです。もっともその時乱暴したのは壮士坊主ばかりではなく、ラサ府にうろついて居るところのごろつき壮士坊主というような無頼漢《ならずもの》も沢山に混って居て、セラの壮士坊主と共にパルポ商人の店々に闖入《ちんにゅう》し夜の明けるまで乱暴狼藉《ろうぜき》を働いて、夜の明け方にそれぞれ獲物を得て引き挙げたそうです。一方のパルポ商人はその翌日家へ帰って見ると喰う物もないというような始末。もちろん彼らには田畑というような財産はない。すなわち商品が財産であるのに、その商品のすべてと売揚げの金銭をみな取られてしまい、すべての損害高が二十三万円程であったという。

チベット政府の損害賠償　其事《それ》が国際問題になってちょうど五年程もかかったが、結局チベット政府がその損害を賠償することになり、そしてその談判が済んで後、ネパールの兵隊が二十四、五名ラサ府へ特に置かれることになったということです。その外交上の談判の主任となった人はジッバードルという人で、私がカルカッタでネパールのラマに紹介状をもらって行った[八]その人であるです。すなわちネパールの大書記官〔駐蔵領事〕で今はチベットの公使を勤めて居るのです。そういうような話を聞きながら進んで参りましたが、ゲンパラ【Genpala

(Kamba-la)】（ラは坂という意味）という急坂を登ること一里ばかりで山の頂に達しました。遥かに東北の方を見ますとブラマプトラ川が東南に流れて行く。その大河に東北の方から流れ込んで居る大きな川がある。その大河をキーチュ川〔幸福川〕という。その川に沿うたる遥かの空を見ますと、山間の平原の中にズブリと立って居る山がある。その山の上に金《こん》色《じき》の光を放って居るのが日光に映じてきらきらと見えて居る。それがすなわちラサ府の**法王の宮殿**で、ポタラと言うのです。そのポタラを隔てて少しく向うに市街《まち》のようなもの及び堂等の金色の屋根がやはり空中に光を放って居る。それがラサ府の市街である。ここから見ると実に明らか〔幽か〕に小さく見える。暫くそこに休んでそれからだんだん下へ急な坂を降って行きました。三里にしてパーチェ【Pache（Kamba Partsi）】という駅に着いて泊りましたが、どういう加減か自分の足は履《くつ》に喰《くわ》れて余程疼《いた》みを感じたです。この日は雪と氷の中をむやみに歩いて来たものですから……それに十里半もこの困難の道をやって来たものですから余程疲れた。その翌三月十七日午前四時に一里ばかり降って行くとブラマプトラ川の岸に出ました。それからその南岸に沿うて二里半も行きますとチャクサムという渡場《わたしば》に着いた。これはブラマプトラ川の北岸に渡りますので、此川《ここ》には昔鉄の橋が架って居ったのである。現今は渡場の少しく下にその鉄橋の跡にその鎖縄が遺《のこ》って居る。しかるに今はこの渡場を称して「これを」チャクサム〔（鉄橋）〕と言うて居る。今ではインド流の長方形の船で人を渡しているけれど、これは冬分《ふゆぶん》だけこういう船で渡すことが出来ますので、夏になればこんな大きな船でもってとても向岸《むこう》に渡すことが出来ない、それで

ヤクの皮でこしらえた船　があるんです。余程妙なもので、ヤク三疋の皮を集めて其《それ》皮を縫い合せ、その縫い目に水の浸み込まない物〔ように漆〕を塗り付けて水に浮べますので、冬でも沢山に渡人《わたりて》がなければその皮の船で渡るんです。そうですからチベットでは船という名を皮という字〔語〕でもって現わして居ることがある。すなわちコーワと言えば皮と言うにも用い、また船と言うことにも用いて居る。もちろん皮の事でございますから湿気《しめりけ》がひどくなりますと柔らかになって重くなる。だから半日位水に漬けて置くとまたじきに上に引き上げて日光に乾かしますので、その船は一人で背負って行くことが出来る。だからこの船をごく上流まで背負って行ってそこで荷物なり人なりを積んで、一日程なりあるいは二日程なりを降って来て荷物なり人なりを上げ終りますと、今言う通りまたその船を上げて乾かすというごく便利なものです。私共は大分に同伴《つれ》が沢山あったので余程大きな船へ乗って向岸《むこう》へ渡りました。

第六十三回　法王宮殿の下に着す

珍しき柳の葉　川の中の砂原を行くこと一里半ばかりにして山水明媚《さんすいめいび》とも言うべき岩なりまた柳なり桃の樹《き》なりがあるところに着いたです。その樹はいずれも川端に臨んで水に影を宿して居る。ここは非常に暖かなところでラサ府よりも余程よい気候です。昨日お話したヤムド・ツォ湖の辺は地面が余程高い。海面を抜くこと一万三千五百〔一万四千五百〕尺位のものであろうと思われる。ところがここは一万一千《（一万一千）》五百尺程で、地の高低も違って居る。その上に水辺《すいへん》ではあり日光の当りがよいものですから、この辺の柳はもはや青い芽を発して居たです。実に長らく禿山なりあるいは枯れた樹ばかり見て居った眼には青い柳の葉が珍しく、ことに美しく感じました。

荷物はもちろん荷持の男が持って居りますから自分は西北原を歩く時のように荷のために苦しむということはないのですけれど、足の古い疵《きず》が再発して疼《いた》みが非常に厳しくなり、ほとんど歩むことが出来ない。そこへちょうど馬方が来ましたから、その馬方に若干《そこばく》の金をやって馬に乗せてもらったです。それから進んで一里ばかり行きますとチュスルという駅に着きました。この駅は東北の方から流れて来るキーチュ川と西北から流れて来るブラマプトラ川との三角州の間にあり、駅場であって大分に繁昌《はんじょう》して居る。

窃盗町　しかしラサ府に着くまでの道中でこの駅場の人程悪い人はないのです。実に薄情でその上旅人の物を盗むことがごく上手なんです。荷物でも運送品でも何でも構わず盗みますが、その盗み方がまたなかなかうまく盗まれた人もちょっと分らんということです。どうもチュスル位盗人の盛んなところはないとチベット国中で評判して居ないところはなく、私も前々からチュスルに行ったら注意をなさいということを度々《たびたび》人から聞いたです。それ位盗人を巧妙にやりますし、ことに此《ここ》駅は多くの人の寄り集まるところで金も沢山落ちるところですから非常に金持が多かろうと思って尋ねますと、他の村方よりは貧乏人が大変に多いと言う。実に奇態な話です。それから私共は充分用心をして其《そこ》駅で昼飯なんかを済まし、馬がないものですから歩いて東北の原に進んでキーチュ川に沿うて上って行きますと、ますます足が疼くなってどうにも動くことが出来ない。原の中に坐り込まねばならんようになりましたが、幸いに後の方から驢馬《ろば》追いがやって来ましたので、その驢馬に乗せてもらって四里ばかりの道を経てジャンという駅に着きました。その駅で今まで送って来た荷持男はぜひ還さねばならんような事が起りまして、仕方なしに還してしまいました。

私は足がますます疼みますし、どうもして見ようがない。その日は幸いに驢馬の助けがあったので十里半ばかりの道は来ましたが、明日はとても進行の見込みがない。ところが此駅《ここ》に泊り合せて居る人で税肉《ぜいにく》をラサ政府へ納めに行く者がございますので、その人らに頼んで明日は出掛けることになりました。けれども政府へ納め物に行くからといって自分の村から馬を連れて来る訳ではなく、その駅々からして駅馬《えきば》を徴発して其馬《それ》で運送を続けて行くのですから、日に三里かよく行って四里位しか行かないのです。で私は仕方なくその人らに荷物を托し自分も馬に乗って進んで参りまして、その人らと一緒に足の疲れや疼《いた》みを休めるためにナムという小さな村に泊り込みました。その翌日またキーチュ川に沿うて行くこと二里ばかりにしてその川原に出《い》で、その川原を二里進んでネータンという駅に着きました。

新派開祖の建立堂《こんりゅうどう》　そのネータン駅にチベットで一番ありがたいと言われて居る解脱《げだつ》〔仏《ぶつ》〕母《ぼ》の堂がある。この堂はチベットで新派を開く動機となったところのパンデン・アチーシャというインドの尊者がここに来て寺を開かれたのであると言うて非常に名高いのであります。私も其寺《そこ》へ参詣してその中におさめてある二十一の解脱〔仏〕母に参拝しましたが、なかなかありがたい姿で美術的の眼から見ても余程立派なものと思われた。その翌二十日また川の辺に沿うて東北に向って二里ばかり、田畑の中を進んで参りますと大きな橋がございました。其橋《それ》を渡って東北に一里半ばかり参りますとシン・ゾンカーという駅がある。其駅《そこ》に着いてまた宿ったです。三月二十一日いよいよ今日は国都ラサ府に這込《はい》るということになりました。

私はその駅から馬を一疋雇《ぴき》い、荷物はやはり税肉を納める者に託して山と川との奇態な景色の間の道を通り抜けて一里足らず行くと、左の山の手に立派な寺が見える。いな一見したところでは寺とは思えない。ほとんど大村落であろうかと思われる位。それが全くの寺で、その寺の名をレブン【Rebung (Drepung)】と言い、ラサ付近では一番大きな寺である。もっとも法王の管轄のチベット内ではこの寺が一番大きいので、僧侶の数が七千七百人あるです。それは定員の数で、時によると八千五百人あるいは九千人になることもある。ただし夏など僧侶が地方へ出稼ぎに行った時分には六千人位に減ることがあるが、とにかくなかなか盛んなもので、そこにやはり大学があるんです。もっとも中央チベットで大学の科目を授けるところは三ヵ所ありますので、一つはこの寺、一つは私の住み込んだ**セラ大学**　もう一つはガンデンというのであります。セラ大学は五千五百人が定員、またガンデンは三千三百人が定員でありますが、これらはただ定員と言うだけであって、もちろんレブン寺のごとく増減は折々ございます。その寺の下すなわち今私共が通って居る路端《みちばた》にヤクあるいは羊、あるいは山羊を殺すところがある。で法王がお喫《あが》りになる肉類はここから供給されますので、日々に法王だけの膳に供えるためにお用いになる羊が七疋ずつなんです。それでその羊は法王が召し上るのであるから誠に結構な事だと言ってチベット人は大いにその羊を羨《うらや》んで、その毛などを持って帰るそうです。もっとも法王は羊だけお喫りになるのではない。ほかの肉も沢山喫るので、その肉もここで殺して供給します。

何もこんな遠いところからお取り寄せにならずに、ラサの市中からお取りになれば大変都合がよさそうに思えるですが、ラサ府では余り近い。どうも法王のために殺すという考えでやられては適〔浄肉で〕わない。だから少し遠いところで買うがいいというような主義〔理由〕で、つまり自分が命令して殺したんではないといういわゆる仏教上の清浄《しょうじょう》の肉を得んために、そういう事をやります。その主意は結構な事から起ったのですが、法王の召し上る肉がここから供給すると決めてあるから、内々命令して殺さしたようなもので、私共から見るとラサ府で買うのもあまり違わないと思います。そのレブン大学の下を通り掛けて二里半ばかり行きますと、先にゲンパラから見えて居りました法王の宮殿の下に着きました。〔法王の宮殿の名をツェ・ポタラという。ツェは頂上、ポタラは船を持つの義で港の事をいいます。ポタラは観音の浄土でインド南端の海中にあるセイロン島の事で、シナの普陀落《ポタラ》の名を襲用したものである。ここは観音の化身ダライ・ラマの住する所であるからポタラといい、山上にあるからツェ・ポタラという。〕

第六十四回　チベット人を名乗る

法王の宮殿　はどうも立派なもので、その立派な事は図面を見ても分るからここに説明する限りではないけれど、ただ面白い一つの話がある。ある田舎者がある時バタを沢山驢馬《ろば》に積んでラサ府へ売りに来たそうです。ところがこの立派な法王の宮殿を見て愕然呆気《びっくりあっけ》に取られ、これは神の国の御殿ではないか知らんと暫《しばら》くはぽかんとして見惚《みと》れて居ったがふと気が付いて、はて驢馬はどこへ行ったか知らんとそのあたりを見ますと、かなたこなたに別れ別れになって居る。それからその驢馬を集めて来て一体この驢馬は十疋居ったんだが、もうどこへも行って居らんか知らん。勘定して見ると九疋しか居らない。

そこで大いに驚いてもう一疋の驢馬はどこへ行ったろうと気狂いのようになって騒いで居るところへ、ラサ府の人がやって来て「お前は何をそんなに騒いで居るのか」と尋ねると、「いや実は十疋居る驢馬が一疋失くなったのでそれを捜して居る。誰か盗んで行ったのではないかと思って実に気が気でない。この法王の宮殿に見惚れてうっかりして居る中に誰か盗んで行ったと見える」と言って非常に落胆して居る。それからその人がずっと数《よ》みますと確かに十疋居るです。「何を馬鹿言って居る、ちょうど十疋居るじゃないか。」「いや九疋しか居らない。」「そうさ、九疋向うに居るから、お前の乗って居るのとで十疋じゃないか」と言われて始めて気が付いたという位。実に法王の宮殿はこれを見る者の心を奪ってしまうとい

チベット法王の宮殿

うような立派なものであるという一つ話でございます。

この法王宮殿の山の前を東南に抜けて広い道を七町参りますと長さ二十間幅三間程の橋があって、橋の上にはシナ風の屋根がある。その下を過ぎて一町余り行くとラサ府の西の入口の門に着きました。その門はちょっとシナ風に建てられて居る。それから中へ進んで行って左の広い道に沿うて二町余り行きますと〔過ぎて行く本道を行かずに、それから山下の東端を北に一町行って右に曲って東南に進みました。土地が本道の裏道で行くと、約七町右に折れる南へ行くと長石の立てられてある柳の庭苑の前に出ました。これがチベットで有名な長石で〕、大きな広庭のある所に着いた。ここまでは馬に乗って来たのですが、さてここにチベットで最も聖《せい》とせられ最も崇拝せられるところの釈迦牟尼仏《しやかむにぶつ》の大堂【Cho Khang】がある。

ここに安置してある釈迦牟尼仏の由来を聞くに、始めて仏教をこの国に入れられたソンツアン・ガムボ【Srong-tsan Gambo】という大王が、まだ仏教を信じない時分にシナから唐の太宗《たいそう》の皇女なる文成公主《ぶんせいこうしゆ》を娶《めと》ることになったその時分に、文成公主はその父の太宗に願うて言いますには、チベットは人を殺して喰うという国と聞きますから、かの国がその国に仏法を弘めるという約束をして貰いたい、また一つには、インドから当国に移って居られたる釈迦牟尼仏の像を御供して行きたいと。この約束が成り立ちまして、それで文成公主が一緒にこの国へこの釈迦牟尼仏をお護《もり》申して参ったので、それ以来、このラサ府に安置されて居るのでございます。

チベット仏教及び文字の由来　実はこの文成公主がこの国へ来てから仏教及び文字の必要を

感じて、仏教修行のためかつはチベット文字を拵《こしら》えるために、天資英邁《えいまい》の人を撰んで十六人インドへ送ったのでございます。その結果チベットにはチベット文字が出来、その文字で仏経〔典〕も翻訳される事になって、その後だんだん仏教が起って来たのです。それは今より一千三百年程以前の事で、歴史上から言っても、また釈迦牟尼仏の経歴から言っても非常にありがたい事であります。この釈迦牟尼仏はシナで拵えたのでなくって、インドから一旦シナに伝わり、シナからチベットに伝わったので、もと此像《これ》はインドのビシュカッマー【Vishvakarma】（仏工師《ぶっこうし》）が作ったのでございます。〔と伝えています。〕

その釈迦堂に参拝してまずめでたくチベットに到着したことを大いによろこび、思えばインドのブダガヤの〔大〕菩提寺《ぼだいじ》で釈迦牟尼仏にお逢い申したが、今また此寺《ここ》で釈迦牟尼仏にお逢い申すというのは世にもありがたい事であると、無限の情に迫られて、余りの嬉しさに涙が出た位の事でございました。今さら申すまでもなく私は元来釈迦牟尼仏を非常に信仰して居ります。他の仏様もありがたいには違いないけれども、自分の本当の師と仰ぐべきものは釈迦牟尼仏のみであると信じて居るのでございますから、一意ただその教のみを奉じて仏像に対しても真実に敬礼を尽すのでございます。それはさておき、私はこれから

どこに落ちつくか　ということが問題で、実はラサ府の中にも随分怪しい木賃宿のようなものが沢山あり、また酒舗《さかみせ》もあって人を欺いて金を取るというような事も聞いて居りますから、なるべくならば自分の知って居る所に着きたい。その知って居る所というのは、かねてダージリンで知合になりましたパーラー家（摂政）の公子。この人がダージリンへ来ました

時分に大変親しく交際して、私がラサ府に着けば必ず充分に世話をするという約束もあり、随分善《よ》さそうな人でもあり、旁《かたがた》ゝ私もその人のためには充分利益になる事をしてやったものですから、もちろん自分が恩を被《き》せたのを鼻にかけてその恩を返してもらおうために行くのではありませんけれど、どうもほかにしようがないからその家を尋ねて参りました。その家なるものはバンデーシャと言い、屋敷が一町四面ほどあってなかなか立派なものです。行って尋ねますと、

頼む木陰に雨が漏る　とでも言うのですか、その私の尋ねる公子は居らないと言う。どこへ行ったかと言いますと、彼は気狂いだからどこへ行ったか分らないという答えなんです。私もその時には驚きまして、「それはいつ気狂いになったか」と尋ねますと、「もう気狂いになってから二年にもなる」という話。「本当の気狂いですか」と聞きますと、「それは気狂いでない時もあれば気狂いになって居る時もある。ちっとも訳が分らぬ」と言いますから、「しかしその人はどこに居るか」と言ったところが「ナムサイリン（兄の別宅）というところに往《い》って居る」という返事です。そこで余儀なくナムサイリンへ尋ねて往ったところがそこの家にも不在で、その家の者もやはり前と同じような答えをして居るです。

しかし少し待って居れば来ないこともあるまいと言うので二時間程も待って居りましたが、またよく考えて見ると精神の錯乱《さくらん》して居る人に遇って見たところが別段頼みになる訳でもないから、こりゃ一つセラ大寺へ直接《じか》に出掛けて行って、それからまあ仮入学を許してもらい、折を見て試験を受けて大学に入る分別をするのが一番身にとって都合がよいと思いま

したから、すぐに荷持を雇い、北方に向ってセラという大寺のある方に出掛けて参りました。

やはり此寺《これ》もレブン寺と同じく山の麓《ふもと》の段々上りの所へ、上へ上へと建てられて居るので、こちらから見ますとちょうど一村落のように見えて居るです。其寺《それ》へ指してその荷持に案内されて午後四時頃着き、ピーツク・カムツァン【Pituk Khamtsan】という僧舎へ尋ねて参りました。一体私は前の手続によるとシナ人であると言うて居ったんであるから、パテー・カムツァンというのに行かなければならんのですけれど、其舎《そこ》へ行くとシナ人という化の皮が現われる憂《うれい》があるから、西北原の方から来たのを幸いに西北原のある部内の者であると言って、ピーツク・カムツァンに着いたんです。もうその時分は長い間鬚《ひげ》も剃《そ》らず髪も摘まず、湯にも何にも入らんのですから、随分顔や身体《からだ》もチベット人のように汚くなって居ったでしょう。で私はチベット人としてその寺に住み込むという決心をしたです。実はチベット人としての入学試験は私にとってはむつかしい訳であるんですけれど、俗語の使用はほとんどチベット人と変らんように出来るものですから……。

折々どこへ行ってもチベット人として取り扱われる事も沢山あったです――この様子ならチベット人と言うても気遣いあるまいというので、まあ自分の一時の居所を安全にするためにそういう風にして入って参りました。そのカムツァンというのには一人の長《ちょう》がありまして、其長《それ》は年番である。私の行った時分の長はラートェパという人で、ごく親切な無邪気なお爺《じい》さんでございました。その人の舎《うち》に泊り込んで、私は此寺《ここ》に仮入学をしたいがどういう手続にすればよいかと尋ねますと、いろいろ教えてくれました。

セラ大学の組織　まずこのセラ大学についてちょっと説明をして置かないと分らん事があるから、ここでその内部の大略だけ申して置きます。セラ大学を大別すると三つになって居るので、一つはジェ・ターサン、一つはマエ・ターサン【Maye Ta-tsang】、もう一つはンガクバ・ターサン【Ngakpa Ta-tsang】というこの三つで、ジェ・ターサンには僧侶が三千八百人、マエ・ターサンには二千五百人、ンガクバ・ターサンには五百人居るです。またンガクバ・ターサンを除く他の二つの内にはカムツァン（僧舎という意味）というのが十八ずつある。

そのうちには大きいのもあれば小さいのもあって、大きなカムツァンには坊さんが千人も居るですが、小さいカムツァンには五十人位しか居らないのもあるというように色々に分れて居る。私の居たカムツァンには二百人居たです。で、カムツァンにはそれぞれカムツァンの財産がありますが、それらを纏め一つに統《す》べたものをセラと言って居るのです。これはもうごく大体の分ち方で、その中には細かな区別《わかち》もいろいろありますが、それは専門にわたりますからよします。

第六十五回　壮士坊主

修学僧侶と壮士坊主　なお一つ話して置きたいのは僧侶の種類です。大きく分ちて二通りある。その一つは修学僧侶で、一つは壮士坊主、修学僧侶はその名のごとく学問をするために来て居りますので、これは幾分の学資がいるです。沢山でもありませんけれど、どう始末《〔節約〕》しても月に三円位、当り前にやれば八円もかかります。ところでこの修学僧侶はその学資を使ってセラ大学の科目となって居る仏教上の問答を学びますので、二十年の後にはこの大学を卒業するようになって居る。それも普通の事は自分の寺で学んで来て居りますから、大抵大学の卒業は三十歳か三十五、六歳の人が多い。特に利発の人であると二十八歳位でその修学を終って博士号をもらう人も稀《まれ》にはあるです。

　ところで壮士坊主というのはもちろん学問を修業《しゅぎょう》するだけの学資金がない。けれどもやはり僧となって其寺《そこ》へ入って居りますので、何をするのかというと野原に集めてあるところのヤクの糞《ふん》を背負って来るとか、あるいは南方のサムヤエ【Sam-ya-e】、あるいはコンボから運んで来たところの薪《まき》を、ラサ川端からセラまで運んで来るというような仕事をします。それから修学僧侶の下僕《しもべ》にもなるです。それらはまあよい方の仕事で、なお大きな笛や笙篳篥《しょうひちりき》を吹いたり太鼓を打ったり、あるいは供養物《くようもつ》を拵えたりするのも、やはり壮士坊主の一分の仕事になって居るのです。

壮士坊主の課業　これらはまあ下等な僧侶としてなすに恥《はず》かしからぬ業《わざ》であるけれども、壮士坊主と言われるだけ奇態な事を課業として居る奴があります。その課業は毎日ある山の中へ参って大きな石をぶん投げるんです。で、その大きな石をどの辺まで投げたかという距離の程度によって、その筋肉の発達いかんをためし、あるいは其石《それ》をどこへ当てるかという的《まと》を付けて、そうしてその石をぶん投げるということを奨励します。また高飛びもやるです。

走って行って山の上へ飛び上るとか、あるいは岩の上から飛び降りるとかいうような事をやるんです。その間には大きな声で俗謡を歌う。その声が非常に大きくってどこまでもよく通って美しいというのが壮士坊主の自慢で、どうだこの位の声なれば向うに張ってある窓の紙を破り抜くことが出来るだろう、というような事を言って誇って居るんです。その上にまた棒の擲《なぐ》り合いを始める。

それらが日々の壮士坊主の課業で、寺にきまった用事がなければ必ずそれらの者が三三五五、隊を成して、思い思いの場所に到ってその課目を怠らず修練して居る。そういう坊主は一体何の役に立つだろうかという疑いが起りましょうが、此《こ》僧《れ》がチベットでなかなか要用なんです。時にラマが北原とかあるいは人の居ない地方へ旅行する時分には、壮士坊主が護衛の兵士となって行きますので、なかなか強いそうです。自分に妻子がないから死ぬことは平気なもので、何とも思わずに猪《いのしし》武《む》者《しゃ》で戦いをやるものですから、チベットでは坊主の暴れ者は仕方がないという評判さえ立って居るです。そうしてまた壮士坊主は喧嘩をよくする。けれども出遇いがしらに喧嘩をやるという事は稀《まれ》なんで、何か一つ事件が起らなければむやみにはやらんです。

その事件というのも金銭上に関係したことは余りない。いつも綺麗な小僧さんが種になっておかしい問題が起るです。昔高野山にあったようなああいう卑しい情慾を遂《と》げる遂げぬという場合、すなわち彼らが自分の小僧を盗んだとか盗まれたとかいうような場合に、公然決闘を申し込むんです。申し込まれた時分にはどんな者でも後《あと》へ退《ひ》くというような事はしない。退けばその時限り壮士坊主の仲間から刎《は》ね退《の》けられて寺に居ることが出来ない。その壮士坊主にもちゃんと親方もあり、またその仲間の規則もちゃんと立って居って、その規則を司《つかさど》って居る奴がある。それは寺内では公然の秘密で、つまり寺内の僧の長官も何か事の起った時分には、その壮士坊主の長に命じていろいろ働きをさせるものですから、まず壮士の長や壮士坊主等が僧侶にあるまじき行いをして居るのを公然の秘密として許されて居るのです。

壮士坊主の決闘　そこで両方とも承諾していよいよ決闘となりますと、所をきめて大抵夜分出掛けて行く。そうして各自《てんで》に刀をもって果合《はたしあ》いをやるのです。それには立会人があって、どっちの遣り方が善いとか悪いとかいう判断を下します。余り卑怯《ひきよう》な遣り方をすると、その遣り方をした奴が殺されるまで打棄《うっちゃ》って置くそうです。しかしどっちも好い塩梅《あんばい》に出掛けてどっちにもよい程の疵《きず》が付くと、立会人はその喧嘩をよさしてしまう。で、そのまま事を済ませよと言うて、ラサ府へ引っ張って行って酒を飲むのだそうです。もちろん酒はセラの寺内では非常に厳格に禁ぜられて居りますから決して飲むことは出来ないけれど、ラサ府に行けば壮士坊主の中には随分酒を飲んで横着《おうちゃく》な事をやる奴が沢山あるそうです。

私はその後思いがけなくお医者さんという評判を取ってから非常に壮士坊主に敬《うやま》われたです。それはなぜかと言うに彼らは高飛びをして足や手を脱《ぬ》かすとか傷《いた》めるとかいう時分には、すぐに私のところにやって来ます。来ると私がそれ相当の療治をしてやると奇態にまたよく癒《なお》るです。ああいう半開人の病気とか傷とかいうものは、余程癒りやすいものと見える。ことに腕の脱けたのなどはすぐに癒っちまうものですから、彼らは大いに驚いて我々壮士仲間には特に必要なるドクトルであると言って非常に賞讃したです。ところで私はそういう人間から決して礼物《れいもつ》を取らない。大抵は薬も施してやる。療治も施してやる。向うからしいて品物の礼でも持って来れば請け取ってもやるが大抵は取らない。

それがまた先生らの大いに気に入ったので、果合いなどをして腕を落〔切ら〕されたり、あるいは顔を切られた者で、他のチベットの医師にかかると必ず片輪になって、一生不自由な思いをして暮さなければならん者が、私のところへ来ると傷薬を貼《つ》けたり傷を洗ったり骨つぎをしたり、いろいろの世話をしてやるです。それが別に片輪にもならず、どうかこうか都合よく癒るというような具合で、実に彼らはよろこんだです。それゆえに私は大いに

壮士の喝采《かっさい》を博し　どこへ行っても壮士が舌を出して敬礼をするようになり、その壮士が陰となり日向《ひなた》となって私を護るために、便宜を得たことが沢山ございました。で壮士は非常に義の堅いもので、貴族僧侶のごとき表面《うわべ》は優しい事を言うて居っても陰険な心をもって人をおとしいれ、自分の利益、自分の快楽のみを謀って居る者に比すると、やることは随分乱暴ですけれど、その心に毒のない事はむしろ愛すべきである。その他にもなかなか愛すべき点が沢山あるように私はしばしば感じました。

かえって柔らかい物に巻かれ、あるいは上等の羊毛布《ひつじけっと》に巻かれて居るようなラマ連は非常に卑しい陰険な者が沢山あって、交際するにも非常に困った事が折々あったです。これで僧侶の区別《わかち》が二つあるということがよく分ったろうと思います。さて私はもちろん修学部の

僧侶になるのですから、その方向を執《と》らなくちゃあならん。ところで大変私の頭《かみ》の毛も髯《ひげ》も伸びて居る。十ヵ月ばかりも剃らないから非常に長くなって居る。その長いのが寒い所を旅行するにはごく暖かで都合がよいものですから、そのまま打棄《うっちゃ》ってあった。

その翌日剃髪《ていはつ》します時分に髯《ひげ》も一緒に剃ってくれと言いましたところが、私の頭髪《かみ》を剃った坊さんが大いに驚いて冗談言っちゃあ困ると言う。なぜかと言いますと、髯を剃るということは大いに愚かな事である、せっかく生えたこういう立派な髯をどうして剃ることが出来ますか、剃ったならばこの辺ではみなあなたを気狂いと言うでしょう、本当の事を言ってるのか冗談ですか、と言って決して本当にしない。それで仕方なく立派でもない髯がその時に残りまして今まで存して居るので、此髯《これ》がすなわちチベット土産《みやげ》なんです。

仮入学の手続　純粋のチベット人は髯が生えない。カムあるいは辺鄙《へんぴ》の人は髯が生えますけれども……。そこでチベット人はどんな髯でも非常に珍しがって、自分もその髯のあらんことを非常に求め、私が医者になってから後も髯の生える薬をくれろと言うて非常に沢山な人から頼まれて、困ったことがございました。あなたの髯は多分薬を付けてそんなに立派に生やしたんだろうというような事を言うて折々迫られましたが、その日に其寺《そこ》の正規の帽、靴、数珠《じゅず》と言うようなものを買い整えた。法衣《ころも》は先に貰ってあるもので間に合うから買わない。で、私の学部のジェ・ターサンの大教師に逢いに参りました。

この大教師はいちいち人を点検して仮入学を許す人です。この時には試験も何もない。ただチベットで一番よく拵えた進物のお茶を一本持って逢いに参りますと、「お前はどこであるか。お前はどうもモンゴリヤ人らしいがそうではないか」と頭から尋ねられたです。「いや実はそうじゃございません。つい西北原の方から来ました」と言うと、その方はなかなかチベットの地理には委《くわ》しいものですから、いろいろ質問されましたが、もちろん自分が困難して経て参った地方の事ですから、どんな質問を受けても立派な答えが出来ました。そこで

仮入学許可　仮入学を許されることになりましたから、私はそのラマに対し舌を出して敬礼いたしますと、やはり右の手を頭に付けて、そうして赤い切布《きれ》ですが二尺ばかりある切布《きれ》の裂いた物を首に掛けてくれたです。其布《それ》をもらったのがすなわち仮入学を許された証《しるし》なんです。しかしチベットでは尊いラマに遇いに行くと、こんな赤い切布《きれ》を首にかけるのが例になって居ります。それで私は引き取りましたが、今度は僧侶の中の法律を司《つかさど》って居る執法僧官に遇って、また許しを受けねばならん。それはもう大教師の許しを受けて来れば決してむつかしい事はないのですぐに済みました。これでまあ仮入学が出来たんですから、これから大学の議論部に入る試験の下拵《したごしら》えをしなくちゃあならん。それについては師匠の選定も必要であるから、その翌日師匠を頼んでそれから自分が師匠から学んだところを充分研究したですが、一人の師匠では沢山な事を学ぶことが出来ないから、二人頼んで調べて貰いました。

で毎日毎日その下調べのみにかかって居りましたが、ここに妙な奇遇が起って来た。私の住んで居る向う側の、大きな僧舎に居る大変肥《ふと》った学者らしいラマがあるです。ある日その方が私を呼んで話に来いと言うものですから其舎《そこ》へ参りますと、「あなたはこの間西北原からサッキャアという寺まで、ルトウの商群と一緒に来られた方じゃないか」と言う。「へえ

そうです。」ところが「それで分った。私の弟子はその商群の一人である。」「それは誰ですか」と尋ねたところが、最も私に親切にしてくれたトブテンというごく優しい人で、始めに私に肉を喰わんか、いや私は喰わないという答えをしたその人なんです。其人《それ》がこの学者の弟子だそうです。そこで私が西北原の人であると言うて入って居ることの

化の皮　が現われて来たんです。「それじゃああなたは西北原の人ではないじゃあありませんか」とこうやられた。その時分の話に、「あなたはシナ人でシナ語を能《よ》くし、シナ文字をよく知ってるということを私の弟子は言って居るが、それはどうか」という詰問《きつもん》。「いやその通りです」とこう答えると、「どうもそういう風に嘘を吐《つ》いて居ると、ここに大変困難な事が起って来る。シナ人なればパテー・カムツァンに行かなければならん。ところで私の方に入れて置くと、パテー・カムツァンの方から裁判を起して来て大いに私の方に厄介《やっかい》をかけられる。困った事が起った。なぜそんな事をなすったのか」と尋ねたです。そこで私は、「そりゃシナ人には違いないが、どうもパテー・カムツァンにシナ人として入って行くとお金が沢山かかる。ところで私は西北原で泥棒に遇ってお金をすっかり取られてしまったから、自分の行くべき本当のカムツァンに行くことが出来ない。多分私が西北原で泥棒に遇ったことはお弟子からお聞きでございましょうな」と言うと、「そりゃ聞いて知って居る。実に気の毒な訳だ」という話。

「それのみならず、パテー・カムツァンに行くと、シナ人は一年たたぬ間にそのカムツァンの役を勤めなければならん。その役を勤めるにも沢山の金がかかると言う。だから私はどう

も自分の本当の舎に行くことが出来なかったので、この秘密を打ち明けて置きますから、どうかここに居られるようにして戴かれないでしょうか」と頼みますと、「そういう都合なら分るまで打棄《うっちゃ》って置け。分ったところが金がないから行けないと言えばどうにか方法が立ちましょう」と、ここでうまくその一段落が済んだです。私は本当の日本人であるという点から見ると、ここでシナ人と言ったのが秘密になる訳であるから、二重の秘密を保って公然西北原人として止まることになったのでございます。それで毎日毎夜勉強を重ねたものですから、大分に肩が凝《こ》り、肩癖風《けんぺきかぜ》を引いてどうにも仕方がないものですから、自分自ら血を取り、それからラサ府のシナ人の売薬店へ薬を買いに行って服《の》みましたところがさっそく癒りました。

第六十六回　チベットと北清《ほくしん》事件

大清国《だいしんこく》皇帝の大祈禱会《だいきとうえ》　四月七日の事、大清国皇帝のために戦《いくさ》に関係した祈禱会があってなかなか盛んな式だと言いますから、それを見に参りました。これはこのセラだけで行って居るのではなくチベット国内のおもなる大きな寺ではみな行いましたので、私の住んで居る寺でもすでに七日間秘密法を行い、その専門的秘密行者が御祈禱を行ったです。で、その後いよいよ戦争で勝ち得べきところの秘法を修《しゅ》するという順序だと言いますから、一体どういう訳でシナに戦争が起って居るのかという事を、私の寺のおもなる人に尋ねまするといやほかではない。ペキンへ沢山な国が一緒に攻めて来た。それでどうやらシナが負けたらしい話であるから、どうせ間には合わぬだろうけれども、まあ皇帝陛下にお怪我のないように、安全に居らるるように祈禱するだけの事だ」という訳なんです。

それは大分に事情をよく知って居る人で、いろいろ聴こうとしたけれども、それは秘密だから言えないとか何とか言って居りました。で、〔後によく解ったところによると、義和団に対する戦争でありました。〕その祈禱会を見ますと、ツォーチェンというセラの大本堂からして練り出すところの戦争的準備のごとき有様は実に勇ましい姿である。真っ先に笙篳篥《しょうひちりき》、太鼓、大笛、足取りを揃《そろ》え、その次に金香炉、それは十二、三から十五に至るまでの、チベット人としては最もうるわしい子供ばかりを選《よ》り集めて立派な法衣《ほうえ》を着せ、五色《ごしき》のシナ縮緬《ちりめん》で飾りを付け、其子《それ》に例の香炉を持たして香を焚《た》かせて居る。そういうのが十名ばかり、その後に続いて両側に鎗《やり》の形で上部《うえ》はちょうどシナ風の劒〔わが国の鉾〕のごとくその刃先はべろべろと動いて居る。その刃先の下の〔ところに〕鍔《つば》のようなものがあって、それから金襴《きんらん》あるいはシナの五色の上等縮緬が一丈六尺程垂下《さが》って居る。その全体の長さは二丈五尺程ある。それを強壮な壮士坊主がようやくの事で持って行くような訳で、肩に掛けてさえ二人でようやく持って歩く位のものですからなかなか重い。もちろんその柄《え》は銀あるいは金鍍金《めっき》などで飾り付けてあります。なかなか立派なものです。

そういう飾りの付いた鎗が両側に五十本宛、それからその後に長三角形に拵えた高さ六尺位になって居る板にバタでいろいろ模様を置いたものを持って参ります。その次にやはり長三角形で四尺位の高さになって居る麦焦しと、バタと蜜などで捏《こ》〈捏〉ねてこしらえた赤い煉物《ねりもの》を持って行く。それらはみな七、八人が手にさげて行くので、その後にチベットでは最もうるわしい法衣《ほうえ》を着けその上に絹の袈裟《けさ》を着て居る僧侶、それらはみないずれも高価なのでチベット人の目を驚かすに足るものです。そういう僧侶が二百人ばかりも参り、その中の半分は太鼓、半分は鐃鉢《にょうはつ》を持って居ります。その後ろにこの秘密法を行うところの主任者である大ラマが最も立派なる装束を着け、そうして自分の僧官に相当した僧帽を戴きしずしずと歩んで行く。またその後ろには弟子達が沢山に扈《つ》いて行きますのでチベットでは非常な観物《みもの》です。

ですからラサ府の市民もやはり沢山に観《み》に来て居ります。大本堂から繰り出して僧舎の間を二町ばかり下って石塀の外に出ますと、広庭になって居る。それはラサ府まで見晴しの広庭である。その広庭を二町ばかり下におりますと、そこに草家葺《くさやぶ》きのようなものが、竹、木、麦稈《むぎわら》等で建てられて居る。その前に着くと主なるラマは、先の劒のごとくにしてある三角形のバタの紋付の供物と、鎗形《やりがた》にしてあるものと、麦焦しでこしらえた三角形のものに対して何か唱《とな》え言をする。そのぐるりには二百人ばかりの僧侶が太鼓を打ち鐃鉢を鳴らして居るです。そうしてお経を読み出すその間に、一人の僧侶が鐃鉢を持ってその大勢の僧侶の中を踊り廻るのですが、その踊り方が余程面白く太鼓と鐃鉢の調子できまって行きます。これはちょうど音頭《おんど》取りのようなものです。だがその鐃鉢を打ちながら踊り廻る様子の活発で、またその素振《そぶ》りの面白い事は、他の国の舞曲とかダンスとかいうようなものとは余程違って居る。
そういう事をやって居るうちに時機を計って、主任導師が数珠《じゆず》を振り上げ打ち付ける真似をしますと、鎗方《やりかた》の僧侶が鎗をその草屋の内に打ち付けます。それから麦焦しの長三角形もやはりその草屋に打ち付けると同時に其《そ》家《れ》に火を放《つ》ける。で、煙と火が炎々と空に上ると僧侶はもちろん見物人も大いに手を叩いて、ラハーキャロー【Lha-kyallo】、ラハーキャローと幾度か大きな声で唱えます。ラハーキャローというのは真《まこと》の神が勝つなりという意味である。それで式を終るのでございますが、随分仏教上の主義〔法式〕としては厳烈にして勇壮な有様を呈して居ります。これは大方秘密仏教の特色であるかも知れない〔あって、普通仏教ではありません。〕」。その翌日チョエン・ジョエ【Cho-en Joe】という法会《ほうえ》〔(法行祭)〕のためにこの寺の僧侶はすべてラサ府へ引き移ることになりました。この法会はチベット法王が一年の間安穏に過さるるようにという大祈《だいき》禱会《とうえ》で、一ヵ月ばかり続きます。チベットではこの大法会が第二番目の法会だということである。それがために私もラサ府へ参ってパルポ商人の二階に宿を借りました。

北清事件の取沙汰　そうすると都は都だけでシナの戦争についての風聞《ふうぶん》も余程高い。これはシナから帰った商人《あきんど》、あるいはネパールから来た商人らが持ち来ましたところの風聞であろうと思われる。もちろんチベットからインドへ交易に行く商人も幾分かの風聞を持って帰ったのである。その風聞がなかなか面白い。雲をつかむような話で、あるいはシナの皇帝は位を皇太子に譲ってどこかへ逃げて行っちまったとも言い、なあにそうじゃない、戦争《いくさ》に負けて新安府へ逃げたのである。なぜ戦争に負けたのだろうかと言うと、それは悪い大臣があってシナ皇帝の嫁さんに英国の婦人を貰った。それから騒動が起ってとうとう負けることになって逃げたのであるとか、いや日本という国があるそうだが其国《それ》がなかなか強くって、とうとうペキンを取ってしまったとか、またシナは饑饉《ききん》でもって何にも喰物《くいもの》が無くなったから人が人を殺して喰って居る。で全く郎苦〔羅刹〕叉鬼《シャキ》の国に変じかけて居るとかいうような、とりとめのない風聞も沢山ありました。その後ラサ府では日本ということについて少し知って来たです。

　これまでは日本という名さえ知らなかったんである。ことに商法人などは事実あった事か無い事か知りませんけれど、日本という国は余程義気に富んで居る国で、戦争《いくさ》に勝ってペキンを取ってしまったけれど、ペキンが饑饉の時分に自分の国から米、麦あるいは着物など沢山船で持って来てそうして幾百万の人を救うた。そういうえらい国であるというようないい評判もある。またある一方には、なあにそんな事をやるのはいい加減にごまかすので、実は日本という国はイギリスと一緒になって戦争をやる位の国だから、やはりイギリスのようによその国ばかり取ることを目的にして居るんである。そんな義気などあったもんじゃない。つまり遣り方が上手なんだ、というようないろいろな風聞があって、どれがどうともとりとめはつかんけれど確かにシナと各国連合との戦争はあったという位の事は確かめられたです。

　ちょうど私が泊って居るパルポ商人はその時分にネパールの方に帰るということでござい

ましたから、幸いであると思ってインドのサラット博士と故郷の肥下氏とに出す手紙をしたためて託しました。幸いにその手紙はこっちに着いたです。こういう手紙を託するのは実に困難です。なぜならばその人の気風をよく知って決して他言せぬとか、あるいはまた充分こちらを信用して居るとかいうような点がなくてはむやみに頼むことが出来ない。随分善《よ》い人でございましたからその人に託して出した訳です。さてこの

チョエン・ジョェという大法会《だいほうえ》　は私共がかつて見たことのない法会で、今図面〈底本にも、そのもととなった新聞にも記載がない〉に現われて居るように二町四面の釈迦堂のその中に、一町四面の根本《こんぽん》釈迦堂がある。その間に広き敷石詰めの廻り路《みち》がある。普通の僧侶はその廻り路へ集まって来ますので、その二階三階にも僧侶の集まるところがある。で釈迦堂の中へは法王あるいは大教師というようなものでなくては入れない。もっとも其《そ》堂《こ》へお越しになることもあれば成らぬこともありますので、その法会に集まる僧侶がおよそ二万人位のものです。だがこれは第二番の法会であるからその位ですが、第一のモンラムというシナ皇帝の大祈禱会《だいきとうえ》の時には二万五千人位の僧侶は確かに集まるです。それは朝五時位に召集の笛の音《ね》を聞きつけてラサの市中に泊って居る僧侶がみなそこへ出掛けて行きます。そうしてお経を読むと、例のバタ茶を三遍もらうことが出来るです。

そのもらうから〔茶から次の茶〕もらうまでの時間が三十分程ずつありますので、その間はお経を読んで居なければならん。さてその二万の僧侶が集まると言ったところで、本当の僧侶というような者は誠に少ないので、壮士坊主とか、あるいは安楽に喰うのが目的で、バタ茶をもらうのが

目的で来るような僧侶が沢山ある。ですからお経を読むのじゃない。鼻唄《はなうた》なんかうたう奴〔者〕もあればあるいは大いにそのなかでもって腕角力《うでずもう》など取って居る奴もある。それはなかなか面白い。もっとも厳粛な式を行って居るところに行けば、いずれも真面目な顔をして真面目にお経を読み、いかにも真実ありがたく見えて居るですけれど、普通の壮士坊主共が寄り集って居るところに行くと、男色の汚い話、戦争《いくさ》の話、泥棒の話がおもであって、果ては俗間の喧嘩の話から中には真実喧嘩をおっ始めて、ぶん擲《なぐ》り合いをするというような始末です。なかなか騒々しい事は容易でない。

第六十七回　セラ大学生となる

壮士坊主の警護僧　こういう壮士の状態ですから、それを整理するためには警護の僧があって善いも悪いもない、喧嘩両成敗《けんかりょうせいばい》で両方をぶん擲《な》ぐる。何かぐずぐず言って居ればじきにぶん擲ぐる。ですからその警護僧を見ますと互いに警戒して、「おい来たぞ」と袖を引き合い、眼と眼で知らすという訳。それでもどうかすると知らずに居る時にふいと出て来られて、ひどい権幕《けんまく》で頭と言わず身体《からだ》と言わずぶん擲ぐられるもんですから、中には頭を割り血を吐く奴もあれば、甚しきは殺される奴も折々はあるです。殺されたところが別にしてみようもない。また殺した人間が法律に問われることもなけりゃあ何にもない。で、その死骸は鳥に喰わしてしまうです。話はもとへ戻りますが、そういう風にして壮士坊主は朝二時間ばかりそこで過します。

その間にはもちろん茶でもって麦焦しも喰い腹もこしらえる。それから仕舞《しまい》にはお粥《かゆ》が一ぱいずつ出るですが、そのお粥を取る時の競争と言ったら実にたまらんです。もっともその粥は米で煮てあるのが多い。其《それ》粥は施主があって施すので、その中には肉が大分に入って居る。その粥なり茶を受ける椀は小さいので三合、大きなので五合位入るのを持って来て居る。其《それ》椀で粥を一ぱいに茶を三ばい引っかけると充分なもので、それから自分の舎《しゃ》へ指して帰り道で、ゲ（ゲは徳を施すの意味）を貰うです。ある信者がその二万人の僧侶に対して二十五銭とか五十銭ずつとか施すので、そういう点にはチベットの大商法家あるいは大地主あるいは官吏等の沢山財産ある者は思い切って布施金《ふせきん》を出します。で多い時分には八、九千円の施しをする人もある。それは一軒ばかりでなく沢山あります。特にモンゴリヤからそういう布施金を沢山持って来る者がある。すでにロシア領のモンゴリヤ人

ロシアの秘密探偵

の僧侶で大博士で、そしてツァンニー・ケンボ（定義教師）の官である人〔で、ドルジェフという者〕はそういうゲを何遍か施したです。それゆえその人の名声はチベットで旭日《きょくじつ》のごとくに輝きのぼって、今もなおその名声が盛んである（この談話は後段につまびらかなり）。一人でそれだけ沢山な施しをしたからと言って別段特遇を受けるということもなく、ただ其《それ》金を上げて自分の道徳を積んだと言うて喜んで居るのであります。もちろんその者に仏教上の信心がなくってもこれを上げるのを名誉とし、また其《それ》金を多く上げるのを商法的生活〔もって得意と〕にして居る商業家もあるようでございます。

何しろそういう物を沢山貰うのですから、その時には僧侶は一番金《かね》のよく廻る時です。ところが金と喰物《くいもの》の余計出来た時がいつでも小言が沢山起って喧嘩が余計出来るのです。そうですからこの時には最も決闘が多いけれども、ラサの市街でじきに決闘をやることが出来んからして、どっか他へ指して行ってやるということになる。それからここで決闘をやる約束して置いて自分の寺へ帰ってからやることもある。というのはこの時の執法官は各自の寺々の執法僧官でなくて、レブンという寺の執法僧官がすべてを統轄《とうかつ》しますので、その遣り方が非常に残酷である。罰金を取ることも実にひどい。それゆえに彼らはその点を恐れてこの時にはなるべくやらんようにして、此寺《ここ》に原因を起した決闘を寺に帰って後やることが多くあるんです。

練物行列《ねりものぎょうれつ》　その法会の終りの日に大いなる練物がある。それは一口に言い尽すことが出来ない。始めに四天王の装束を着けた者、それから八部衆《ぶしゅ》の大王達、いずれもその種類の面をかぶり、五百人あるいは三百人ずつの同勢を連れて居る。その同勢もみな同じような面をかぶり種々異様な風をして行く。なかなかその様子の面白い事は容易に形容が出来ない。それらはみな日本の練物のごとくに厳格の仕掛けで行くのではなく、思い思いに巫山戯《ふざけ》て行くので、中には見物人に巫山戯廻って行く奴もある。で、その間には太鼓、笙篳篥《しょうひちりき》、インド琴あるいはチベット琴、笛などいろいろ楽器類及び宝物を持って行くのです。

その中でもことに眼に立ったのは龍の種類で、いろいろの宝物が龍宮に沢山あるというので、その形を現わしたいろいろの宝物がある。これを要するにおよそチベットにありとあらゆる器具、宝物、衣服類その模様古代より伝わって居るところの風俗の有様、インドの各種族の風俗の有様などを現わしたものが一里ばかり続いて行く。私はその行列を一遍見ただけですから、今記憶を喚《よ》び起してこれだけの事を言いましたので、その細かな事はなかなか話し切れない。

行列の由来　これは妙な考えからこういう行列が起ったのだそうです。それはチベットの新教派の五代目の化身で、ンガクワン・ギャムツォという法王が、夢に極楽世界の練物を見た、その夢の順序に従って始めてこういう練物を始めたんである。なるほど蜃気楼《しんきろう》のごとく湧《わ》いて出たような遣り方の練物で、実に奇観極まって居るのでございます。私は秘密な事を見、あるいはいろいろの事を聞きたいために、他の僧侶のごとくそんなにお経を読み、かつ茶を飲みに行くためには行かなかった。どういう様子か、その様子を見るだけに折々は行ったけれど、その他は隠れて勉強ばかりやって居ました。それはなぜかと言うと、この事の終らない前に大学に入学試験がありますので、その入学試験に及第したいからであります。ところが例のごとくまた勉強のひどいために病気になった。それで以前のごとく薬を買うて飲んだのでさっそく癒った。

そういうような事を私に近づいて居る人達はよく見て知って居ったです。で折にはいろいろの事を尋ねるです。「あなたは医者の道を知って居るのか。」「いや実は医者の事は知らんのだ。」「知らん事はあるまい。自分で薬を買いに行って自分で自分の病気を癒す位だからきっと知ってるんだろう。」「そりゃまあ少し位の事は知ってるけれども、そんなに深い事は知らん」とこんなこともあったです。こういう事が後に自分が医者をやらなくてはならんような原因になって来ました。

入学試験の及第　ところがその法会の半ばに試験があるからというので寺に帰って来ました。ちょうど四月十八日でございましたが、その試験を受けに参りました。試験の受け人が四十名ばかりであった。いろいろの問題に対して筆記で答えるのと口頭で答えるのと二つです。それから暗記の経文《きょうもん》もありますので、この三科はまあチベットで中等の科目を卒業した者ならばちょうどその中に入れるようになって居るのです。案外問題もやすかったもんですからさっそく合格しました。しかし随分それでもむつかしいものと見えて、四十名の内で七名落第いたしました。私は幸いにその大学に入学を許されたです。で、この入学を許されるということはただ修学坊主だけではない。また壮士坊主にもあるです。

壮士坊主中の野心ある奴は借金しても入学し得らるるまで一生懸命に勉強するです。入学するというたところが学問するために入学するのでなく、大学に入れば政府よりしていわゆる大学僧侶の学禄なるものがあって、一ヵ月に一円あるいは五十銭、時によると二円ももらえることがある。〔麦の収穫の時には一人前麦一斗ずつ支給せられる。〕それはごく不定《ふきまり》ですが、とにかく年に十円位の収入があるです。其金《それ》をもらうために壮士坊主がその試験に応ずることが沢山ございます。私はいよいよ大学の生徒として一番始めの級へ入りました。するとそこには十四、五の子供から四、五十歳までの僧侶が居って問答を稽古しますので、その問答は我が国の禅宗のような遣り方とは全く違って居るです。それは余程面白い。また非常に活発である。甚だしきは他から見ますとほとんど彼は喧嘩をして居るのではなかろうかと見らるる程一生懸命にやって居るです。

第六十八回　問答修業

その問答の遣り方　の面白さ及び力の入れ方、声の発動、調子、様子というものがどうも実に面白い。まずどういう風になって居るかと言うに、答者《こたえて》は図面にあるごとくに坐って居る。すると問者《といて》の方は立ち上って数珠《じゆず》を左の手に持ちしずしずと歩んで答者《こたえて》の前に立ちます。そうして手を上下向い合せに拡げ大きな声でチー、チー、タワ、チョエ、チャンと言ってぽんと一つ手を拍《う》ちます。そのチー、チー、タワ、チョエ、チャンというのは〔はじめのチーは〕文殊菩薩《もんじゆぼさつ》の心という〔種字〕真言《しんごん》なんです。すなわち文殊の本体である智慧《ちえ》の開けんことを祈るという意味で、始めにかような言葉を発して、それからチー、タワ、チョエ、チャンというのは、このごときの法においてという意味で、すなわち宇宙間如実《うちゆうかんにょじつ》の真法において論ずというので、それから問答を始めるです。

その問答は因明《いんみよう》の論理学の遣り方であって因明論理の法則により、まず始めに仏というものは人なるべしと言うて問いかけると、答者《こたえて》はそうであるとか、そうでないとか答える。もしそうだと言えば一歩を進めて「しからば仏は生死をまぬかれざるべし」となじる。そこで答えて「仏は生死をまぬかれたり」と答えると、問者《といて》は「仏は生死をまぬかれず。何となれば仏は人なるがゆえに、人は生死をまぬかれざるがゆえに、汝は爾《しか》く言いしがゆえに」と畳みかけて問い詰めるので、そこで答者《こたえて》が遣手《やりて》でありますと「仏は人にして生死をまぬかれたり。仏の生死は仮りに生死を示現したり」などと言うて、仏に法身《ほっしん》報身《ほうしん》化身《けしん》の三種のあることを解するようになるのです。またもしそうでないと答えると、いやインドの釈迦牟尼仏《しゃかむにぶつ》は確かに人であった、これはどうであるかというようにどこまでもなじって行く。どっちへ答えてもなじるようにしてだんだん問答を進めますので、その問い方と答え方の活発なる事は真にいわゆる懦夫《だふ》を起《たた》しむるの概があるです。

その例を一つ申しますが、今問者《といて》が言葉を発すると同時に左の足を高く揚げ、左右の手を上下向い合わせに拡げて、その手を拍《う》つ拍子に足を厳しく地に打ちつける。その勢いは地獄の蓋も破れようかという勢いをもってやらなくてはならんというのであります。またその拍った手の響きは、三千大千世界の悪魔の胆をこの文珠《もんじゅ》の智慧《ちえ》の一声で驚破《きょうは》する程の勢いを示さなければならんと、その問答の教師は常々弟子達に対して教えて居るです。そこでその問答の底意《そこい》は、己れが煩悩《ぼんのう》の心を打ち破って己れが心の地獄を滅却《めっきゃく》するために勇気凜然《りんぜん》たる形をあらわし、その形を心の底にまで及ぼして解脱《げだつ》の方法とするのであります。ある田舎者がその問答をやって居るところを見に参りました時に、あたかもカンサという事を論じて居った。カンサというのは人の相というような意味ですが、チベットの俗語でカンサと言えば煙管《きせる》の事になって居るのでございます。

それで僧侶達は人相の事についてしきりに論じて居ったその時分にその田舎者は、何かわ

修学僧侶の問答

からんけれども、どうも問答というものは奇態なものだ、なんでも煙管から争いが起って居るらしい、なかなか煙管一本についても大変な喧嘩をやって居るものだ、それにしても頭をぶん擲《な》ぐるやら砂を浴せかけるやら、他の者が嘲《あざ》けるやら大騒動をやってきゃっきゃっと騒いで居るが、ありゃまあどうしたことであろうか、と不思議に思って帰ったそうです。

それから三年程たってまたその田舎者がまたセラのお寺に参詣して、その問答をやって居るところを見ると、やはりカンサという事についてしきりに議論をやって、しまいには擲ぐり合いを始めるというような大騒動になって来ましたので、どうもこの坊さん達は困ったものだ、煙管一本で三年も争いを行って居るというのはつまらないわけだ、俺《おれ》が一つこの喧嘩の仲裁をしてやらなくちゃならんと言うて、自分の腰の煙管を抜いて坊さんの所へずっと持って行きました。

すると坊さん達はその田舎者を見て、お前達の来る所じゃないと言うて叱《しか》りつけますと、なーに私は貴坊《あなた》がたが三年の間煙管一本について大論判《おおろんばん》をやって居るのがあまり気の毒でたまらない、ついてはこの煙管を貴坊《あなた》がたにあげますから、どうかその喧嘩をよしてもらいたい、と言うたそうです。それが今なお笑話となって残って居ります。まあそんなふうな元気をもって問答をやるので、決して儀式にやって居るようなものではない。しかしこれをやるには始めから仏教を知らんではやれない訳ですが、やはり問答の教科書及び参考書が沢山あって、年々それに相応する取調べをして、一年一年に及第して二十年間の修業を積んで始めて博士の位を得るようになるのでございます。

チベットの僧侶のおもなる教育法　と言えばまずこの問答法である。これが非常に趣味があって人を導く要素を沢山そなえて居るものでございますから、そこでかの遠いモンゴリヤから沢山の学生がわざわざ困難な道を踰《こ》えて参りますので、現にセラ大学にはモンゴリヤ人だけでも三百人余り居りました。それからレブン寺にもガンデン【Ganden】あるいはタシ・ルフンプーというような大きな寺々には、モンゴリヤから沢山学生が来て居る。新教派が今日まで盛んに維持が出来て旧教派のごとく品格を落さずに居るというのも、つまりこの問答法が基礎となって居る。

確かにこの問答が怠惰《たいだ》なるチベット人、蒙昧《もうまい》なチベット人を鞭撻《べんたつ》して幾分仏教の真理に進ませるので、半開人に似合わず案外論理的思想に富んで居るという事も、こういう事から起って来て居るのです。で最も論理的思想に富んで居るのは学者の中には多いですが、普通人民はやはりそういう教育を受けないから実に蒙昧なものでございます〔が多いのです〕。で、この問答が行われて居る場所もまた実によい。チベットは元来樹《き》のないところであるが、そこにはよい樹が植わって居る。それは楡〔楊〕、柳、胡桃《くるみ》、桃、檜その他日本に見られない樹の種類の大木がある。それからその下に美しい銀砂《ぎんさ》が厚く敷いてある。そうしてそこで一問答が終りますと

法林道場の問答　今度は法林道場【Choe-ra（Dharma Garden)】というやはり麗《うる》わしい樹の繁《しげ》った花も咲いて居るところの道場へみな寄り集まるんです。そこにも同じく銀砂が敷いてあるです。その周囲《ぐるり》は五、六尺高さの石塀で、入口の門はシナ風の優美なる門です。その中へみな集まってお経を読む。で、お経を読み終るとまた問答が始まりますので、その時に

は上の級の人も下の級の人も混雑になって問答をやる。思い思いに教科書にない事やら世間《せけん》門《もん》の事やら種々の問答をやります。その問答がまた余程人智開発に与《あずか》って力がある。で戸外《そと》で問答をやって居る時は、一つの級に五十人あろうが百人あろうが、まず問者《といて》一人に答者《こたえて》一人でほかの者はそれを見聞《けんもん》して居るというだけ、もちろん折には問者《といて》も変りまた答者《こたえて》も変るですが、それは一組ぎりです。

ところがこの法林道場の中へ這入《はい》るとそれが一人一人みながやるんです。そうして上級下級に論なく老僧が小僧と問答するという有様です。ですからその手をたたく者は潑々《ばちばち》と霰《あられ》の降り乱れるごとく、戦場における鉄砲がばちばち響いて居るようなふうに聞えて居る。で私がちょうど桃の木の花の下で問答をやって居る時分に雪がちらちらと降って参りました。その様子がどうも面白いものでございますから、自分は問答をやめ暫くその辺の有様を見て考え込んで居りますと、ひょいと国振りが出来ました。

法《のり》の会《ゑ》の花の莚《むしろ》に花咲きて
　妙《たへ》ににほへる心とくかな
桃の花咲ける弥生《やよひ》に雪降りて
　高野《たかの》ケ原は花に花咲く

そういうような遣り方でなかなか勉強するのも面白い。日々夜々に勉強したです。しかし師匠一人だけでは余暇があり過ぎて思うように調べる事が出来ないものですから、二人頼んで毎日尋ねに行く。折には先方《むこう》からこちらへ教えに来てくれるというような都合で余程進歩するのも早いように思いました。なお妙な風があって大学の生徒になった時分にはその証《しるし》として薪《たきぎ》をラサ府へもらいに行くのです。これがすなわち**薪もらいの頭陀行《ずだぎょう》**である。それを二日ばかりやらなければならん。それはつまり大学に入学した者の義務としてやることになって居る。ある日私の近隣の小僧が他の小僧と喧嘩をして石をぶっつけられた。ところが二の腕がはずれたです。で、その師匠はことにその小僧を愛して居りますので、非常に心配してこれはどうも一生の不具になってしまうと言う。というのはチベットでは接骨《ほねつぎ》の法を知らない。チベットのお医者さんはそういう時になると灸《きゅう》をすえるとか、貼薬《つけぐすり》をするとか薬をのませるだけですからなんにもならん。腕の離れた時はただその骨をもとの所へ入れてやれば癒るものを、いらぬ療治をするものですから不具になってしまうので、その師匠は大いに悲しんで居ったです。

私もその子が非常に泣声を出して居ったのを散歩しながら聞きましたから、どうしたのか知らんと思って往《い》って見ますと、腕がぬけて居る。それでお医者さんを呼んだがよかろうと言うと、お医者さんを呼んだところでお礼を沢山取られるだけでなんにもならん。どうせ灸をすえてもらっても不具、このまま捨て置いても不具、同じ不具になるなら熱い思いをさせたり苦しい思いをさせぬ方がよいと言うて悄《しお》れ返って居るです。

第六十九回　法王に召さる

素人療治の奏功　それから私が、チベットのお医者さんは違《たが》えた骨をもとのところへ入れる事を知らないのかと言いますと、そんなうまい事が出来るものかと言って居るです。それでは仕方がないから私が一つ癒してやろうかとこう言ったところが、治りますかと言う訳。いや治らん事はない、じきに治るからと言って、それからその子のそばへ行って他の人にその子の頭と左の手をつかまえさせて置いて、右の手をひっつかまえ、訳なくもとの所へ納めてやりました。で少し筋肉が腫《は》れて居るからそこへ針をしてやりましたが、果たしてすぐ治ったです。それから大分に評判になって病人がどしどしやって来ることになった。

こりゃ困った。こんなに病人に来られちゃあ本業が出来ない。それに薬もないからと言うて断《ことわ》って見たところが、チベット人は断れば断る程余計出て来る。匿《かく》せば匿す程余計に見たいというような訳で、もう手を合わさぬばかりにして頼みに来るものですからどうもしようがない。ラサのシナ人の天和堂《テンホータン》【Thien-ho-thang】という薬舗《くすりや》へ行って薬を買うて来て病気に対する相当の薬を遣りますと、先方《むこう》の信仰力が強いので治るのか、薬がうまく病気にあてはまったのか、私も少しは漢方医の事は聞き嚙《かじ》って居るものですから、それでまあどうにか自分の知って居る範囲内で薬を盛ってやりますと不思議に病人が治るです。ことにチベットで最大難病としてわずらえば必ず死病とされて居る病気がある。其《それ》病は水腫《すいしゅ》病で脚気のようではあるけれども、ちょっと様子が違って居る。その病気の治る薬を私は前に不思議な事からチベット人のある隠者から聞いた事がある。

それでラサ付近ではその薬を用いる事を誰もが知らんようでございますから、私はその薬を拵えて水腫病の患者に与えました。ところが十中の六、七人は不思議に治った。もう手後れになって居るものはもちろん治らなかったですけれども、その事が非常に評判になって、始めは自分の寺の中の皆の者に知られただけですが、それがおいおいラサの市中に知れ渡り、それから田舎に伝わって終《しま》いにはチベット第二のシカチェ府まで私の評判をしたそうです。

活《い》きた薬師様　だというような評判で自分が驚く程評判が高くなると共に、大変遠い三日程もあるような所から馬を二疋〔三〕も連れてわざわざ迎えに来るという騒ぎが起って来た。ことに私は貧民に対しては薬を施して礼物を取らない。それらがまた評判を高くする一つの大なる事情となったかも知れない。なぜならば貧者は薬を貰ってその礼金をしないのに病気が癒るという訳ですから、こりゃ本当の薬師様が出たんだと言ったそうです。またチベットには肺病がなかなか多い。初期の肺病患者には漢方でも相当の手術《てだて》の出来るものですから薬を施すけれども、痼疾《こしつ》となってとても癒らぬ奴には薬をやらん。ただ坐禅を勧めあるいは念仏を唱える事を勧めて未来の安心を得さしめ、死際《しにぎわ》に迷わないように決心する事ばかり説いてやりました。

それで病人が私の所へ来るのを恐れる者もあったそうです。あのお医者さんが薬をくれる病人は癒るが、薬をくれなければきっと死ぬにきまってる。なぜならば誰某《たれそれ》も診《み》てもらったけれども、ただ未来の安心を説き聞かされて薬を下さらなかったところが、その人は果たして死んでしまった。どうも自分の死ぬのが分ると気持ちが悪いからと言って、女の人などが病気になってもよう来ないのがあったそうです。それからチベットでは病気になると妙な風習があってまずお医者さんを頼みに行かんで、始めに神下《かみおろ》しに頼む。すると神下しがどこのお医者さんがよいとか、またどういう薬がよいとか、あるいは薬を用いる事はならんとかいろいろの事を言うです。

そこである悪い医者などは神下しに賄賂《わいろ》をやって自分の事をよく言ってもらおうと思って運動する医者もあるそうです。私はそんな事は始めは知らなかったですけれども私の名が余り高くなったものですから、神下しも自分の指示したお医者さんで病気が癒ったと言えば大いにその神下しの名誉になる訳ですから、神下しからどしどし私を指名し、あのお医者さんにかからなくちゃあこの病気は癒らないと言うてよこしてくれるようになった。私は神下しに運動したこともなければ顔を知って居る者もない。先方《むこう》でも顔を知らんのに、その評判だけ聞いて私の方に振り廻して来るというのは、畢竟《ひっきょう》己れの名誉が可愛いからでございましょう。

そうなったものでございますから、政府の高等官吏あるいは高等僧官等が病気になりますと、まず神下しあるいは卜筮者《うらないしゃ》に尋ねるけれども、その人らがいわゆる一時の流行で私に対して指名するものですから、やはり馬でもって私を迎えに来るです。その迎えに来るのは自分の下僕《しもべ》一人を馬に乗らしめ、私の乗るべき馬を一疋連れて、そうして必ずある人らの紹介状のような物を持って、また紹介状のない時分には、その主人が特に頼み入るという書面を持って出て来るんです。仕方がないからその馬に乗って出掛けて行く。で向うに着くとなかなか扱いは立派なもので、どこへ行ってもお医者さんと言えば命をあずかって居ることになって居るから待遇は誠に好くするです。

医名宮中に聞ゆ　どうも半開国俗の時の流行を逐《お》うことは意外なもので、其事《それ》が尊き辺《あたり》まで達しまして一日私を招待することになった。法王はもちろん格別の御病気でもなかった。ただ私の評判が余り高いものですから、どんな人間か見てやりたいというような思召《おぼしめし》であったと見える。チベットではなかなか法王にお逢い申すということは非常に困難な事である。ただお通りになるを拝む位の事は誰にでも出来るけれども、本当にお逢い申してお話をするというような事はとても普通の僧侶いな高等僧官でもむつかしい位である。

だから法王にお逢い申すということは私の身にとってこの上もない名誉でございますから、直ちにその仰せに従って宮中から送られた馬に乗って参りました。その時に法王は本当の宮殿であるポタラには居らんで、ノルプ・リンカという離宮に居られたです。此宮《これ》はポタラより西少し南に当り、キーチュ河岸《かし》にある林の中に建てられたる大いなる宮殿である。新たに建てられたところの離宮であって夏の間はいつも此宮《ここ》にお住いなされます。しかし今の法王はこの離宮が非常にお好きであって本当の宮殿に居られることはごく少ない。

離宮の結構　で私は林の中の広い道を三町ばかりまっすぐに進んで参りますと高さ二丈余り

周囲三町四面の石塀が立って居る。その石塀のまんなかに大門がある。その大門の内へ西向きに入って行くと、白く円い郵便箱のような物が三間程ずつ隔てて道の両側に立てられてある。それは法王がお出入りなさる時分に香を焚くのであります。その両脇の広庭には大木が青々と茂って居る。もっとも中には樹《き》が少しもなくって広い芝原になって毛氈《もうせん》を敷き詰めたごとくになって居るところもある。それから一町ばかり進みますと中に一町半四面程の垣がある。その垣の外には石造の官舎が沢山に建って居る。それは僧官の住するところである。その僧官の住舎もなかなか立派なもので、いずれも庭付である。その庭にはチベットで得られる限りの花、樹、草類を集めて綺麗に飾られて居るのでございます。

ところで一層奇態に感ずるのは、この一町半四面程になって居る石垣の隅々、あるいは折折の間には恐ろしい大きなチベット猛犬が屋根の上から太いうなり声でわうわうと吠えて居ります。それはいずれも鉄の鎖でつながれて居るが、すべてで四、五十疋も居たです。この法王は珍しい癖があって大層犬が好きなんです。強い恐ろしい大きな犬を献上に来た者には沢山な賞典をやるものですから、遠いところからわざわざ犬を撰択して法王に献上するという次第である。しかし前代の法王には犬を愛するというような事は例のない事です。その法王の御殿へ入る入口の門は東西[南]の隅に南向きに建てられて居る。其門《それ》に対し十五、六間隔てて大きな家があります。その家の後の方に馬を導いて行ってしまった。で私はまず迎えの人に法王の侍従医長のテーカンという方の屋敷へ連れて行かれたです。

第七十回　法王に謁《えつ》す

離宮内侍従医長の住宅　の事でございますから、そんなに大きくもありませんが、かなりに広い客室と書室、下僕《しもべ》部屋と庖厨《くりや》都合四室ございます。まず花の沢山置いてある庭の間を通ってその宅に着きますと、綺麗な白い布の帳《とばり》が入口にさがって居る。其《それ》帳を引き上げて内に入るとまた庭があって、その庭の横口が即ち客室でシナ風の障子に白い切布《きれ》を張り、そのまんなかに硝子《ガラス》を入れてある。室内には金泥の地に龍、孔雀《くじやく》、花模様の描いてある箪笥《たんす》台《だい》の上に立派な新教派の開祖がジェ・ゾンカーワと釈迦牟尼仏《しやかむにぶつ》とが安置してある。これは新教派の普通の仏壇の本尊であるです。

その前にはチベットの銀の燈明台があって、これには昼もバタの燈明が三箇ばかり上げてある。侍従医長はその前に敷いてあるチベット流の厚い敷物（花模様ある毛の段通《だんつう》）の上に坐って居ましたが、その前には高い綺麗な机が二脚並んである。それが即ち正面で庭に臨んだ方にもまた厚い皮の敷物がある。その敷物の上に客人は坐りますので、私がその敷物の上に請ぜられて坐ると、下僕《しもべ》の僧はじきに一番上等の茶をもって来て、まず机の上に置いてある主人の茶碗に注ぎ、それから私に注ぎました。侍従医長は非常に優しい慈悲深い人だそうです。不思議に私と同じような顔で世人がその後兄弟じゃないかと言うくらい形までが似て居ったです。顔ばかりでなく笑い方までが似て居ると言うのですから私も妙な感じが起りま

チベット法王に謁す

した。

侍従医長の挨拶《あいさつ》　さて侍従医長の申しますには別段法王には御病気ということもない。だが貴僧《あなた》が沢山な人を救われた事を聞かれ、大いにおよろこびなされてお遇いあそばしたいというお話で、その事を私に伝えられたから貴僧《あなた》を招待した訳である。しかし今日は余程法王もお忙しいから沢山なお話もあるまい。私がよくお話を聞いていろいろ貴僧《あなた》にお取り次ぎ申して御相談しなくてはならん事もあるだろうというような御挨拶。それから侍従医長との話が終ってそのお方の御案内で法王の宮殿に参りました。先に南向きになって居る門に対して北に進んで入りますと、門の傍《そば》に一人の警護僧が居るです。

普通の僧侶は筒袖《つつそで》の着物を着ることを許されないけれども、警護僧は筒袖の僧服を着け、長い棒を持って居るです。門内に入りますと十間四面程の敷石詰めの庭があって、そのぐるりは廊下のようになって取り囲まれて居る。そこにまた腰掛のような物がずっとあって、そうしてその門から正面に当りまた入口一間半ばかりの小さな門がある。その中へ入ろうという門の両脇《りょうわき》に警手《けいしゅ》の僧が四人居るですが、これは別段長い棒を持たない。ただ短かな物を持って居るだけ。その小門より奥行五間ばかり中庭に入って静かに立って見ますと、左右の壁には勇壮活発なモンゴリヤ人が虎の手綱《たづな》を引張って居る図が描かれてある。その壁は廊下のように屋根があって中は空庭《からにわ》になって居る。その空庭をまっすぐに行かずに廊下に沿うて左側に進んで行きまして、暫く西側の壁の端《はた》で待って居りますと

法王の出御《しゅつぎょ》　法王が内殿から御出御になります。前案内としてズーニェル・チェンモ

【Dunnyel Chenmo】（侍従長）が先に出て参ります。その後へチョェ・ボン・ケンポ（教務大師）、その次に法王、その後にはヨンジン・リンボチェ（法王の大教師）が付いて参ります。で法王は正面の右の席へ着かれますと他の二人はその端《はた》に立たれて、ヨンジン・リンボチェは少し下の椅子に腰を掛けられた。そうしてその前には高等僧官が七、八名付いて居るです。

そこで侍従医長は私を連れて行って法王の少し正面の横まで行きますと礼拝をさせます。私はうやうやしく三遍礼拝して、それから袈裟《けさ》を片肌脱いで小走りをして法王の前まで進んで行きますと、法王は私の頭へ指して手をのせられたです。侍従医長もやはりその通りの礼式をせられた。それから下へ下がって二間程隔てて、侍従医長と私とは並んで立って居ります。

法王の御言葉　すると法王の言われますには「お前はセラに居って貧苦の僧侶の病人をよく救うてくれるそうだが実に結構な事だ。長くセラにとどまって僧侶及び俗人の病気を治すようにしてくれろ」というありがたいお言葉でございますから、「仰せのごとく致します」とお答え申し上げました。ところで法王はシナ語をよくするということはかねて聞き及んで居りましたから、もしシナ語で仰せられては化《ばけ》の皮がたちまち現われてしまうに違いない。

もしシナ語で仰せられたその時は私は日本人ということを明かして一つ日本人の勇気を示そう。それからどうなろうとも名誉ある法王の御前、一か八かやって見ようという考えであったです。ところが幸いにシナ語のお話は別段されないです。ただチベット語でシナの仏教僧侶の事についてだんだんお尋ねがありましたからお答え申し上げますと、大いに御満足の御様子でした。で「誠に感心な事だ。いずれまた相当の官にお前を用いたいと思うて居る。その心算《つもり》で居れ」というようなお話でございました。その話が終りまして、法王の御面前で私にお茶を下さるということでありがたくそこでお茶を戴きました。もっとも法王はその茶の済まない中に内殿へ指してお入りになりました。〔山喜房版では、ここから、「第七十一回侍従医の推挙」の「離宮内殿の模様」の途中まで省略〕で私は

法王の御装束　の御様子を見まするに通常の僧服とは違って居ります。もちろん二十五条衣《じょうえ》の絹袈裟をかけて居られましたけれども、その絹袈裟の下はチベットの羊毛のごく上等なプーツク【putuk】で、お腰より下にお召しになってござるのはテーマと言うてシナ製の上等羊毛布で拵《こしら》えたもの。また頭には立派なる法冠を戴いて居られました。もちろん法冠をお着けなさらず、ただその儘で円顱《えんろ》を出されて居ることもあるです。この時にはどういう訳であったか、法冠を戴いて居られた。そうして左の手に数珠《じゅず》を持たれて居る。御歳《おんとし》はその時二十六歳で今は二十八歳。御身《おんみ》の丈《たけ》は五尺七寸位ございます。チベットでは余り大きい方ではございませんけれども、

法王の御相貌　は俗に言うとなかなか利《き》かん気なお顔で、眼は遠慮なしに言うと狐のようにつりあがり、眉毛もまた同じ形につりあがっていかにもその様は鋭いお顔をせられて居る。あるシナの人相学者がその後私に話しますには、今のチベット法王は敢為《かんい》なお顔付であるけれども、あの眼相《めつき》はよくないからしてきっと戦争でも起して大いなる困難をこの国に来たす

ことがあるであろう、と言いましたがその当る当らんは第二段にして、ちょっと人相学者が見たらば何か小言の言えそうなお顔なんです。お声はごく透《す》きとおって重味のある、威厳のあるお声である。ですから自然に敬礼をせなければならんようになるです。その後法王の事についていろいろ聞きもし、またお逢い申して自分が法王から秘密の法を授かりました。その時々に仰せられたお言葉などを総合して考えて見ると、

法王の政略的思想　法王は宗教的思想よりむしろ政略的思想に富んで居る。もちろんそのお育ちは宗教的のみで育てられたんですから仏教に対する信仰も厚く、充分仏教を自分の国に拡張普及して僧侶の腐敗を一洗しようというお考えは充分あるようでございます。けれどもそれよりは政略的の考えが非常に多い。そして最も怖れて居るのは英国であって、その英国を禦《ふせ》ぐにはどうしたらよいか、英国がこのチベットを取ろうという考えを持って居る、その鋒先《ほこさき》はどういう風に禦《ふせ》いだらよかろうかということを、始終考えて居られるようです。それは私がその後いろいろ研究した結果によってそういう事が分りましたので、それでまた御自分を守るという思想にも余程富んで居る。もし自分を守る思想が乏しかったならば、この法王はもはやとっくに近臣のために毒を盛られて殺されて居ったに違いない。ところがなかなか機敏で法王自身がその身を守ることの注意が深いところから、どうしても近臣の者が毒を盛っても大抵はその罪悪を見破られて、罪に陥る者がこれまで度々あったです。そういう点から見てもなかなか智慮に富んで居る法王であることはよく分る。

五代の法王みな毒殺　これまでチベットで八代から十二代に至る五代の法王というものは、

歳二十五まで生きて居られたお方は一人もないのです。今の法王は十三代目でありますが、八代から前十二代までは十八歳で毒のために殺されたとか、二十二で毒殺されたとかいうお方ばかりです。それは全くチベットでは公然の秘密で誰もが知らん者がない位になって居るです。なぜそんな事をするかと言いますに、聡明《そうめい》な法王がその位に即きますと近臣の者がうまい汁が吸えない。己れの利益を完《まっと》うすることが出来ないからで、これまで出たところの法王もみな随分人物が出たらしく見えるです。その人達の中には二十二、三歳に至るまで特別の教育を受けたお方もあるそうです。それぞれの著書を遺して人民を導かれたということを見ても分るです。それは歴史によっても充分証拠立てられるのです。

第七十一回　侍従医の推挙

宮中の佞臣《ねいしん》　その後前代法王の事などを私の寄寓して居りました前大蔵大臣から聞いて見ますと、涙のこぼれるような事がある。どうも近臣に不忠の大罪人が多い。稀には忠臣も二人や三人は無い事はないそうですけれども、いかにも勢力が鈍く不忠の人間は奸智《かんち》に富んで居るだけ、巧みに徒党を組みたやすく倒すことの出来ないように立ち廻って、宮中に灞蔓《はびこ》って居ると言う訳ですからどうもして見ようがない。私が世話になって居った大蔵大臣もやはり退けられた一人であるそうです。しかし不忠な人間が不忠な様子を人民に示しては、なかなか自分の位置は保てない。そこで表面は法王に対し真の忠臣が思い及ばぬ程の敬礼の意を表

法王離宮の内殿〔この図版は山喜房版にはない〕

して、いかにも忠義を尽すように見せかけて居る。

それはなかなか巧みなもので、やはり今でもそういうやつが沢山居るです。で何かちょいとした事があるか、あるいはまた己れの利益に戻《もと》るような事が起って来ると、自分一人で言っても利目《ききめ》がないから平生《へいぜい》徒党を組んで居るやつが陰に陽に相呼応して、実にかかる不忠の大罪人としてはとても口から言い得ない事を言い出して、一方の忠臣を傷つけるということです。誰某《たれそれ》は法王殿下に対して不敬を犯しました、実に不届きなやつでござるとやかましく言い立てて辜《つみ》のない学者や人民を害すると言い、陰険極まる近臣が沢山あるという話です。ですから真の忠臣や人民はたまらない。こういうひどい悪魔が忠臣面をして法王を取り巻いて居るのですから、法王がちょっと御膳を上がるにも毒が入って居りはせぬかというような訳で微細の事まで注意しなければならん。実にお気の毒な事であると思う。こういう本来の悪魔が忠臣と化けて居るお揃いの宮中はです、よもやよその国にはあるまいだろうかと思ってひそかに涙をこぼしました。

ところが今の法王はなかなか果断なお方ですから、かかる悪魔等も大いに恐れて居るそうです。すでに何遍か毒を盛って見たんですけれども、それがうまく成就《じょうじゅ》しないで大分に死刑に処せられた者があるものですから、それでこわがってさすがの悪魔もびくびくふるえて居るという始末。けれども今の法王とてもそういう悪魔の中に居るから危ないものです。それはさておいて今の法王は実に感心なお方です。お若いに似合わずごく細民の情実まで汲み取って、そうして地方官吏が細民をいじめたり何かする場合には充分注意して細民に同情を表せられて地方官吏を罰し、その財産を没取したりあるいは牢屋の中に入れたりするような事が折々ございますので、官吏中には法王を毛虫のごとくに嫌って居るやつが沢山ございます。けれども地方人民は今の法王は実に結構なお方であると言うて、菩薩《ぼさつ》か仏のごとく信じて居るのでございます。

離宮内殿の模様　ちょうどその後大蔵大臣の宅へ住むようになったから法王の離宮の内殿も拝観することを許されて拝観に参りましたが、なかなか立派なもので、その様子はチベット風、シナ風、インド風の三つが混合して建てられたように見られる。庭などは多くはシナ風に摸《かたど》って築山《つきやま》などがありますが、と言ってまた外に広い芝原の庭があり、その真中にちょいと花があるというようなインド風のところもある。その辺はごく運動がしやすく出来て居るです。御殿の内はもちろんチベット風で屋根はシナ風になって居るところもあり、また全くインド風の平屋根もあるです。

庭にはいろいろの石あり樹《き》あり、その樹は柳、檜《ひのき》、桃、楡《にれ》その他チベットの異様の樹があちこちに植えられてある。花は一体チベットでは夏向きの花は沢山咲きますけれども、冬はほとんど花などを見ることが出来ない。その花は菊、罌粟《けし》、解脱母《げだつぼ》の花、小木蓮《しょうもくれん》、欝金香《うこんこう》その他種々の花が多く御殿の椽先《えんさき》に鉢植えで置いてあるです。で内殿のたたき庭になって居る間には尊き宝石が花模様に敷かれてあり、その横の壁にはチベットで最も上手な画師《えし》が描いた高尚な画《え》があり、その正面にはチベット風の二畳の高台《こうだい》（法王の御座《ぎよざ》）があって、その横にまたチベットの厚い敷物がある。それらはいずれも皆シナ製の花模様の羊毛段通《だんつう》が上に敷いてあって、その前には美しい唐木《とうぼく》の丈夫な高机《たかづくえ》が置かれてある。

床の間はもちろんないのですけれども、ここに茶簞笥《ちゃだんす》が置かれてあって、正面にジェ・リンボチェの金泥の画像がかかってある。そういうような室は幾室《いくら》もあり、なお中に見ることを許されない室も沢山ございました。それらは中に何がありますか、法王が今そこに住んでござるから私共は行くことが出来なかったが、何せい外から見ても随分立派なものであります。〔山喜房版ではここまで省略〕私はその後もたびたび侍従医長からお迎えを受けて折々侍従医長の屋敷へ伺って、つまり私の知らない医学上の話をうけたまわるのです。けれどもその時分には必要に迫られてシナの医学の書物も大分に見て居ったものですから、どうにかその先生と話をすることが出来ました。そこで侍従医長は非常に私を厚遇して、ぜひ**侍従医に推挙したい、**それには私も充分運動するがあなたも少しほかのシャッベー〈宰相〉や大臣等に向って運動するがよいというお話でありましたから、私はそう長くこの国に居られない、実は仏教を修業する者であってインドの方へサンスクリット語を学びに行きたいと願って居るので、到底この国に留まることは出来ませんと答えますと、侍従医長は、それはいけない、あなたのような人に他国へ行かれてしまっては此府《国》にいい医者がなくなるから、ぜひとも此府《国》に止まってくれなくちゃあ困ると言う。いやしかし私は医者でもって一生を過す人間ではない、また医者は自分の本職ではございません、仏道修業が自分の本分でありますからいつまでも医者でもって此府《国》に止まって居ることは出来ませんと言いますと、侍従医長は、仏道修業の最後の目的は衆生《しゅじょう》を済度するにあるのではないか、医者をして人の命を救い、そして仏道に導くことが出来れば、これもやはり衆生済度の一つであるから、どこに居て衆生を済度するも一つ事ではないか、だから此府に止まってもよい訳ではないかと、もっともらしい理屈を言いました。

そこで私は、医者をして人を救うのはこの世だけの苦しみを救うのである。それも全く救い切れない。いよいよ定業《じょうごう》が満ちて今死ぬという時になったならばたとえ耆婆《ぎば》、扁鵲《へんじゃく》といえども救うことは出来ないのである。いわんや我々のごときヘボ医者、ほとんど医者の道を知らん者は到底人を救うより害することが多いかも知れない。もちろん医者で充分人を救い得たところが衆生が受ける定業の苦しみを救うことは出来ないのである。私が仏教では僧侶の本分として衆生の一番重い病気、最も深い苦しみ、長くやまないところの煩《わずら》いを救うにあるのである。即ちこの**無明《むみょう》の病を治《じ》する**ように修業するということは、医者をやるよりも急務である。だから、私は医者をして此府〔国〕にいることは出来ない。じつに如来《にょらい》は大医王である。その薬は八万四千の法薬でもって衆生の八万四千の煩悩を救うのであるから、我々はその弟子としてその医法を修業せんければならん。だから侍従医になるということはお断り申したいとこう言いますと「それではどうしてもあなたはインドへ行かれると言うんですか。」「まあそうです。」「それりゃだめだ。とてもあなたはインドへ行くことは出来ない。それともしいてインドへ出かけるとかどこか遠い所に行くということになれば、さっそく法王からして命令を発してあなたをつかまえてしまって、この国へ留めるようにしますから、そういう思いは断念なさるがよい。そうして我々と共々に働くようになすったならば大いに幸福を得られる訳でございます」と言われたので、私はふいと自分の胸中の秘密を明かした事に気がつきました。余りインドへ行くということを主張しますと自分が帰る時分に困難するだろうというところにふいと気がついたから、まあ好い塩梅《あんばい》にその話は済ませました。医者の事についての話はまだ沢山ございますけれども、まあこんな事にして置いて、ここに妙な事が起ってきたです。

第七十二回　僧侶の状態

セラ大学の特遇　妙な事とは何かと言いますに、どうも法王がお聘《よ》びになったり、あるいは貴族、大臣等が迎えるという程の非常に立派な医者を、今居るようなつまらない僧舎に置くことも出来まいというのが、私の住んで居るセラのピーツク・カムツァンの老僧達の議論になって来たんです。だんだんその説がカムツァン中で勢力を得て、ついに私に対して、これまでにない事ではあるけれども、とにかく法王から招待を受けるような医者はまた特別の取扱いをしなければならんというので、上等の室《しつ》を私にくれるようになったです。で、そこへ住むがよかろうということになりました。何はともあれ汚い臭い圃《かわや》の端《はた》の暗い部屋に住んで居るよりは上等の部屋に居る方が自分も結構ですから、まあ其舎《そこ》へ指して移りました。

法王に始めてお目通り致したのは七月二十日で、部屋の引移りがちょうどその月の末頃であります。一体順序から言いまするど、始めてこの学校へ来た者は別に室を貰うことは出来ない。誰かのところに一緒に居らなくちゃあならないけれども、少し金のある人ならば大学へ入学するとまず汚い室を貰うことが出来る。それも必ず貰えるときまっては居らんのです。私は少し金の廻りもよいものですから、大学へ入学するとすぐに汚い室でありましたが貰いました。大抵十年位たつと四等室位まで移ることが出来る。それから三年たつと三等室に移ることが出来る。それも金がなくちゃあ駄目です。

それからまた博士になると二等室に移ることが出来る。やはりこれも金がもとであるんです。で一等室は化身《けしん》のラマ達の修学に来て居られる者が住むのです。私は二等室をもらいましたが、なかなか立派なもので部屋一つに庫裡《くり》一つ、それから物置が一つある。誠に小綺麗な二階造《〔部屋〕》り、三階の所もありますが、私の居った所は二階〔造〕しかない。二階造りは二階が一番よいので、三階造りは一番上の室をもってよいとされて居る。それでそういう室に住みますと、やはり相当の道具もいればまた下僕《しもべ》の僧侶も置かなくちゃあならん。ちょうど書生が新たに世帯を持ったような訳でいろいろな物を買わなくちゃあならんけれども、随分金が沢山あったものですから、すべて入用の物はその室に相応したよい物を買うことが出来ました。ここで

僧侶の生活

についてちょっと申して置きましょう。僧侶の生活はいろいろの階級になって居りますけれども、大別して三つに分つことが出来ます。上等僧侶の生活と普通と下等の三種であります。普通僧侶の生活ですと月に一人について衣食の入費が七円位のもので、住居はもちろんその自分の属して居る寺から備えられて居るのでございますから、それに対する

金はいらない。しかしあるカムツァンなどはそのカムツァンに借金がございますので、僧侶に対して室の代価を僅かずつ徴収するです。それから一つのカムツァンへ多くの僧侶が参りますと、もちろんその中へ入れることが出来ない。

その時にはその入り切れない僧侶自らが外のカムツァンへ行って約束して、そのカムツァンの室を借りて住み込まねばならん。それにはやはり月に一円かかるもあり、いいのになると三円位のもある。ごく悪いので二十五銭位である。衣服は普通の羊毛布でこしらえた袈裟《けさ》とシャンタブ（下纏衣《したぎ》〔穿抜腰衣《はきぬきこごろも》〕）と正規の僧帽と中等の履《くつ》を用いて居る。それでも一通りそろえますと二十円位かかります。食物は朝はバタ茶に麦焦し、それも大本堂へ行けばお茶は毎朝大椀に三杯ずつ貰うことが出来るですけれども、大抵財産のある普通の僧侶は朝々自分の室で茶を拵《こしら》えて飲む、昼少し過ぎにまた同じくバタ茶で麦焦しを喰いますが、その時には肉を喰います。その肉は乾したのが多く折々は生肉も用いて居るです。

晩は大抵麦粉のお粥《かゆ》、その中へ乾酪《ほしちち》、大根、脂肪肉等を少し入れうまく拵えて其《それ》粥をするのです。バタ茶は大抵隙間もなく机の上の茶碗に注がれてある。どうもチベット人は肉を喰う割合に野菜が乏しいので始終茶を飲んで居るです。その茶飲み茶碗はいつも銀の蓋《ふた》で伏せてありまして、其《それ》茶がよい頃にさめると飲み、飲んではまた注いで二十分位蓋をしてさまして居るのです。もっとも冬はそんなに長く置くことが出来ないから、五分か六分の間に其《それ》茶を飲みつつ話をするとか、あるいはお経を読むとか、あるいは内職などをやって居る者もある。そういうのが普通の僧侶の飲食物であるです。

で僧侶の財産はと言うと大抵田地を持って居ります。中にはある地方においてヤク、馬、羊、山羊等の牧畜をして居るのもありますが、しかしこれらは余り多くはありません。まず家畜ならばヤクが五十疋、馬が十疋位、畑ならば前に申した通りヤク二疋で鋤《す》いて一日かかって畑の十枚もやるのが関の山です。それらの財産から自分の喰物《くいもの》なり小遣《こつかい》なりが出て来ますので、普通寺から給せらるるところの禄、信者から僧侶に対して一般上げらるるところの「ゲ」を受けるだけでは中等の生活は出来ないです。で、その寺なり信者なりから受けた上に自分の財産及び内職でその生活を立てて居るんです。

僧侶の職業　僧侶のうちで商売をしないものはまあ稀な方です。大抵商売しなければ農業、そうでなければ牧畜、それから職工は仏具を拵《こしら》えるもの、仏画を描《か》くもの、裁縫師、大工、左官、履師《くつし》、石積《いしつみ》などチベット国民のあらゆる職業〔中、屠者猟師の業を除いては何の職業でも〕僧侶のうちに見出せないものはない。のみならず俗人に出来ない仕事でかえって僧侶がやって居る事も沢山あるです。これらはただに中等の僧侶ばかりでなくまた下等の僧侶にもある。

上等僧侶の衣食住はなかなか立派なもので、まずその財産を言いますとヤクが五百疋以上四千疋以下ぐらい持って居る者がある。馬は百疋以上五、六百疋、田地はヤク二疋で量《はか》った一日程の田地が百枚以上五、六百枚以下、それから商売をやる者では一万以上五十万以下の資本をもって商売に従事して居るのもある。しかし僧侶で五十万位の資本を持って居る商売人はチベットでも三、四人しかないそうです。これらの僧侶の生活の程度は立派なもので、お蚕ぐるみという訳ではありませんけれど、チベットの内で出来た最も上等の羊毛布の法衣《ほうえ》を着け、その食物は朝々に粥《かゆ》のようにどろどろになったバタ茶を用うるです。〔山喜房版では以下第七十二回の末尾まで省略〕此《これ》茶はチベットでは非常によく拵《こしら》えて居ります。

上等バタ茶の製法　まず其《それ》茶を半日も煎《に》てその滓《かす》をよく取って、そうして真っ黒な少し赤味がかった汁になって居る中にヤクのごく新鮮なバタを入れ、例のごとく塩を入れて筒の中で二度ぐらい摩擦したのがごく上等の茶である。こういう茶を一罎《びん》こしらえますには三十八銭ぐらいかかるのでございます。その一罎というのはちょうど日本の溲瓶《しゅびん》の形になって居る土焼の茶瓶《ちゃびん》一つを言うのです。その茶瓶に入れて口より茶碗に注ぎ込むのですが、どうも始めは気味が悪いです。溲瓶から油のどろどろした汁が出るように見えて、ちょいと手に取って飲んでみる気にはならない。こういう茶を飲むのは上等社会でなくちゃあやれないです。

即ち上等の僧侶は毎朝その茶でもって上等の麦焦しを捏《こ》〈捏〉ねて、その中にツーというものを入れます。このツーというのは乾酪《ほしちち》とバタと白砂糖とを固めて日本の擬製豆腐《ぎせいどうふ》のように出来て居るものです。それを入れてうまく捏〈捏〉ねてそうして其《それ》塊を右の手でよく握り固めて喰います。もちろん朝から肉は喰いますので、その肉はやはり乾肉と生肉とそれから煮たのと三種類です。昼は一升五十銭以上の高価な米、ネパールから輸入された米を煮て喰うんですが、御飯もそのままは喰わない。バタの中に砂糖と乾葡萄を入れ、そうしてそれを混ぜて茶碗に一ぱい喰うのです。その後で卵饂《う》飩《どん》あるいは麦焦しをたべることもある。

夜分は小麦団子を雑煮《ぞうに》のように拵《こしら》えてたべる。チベットでは粥《かゆ》と言うて居るが、その中には肉も入って居れば大根も乾酪《ほしちち》も、もちろんバタも入って居るです。しかし朝必ずしも麦焦しを喰うと限りません。お客さんがあった時分にはそれがあちこちになっていろいろ変ることもございますが、まずこういうのが上等社会の常食である。上等の僧侶は一日として肉がなくては決して喰うことが出来ない。どうかして斎戒《さいかい》を保って肉食《にくじき》をやめるような事があるとやかましい事で、痩《や》せたとか死にそうになったとか言うてわいわい騒ぐです。実に哀れなもんです。

第七十三回　下等の修学僧侶

憫《あわ》れなる生活　さて上等僧侶の住所は第一等あるいは第二等の住所をその所属の寺からもらって居るばかりでなく、また自分で別荘を拵《こしら》えたりあるいは自分で寺を持ってる者もある。ですから上等の僧侶は実に結構なもので、そういう活計《くらし》をする金はどこから来るかと言えば、先に申しました財産から供給されて居ますので、上等僧侶の家には大抵五名以上七、八十名までの召使がある。そうしてその中から執事とか、あるいは会計主任とか、また商将《しようしよう》とか、あるいはラマのお侍《つき》とかいうような者を選抜して、いろいろその勤める範囲が違って居ります。上等僧侶はそういう沢山な下僕《しもべ》の僧侶にかしずかれて荒い風にも当らずに結構に暮して居ますが、下等の僧侶に至ってはそれと全く反対で、実にこれを説明するにも涙がこぼれる程哀れな境涯《きようがい》にあるのです。

その気の毒な有様はほとんど言葉に尽せないけれども、まず申しましょう。同じ下等と言っても壮士坊主ならばよその百姓働きに行ったり、あるいは内職をやったり、あるいは護衛兵になったりして金を儲けて、それで自分の需用をみたすことが出来ますから、今日喰う物もないというような活計《くらし》はして居らない。ここに最も気の毒な最も哀れむべき者は下等の修学僧侶の生活《くらし》である。これは自分の宅から送る学資金もない。また自分で働いて儲ける金もないのです。何分にも科目の調べに忙しいからどこへも出ることが出来ない。で自分の学資として仰ぐところは、信者より「ゲ」として上げられた月々に一円から二円の金、それから俸禄として一円ぐらい。どうも二、三円では到底生活することは出来ない。

朝は大本堂へ行って茶はただ飲めるにしても肝腎《かんじん》の麦焦しはただは来ない。一月に一円三、四十銭なくてはどんな者でも腹を太らせることは出来ない。で問答修学期の間は毎日タ－サンに行って茶三杯ずつ貰うてそれで昼御膳を済ますけれども、この問答修学期は一月問答をやれば一月は休み、半月やれば半月休んで復習し、かつ下調べをせんければならん。そこでこの僧侶はまた問答を習うために教師の所に通わなければならん。それは少なくとも月に五十銭ぐらいの月謝を払わなくては教えてくれる人はないです。これも余程お慈悲のある人でなければ教えてくれないですから、二円の金は大方麦焦しと修学の月謝にかかってしまうような訳。と言って自分の室内で夜分まんざら火を燃さずに居るという訳には行かないです。

夜分もやはりちょっと茶を拵えて麦焦しを喰わなくちゃあならん。ところでその茶を買う銭の出どころがない。もちろんバタなどを入れるような奢《おご》ったことは到底出来ない。ですから下等な修学僧侶は上等僧侶の飲み滓《かす》の茶を貰って来て其《それ》滓を煎《せん》じて飲むんですが、さてその煎じるところの薪《まき》即ちヤクの糞《ふん》はこれまたただは来ない。一俵〔使〕（およそ五斗入り）の価《あたい》が三十五銭もするです。少し余計に焚《た》くと一月に三俵も四俵も一人で入っちまうですが、その貧しい修学僧侶は一俵で一年ぐらい辛抱しなくちゃあならん。

修学僧侶の財産　そういう人の室内に行くと、その財産としては羊の皮と木椀《もくわん》一つ、数珠《じゅず》一つに見すぼらしい敷物一枚。その敷物が夜分の寝床にもなりますので、隅にはその室付の竈《かま》が一つ、その上に土鍋《どなべ》が一つ、それから水を入れる土の罎《びん》が一つある。壁の隅に綴《つづ》った袋が一つかかってありまして、其《それ》袋には先生らの命をつなぐ麦焦しの粉が入って居る。それとても満ちてあるものは稀です。けれどもそのうち一番肝腎な財産は何かと言うと問答の教科書です。それはどんなつまらん僧でも五、六冊位は大抵持って居る。しかし其《それ》本は教課が済みますとじきに売ってまた今度いる新しいのを買いますので、決して永久の持物として持たれて居るものじゃあない。

　夜分は自分の着て居る袈裟と下衣《したぎ》とが夜着であって、その上に一枚の古毛布《ふるけっと》でもあれば余程よいのですが、それもないのが多い。それでも一人で室を持って居るのはまだ大分に気が利《き》いて居りますので、大抵九尺四面の一室内に三人ぐらい住んで居る。そうして三人共有の土鍋が一つというような訳〔出来るだろうか〕。だからまあチベットの厳冬の夜、ごく寒い時分どうしてこの室内で過すことが出来たろうかと思うて、そういう人のところへ病気などを診《み》に行くと思わず涙がこぼれて薬代を取るどころではない。金をやって来たい位の感覚が起ります。これが下流僧侶の生活の有様である。

そうですからこの僧侶らは「ゲ」のない時分にはほとんど食物を得ることが出来ないで、折々は三、四日も喰わずに居ることがある。けれども二十銭なり三十銭なりの「ゲ」を貰うことが出来るとさっそくラサ府まで一里半あるところを、ひだるい腹をかかえて麦焦しを買いに行くです。買うてじきに帰って来れば大いによろしいですが、事によると余り腹が減ってたまらないので煮出屋《にだしや》へ飛び込んで、そのもらって来た「ゲ」のすべてを費《つこ》うて饂飩《うどん》や何かを喰っちまうから、また腹が減って喰物《くいもの》がなくって二、三日も喰うことが出来ない。すると今度はいよいよどこかへ貰いに出かけるというような可哀そうな有様を私は折々目撃した。そういう場合には自分の出来るだけの金を遣ったり何かします〔事をしてやりました。〕。それで修学僧侶などは私に対して大いに敬意を表し、仕舞《しまい》には途《みち》で遇ってもなかなか私の顔など見て歩く者がない位になりました。

天和堂《テンホータン》主と懇親の因縁　少し話が後に戻りますが、私が医者を始めてだんだん盛んになるに従って、薬を沢山買わなくてはならないようになったです。そこで薬買いには、シナの雲南省から来て居る商人で店の名を天和堂と言い、主《あるじ》の名を李之楫《リシシユウ》【Li Tsu-shu】という人の宅へ折々行かなくちゃあならんようになった。チベットでは薬は〔煎薬材料も〕みな粉にして用います。シナ人のごとくに切って置いて煎《せん》じて飲むということをしない。すべての草根木皮は粉に砕いて薬を製造します。また角《つの》の類あるいはいろいろの礦石《こうせき》類も用うるです。

そういう薬剤を粉にしてもらうためにその宅に一日二日泊ることが度々あります。何しろ沢山薬を買うものですから大変よいお客さんになって、先方《むこう》でも随分好遇するようになって来た。そこでその人から景岳《けいがく》全書という医者の書物を借りまして、前に自分の聞いて居ることやあるいは少し知って居る上にその書物を見ましたから、まあ大抵な病人を取り扱うことが出来るようになった。随分

危ないお医者さん　と自らは信じて居るけれども、鳥なき里の蝙蝠《こうもり》でまあ仕方がない。それでもラサ府のお医者さんよりは余程立派なもので、生理学の議論ぐらいやったところが決して負けない。その点においては確かにラサ府のドクトルよりは私の方に信用を置かれるようになって居った。で折々その宅（天和堂《テンホータン》）へ出かけて行く。その家には室も沢山ある。ラサ府には三軒シナ人の薬店《やくてん》があるけれども其宅《その店》が一番大きいので、その主《あるじ》はまだ三十歳ぐらい、ごく人のよい方《かた》で大層親切にしてくれた。その家内もなかなかよく行き届いた人で、その夫婦の間に女の子と男の子が一人ずつ、それに女房の母親、それから召使が三人、これだけの家内で暮して居る。で皆が私を家族同様に扱うようになった。と言うのは元来私のところには人から喰物《くいもの》を沢山くれるです。それを自分一人で喰うことが出来ない。まあ余るものですから誰にも構わず遣ったです。

その中でもことによきお菓子あるいは酸乳、白砂糖あるいは乾葡萄《ほしぶどう》などを貰いました時分には必ず其家《そこ》へ持って行ってやるものですから、子供達は大変な喜びで、私が出て行くと何か必ず貰えることにきまって居るように心得てちゃんと待って居る。二、三日行かないとこ

の節はどういう訳かセラのお医者様がお越しにならないと言って大いに待って居るようになり、そこでちょうどその家の家族の一人のような塩梅《あんばい》になりました。子供と親密になるのは早いもので、全く十年も十五年も手掛けたような有様で、ほとんど他からちょっと来た人が見た時には、シナから出て来る時分より近昵《ちかづき》であったかあるいは親類であったかのように人人から折々尋ねを受けた位。この親密なる交際が私がチベットを出ます時分に非常の助けをなしましたので、この事は後にいずれ順序としてお話致しましょう。

第七十四回　天和堂《テンホータン》と老尼僧

駐蔵《ちゆうぞう》大臣の秘書官　天和堂というギャミ・メンカン（シナの薬舗《やくほ》）はワンズュ・シンカン【Wan-dzu Shing-khang】（ラサ府の町名）にあるので、その宅へ遊びに来る人で駐蔵大臣（シナの全権公使）の秘書官馬詮《マツエン》〔著〕【Ma Tseng】という人がある。この人はシナ人の中でも余程の学者で、また経験家で良実な人である。もとチベットで生れた人で、そのおっかさんはチベット人である。だからそのチベット語にもシナ人の語調はありませんけれども、さればとてシナ語もよく出来、シナの書物もよく読めます。むしろチベットの書物よりもシナの書物に通じて居る人で、ペキンの方へも二度ばかり行き、またインドのカルカッタ、ボンベイの方へも二度ばかり商いに行って外国の事情にもかなり通じて居る。其人《それ》が衙門《がもん》へ指してお勤めに行く。時間はごく僅かで務めのほかは遊んで居る。薬屋の主《あるじ》と非常に親しいものですからいつもこの薬屋へ来ていろいろの話をする。

それから私が近づきになってだんだん話して見るとなかなか面白い。またチベット人の種種の秘密の悪い風俗、習慣などをこの人から聞くことが出来た。それを聞いてよく眼をつけて居るとなるほどその言葉通りの事も分る。全く聞かないとうっかりして居る事も沢山ある。のみならず駐蔵大臣の秘書官ですから、いろいろシナとチベット政府のその間の秘密の事情などもよく知って居っていろいろ話をする。元来この秘書官は非常な話し好きで、私が尋ねなくても親切によく話してくれる。だから私には大変有益な友を得ましたので、まあセラなどで書物を読んで余り疲れた時分には、買う薬がなくても運動かたがた出かけて行ってその秘書官と話をするのが何よりの楽しみになった。

摂政家の公子　ある時の事、私が天和堂の門口《かどぐち》に立って居りますと一人の貴族が下僕《しもべ》を連れてこちらの方向に向いてやって来ました。この薬舗《くすりみせ》はパナンショー【Panang-sho】へ行く道とカーチエハカンへ行く道の三角形の角《すみ》にある店である。するとアニサカンの向うの方からその紳士がパナンショーの方へ向けて出かけて来るです。私が店に立って居るのをちょっと見て少し行き過ぎましたが、また後戻りをして見に来たかと思うと、その付添の下僕《しもべ》が違いない、違いないと言った。そうするとその紳士が私の所へやって来て「やあ、あなたは」と言う。その顔をよく見ますと余程痩せ衰えて居ますけれども、これは前にダージリンで出遇うたところのパーラー摂政家の公子である。様子を見ると先に聞いて居った気狂いのようでもない。

ところでその後は誠に久し振りで、あなたはよくこちらにお越しになる事が出来ましたというような話。こんな所で話をしても仕方がないから家に入ってはどうかと言うたら、それでは急ぐけれどもちょっと入りましょうと言うて内へ入りました。すると天和堂のお内儀《かみ》さんはかねて知合いと見えて、さっそく椅子を指してどうかお掛け下さいと言って請《しょう》じたです。で何か私の話をしそうですから私は眼で知らして、さて第二の府であなたにお眼にかかってからちょうど半年ばかりになりますとふいな話を仕掛けた。そこで先方《むこう》ももちろん私がダージリンに居たことをここで明かせば自分の身にも害が及ぶという位の事は知って居るものですから、私の話に応じてうまく辻褄《つじつま》を合わしたです。

そんなところを見ると全く気狂いのようでもない。いろいろ話したが常識を備えた人の話と変らない。その話の中に「私はこんなに痩せる訳はないけれども、三ヵ月以前に私の下僕《しもべ》が盗人をした。それを譴責《けんせき》したところが大いに怒って私のこの横腹へ刀を突き込んだ。それで腸《はらわた》が少し出て非常に困難をした。もしあなたが来て居ることを早くあの時に知ったならばこんなに困難もしなかったであろう。」「それはお気の毒な事であった」といろいろそんな話をしてその方々は帰りました。すると天和堂の奥さんの話がおかしい。「なかなかパーラーのぼんちはうまい事を言われる。自分が悪い事をして腹を傷つけられたのに、あんなてれ隠しを言ってあなたを騙《だま》そうとするけれども、私はその事情をよく知って居る」と笑いながら話をした。

どういう訳であなたはそういう事を知って居るかというと、なあに私はもとあの兄《あに》さんの女房であった。それを兄さんが私の宅が階級が低いものだから長く添うて居る事を親から許されなかった。で兄さんは私を離縁してナムサイリンに養子に行かれたですから、あすこの家の事については何でも私はよく知って居ます。一体あのぼんちは女好きで女に迷うて沢山な借金を拵え、その女と酒との揚句《あげく》に何か喧嘩が起って腹を切られたんで、今あのぼんちの言われたような立派な話じゃないですと言われた。「それじゃあ気狂いじゃないか」と聞きますと、「彼《あれ》は勝手気狂いで借金取りが来たり都合の悪い事が出来ると気狂いになるが、当り前はまともなので実に困った人です。気狂いと思ってなかなか油断はなりません。金を借ることはなかなか上手ですからあなたも御注意なさいませんとひどい眼に遇いますよ」とこういう訳でその事は済みました。

薬屋との関係はこの後も沢山出ますけれども、これは今はこの位で措《お》きます。この後八月上旬の事ですが後々私に深い関係の起る人から招待された事についてお話をします。もういちいちどういう立派な人が私を招待したとか、こういう病気が治ったとか治らんとかいう話は面白くないから、そういう事は抜きにして、ここでどうしても私に非常に関係の深くなった人の事を述べなくちゃあならん。

老尼僧の招待　それはチベットの大蔵大臣の家に居らるる老尼僧がある。その方が病気でもって麦田《(畑)》の別荘に居られる。チベットでは別段花を観《み》に行くと言ったところが桃の花ぐらいのもので、じきになくなってしまって面白くもない。そこで夏になると大抵リンカ（林の中あるいは花園）の宴を開くと言うて、麦畑の間にテントを張ったりあるいは林の中に敷物を敷いて思い思いの《〔種々の〕》面白い遊びをなし、御馳走を喰い酒を飲みあるいは歌を謡《うた》い踊を跳《おど》るという遊びをするです。それがチベット人は無上の愉快としていつも夏になるとリンカの宴を開きに行くことを待ち兼ねる位です。

それでその麦田《〔畑〕》の別荘に招待されて行くと六十余りの尼僧が居られる。其尼《それ》に付添《つきそい》の尼僧、女中というような者も七、八名も居るです。家はなかなか立派に出来て居る。天幕《〔更紗〕》でなく板をもってうまく拵えてその外部《そと》は切布《きれ》で張ってある。内部《うち》もいろいろ立派な模様晒布で張り付けてある。仮住居ですけれどもなかなか綺麗にしてある。そこへ招待された。老尼僧の言われるには、私はもう十五、六年間の病人でどうせ老病であるから治る見込はないが、名高いあなたに脈だけ見てもらって、よし治らなくても痛いところが少し助かりでもすればそれでよい、どうか一応診《み》てもらいたいというお頼み。そこで容体を聞いたりいろいろ診察しますと僂麻窒斯《リウマチス》です。さっそくカンプラチンキを拵えてやりました。

なお胃病も少しあるようですからその薬も遣った。それは非常によい薬でもないけれども一体信仰力が強いものですから、その信仰の力は恐ろしいもので、余り結構でない薬が実に結構に利《き》いて、十五、六年このかた痛みのために夜はいつも寝られないで難渋《なんじゅう》して居ったというその痛みもどうやら取れて、幾分か歩くことも自由が利くことになった。ところが大よろこびでさっそくその事を自分の宅の大蔵大臣に報知した。此尼《これ》は実は前大蔵大臣の内縁の奥様であったです。

奥様の尼さんとは変だと思いましょうが、大蔵大臣もやはり僧侶です。ことに新教派の僧侶です。その事は言うに忍びないけれども、どうも本当の事を言うて置かないと訳が分らんからよい事はよい、悪い事は悪い、当り前の事実を述べて置く所存《つもり》です。この大蔵大臣と尼僧と一緒になって居ることはその人らだけに行われて居る事で、なかなかその社会では許されないけれども、およそ貴族の僧侶と言えば妻がある。公然と妻は持てないけれども内縁の妻をどこかに隠して置くとか、あるいは内に入れてあるとか、それにはまあ最も便利なのが坊主の女房に尼と言ったようなのがごく都合がよい。それでこの大蔵大臣にもやはり尼僧の奥さんがあります。しかしもはや大変な老人で、白髪頭で腰は屈《かが》んで居るけれど身体は大きくって元来強壮な質の人であります。

第七十五回　前大蔵大臣と最高僧

七尺四、五寸の老偉人　大蔵大臣の家にはもちろん家来も沢山あり下僕《しもべ》も沢山ある。そういう人達が病気になるとセラのお医者さんに限ると言うてみな私のところへ診《み》て貰いに来る。それが先方《むこう》の信仰力で病を治してくれる。こういう風に信仰されるのはこりゃ私の力ではない。全く仏がこういう風に拵えてくれるので人が信仰するのであろうと自分ながら不思議でたまらなかったです。それからだんだん前大蔵大臣と懇親になって来た。で、いろいろ話をしますと、この方は非常な才子〔チベットで恐ろしい政治家〕でまた博学であるのみならず、難局を裁断して遺憾なく、外交上の問題などについては充分処理の出来る人です。

大蔵大臣別殿の一室

歳はその時に六十二歳でございましたが、チベットではあれだけ高い人を私は見たことがなかった。七尺四、五寸は確かにある。私がその方の端《はた》へ行くと乳のところまでしかない。その方と一処《いっしょ》に道でも歩くと、まるで親と子供と一緒に連って歩いて居るようにしか見えない。その方の着物を拵えるにはいつも二枚分いるです。人を見るの明あって世才に富んで居るにかかわらず非常に親切でまた義に富み、決して人を欺くというような事はしない。ただその人の欠点と言うべきは、若い時分にこの尼僧と一緒になり、それがために自分の身を誤った一事です。

私と親しく話をする時分に折々尼僧と共々に涙を流してあの時に、あんな事がなかったらこんな馬鹿な事はなかったろうという懺悔話《ざんげばなし》を折々聞いた。そういう点を見ても全く根が悪い人でない。一時の若気《わかげ》で僧侶の正しい行いを完《まっと》うすることが出来なかったのである。しかし世間一体の風潮もすでにそういう風であるから幾分か世間の風潮に染んだのであろうと思う。とにかくそういうお方ですから、私の情実を察してくれて、「どうもあなたは気の毒なものだ。セラに居られるとあのセラの病人を相手にするだけでもなかなか容易なものじゃない。そのうえラサ府からも病人が行くと地方からもやって来るという始末だから、実に書物を読む暇がありますまい」と言う。

「実にその書物の読めないにはほとんど私も困り切って居ります。」「それは気の毒な事だ。それにどうもこの後そんな風にやって居ると第一身が危ない。」「何が危ないか」と言うと「あなたが来てからほかのお医者さんが喰うことが出来んようになったから、その医者達が人を廻してあなたに毒薬を盛らぬとも限らん。まあ大抵殺《や》られましょう、私の見るところでは」とこういう話。「それは困った。何とか方法のして見ようがないか知らん」と言うと、「あなたは喰う事と着る事さえ出来ればいいだろう。」「いやもうそれだけ出来れば充分です。」「それだけは私が供養して上げましょう。住所もそんなに立派ではないが、お寺に居るより少しは気楽な室を上げますからどうです。私の宅へ住み込んでここで勉強せられては。かえってよく勉強が出来るだろう。余程困った病人でなくちゃあここへはめったに言うて来やしない。病人に対しては気の毒だけれども、ラサ府のお医者さんを助けてやると思ってここで勉強せられちゃあどうです」と言われた時は実に嬉《うれ》しゅうございました。チベット仏教を調べるためにせっかくラサ府へ出て来たのに、世間の事ばかり見てその世間の事を取り調べる便宜は得ても、仏教を取り調べる事の出来んのは誠に残念の事である、と思って居りました矢先へその事を聞いたものですから、その時の喜びは親に遇ったよりもなお嬉しかったです。

大蔵大臣邸に寓《ぐう》す　何事もとんとん拍子のよい都合に行って、お金は出来るし衣食住は大蔵大臣からすっかり下さると言う。そこでセラの方から食物その他日用品をみな運び、そして自分の今までの住居の方には小僧だけを留守番に置いて、私が決して大蔵大臣の宅に居るということを言うな、また非常な病人が来ても大抵はほかのお医者さんに診《み》て貰うように言え、私はこれから勉強しなくちゃあならんから、と言って小僧には喰物《くいもの》を与え、ちゃんと勉強する道を付けて置いて、私は全く大蔵大臣の別殿へ住み込むことになりました。ただしセラで問答が始まると折々問答の稽古に出て参りました。

けれども私の貰った御殿はそんなに広くはない。長さ三間に奥行二間ばかり、其室《それ》が二間に仕切られて居る。けれども元来貴族の御殿風に出来て居るものですから中の壁の模様などは実に立派です。緑色にすっかり塗られてきらきら光って居るところへ、金でもってチベット風の花模様が置かれてある厚い敷物、唐木《からき》の机、ちょいとした仏壇もある。何もかも行き届いた誠に清潔な御殿で、その御殿の横にもう一つ大きな御殿がある。其殿《それ》は新大蔵大臣の居らるるところで三階造りです。前大蔵大臣チャムパ・チョエサン【Chamba Choesang】（弥勒法賢《みろくほうけん》）は二階造りの御殿に居らるるです。そういう閑静《しずか》な所でもあり、何しろ大蔵大臣の邸ですから、セラに居った時分の僧侶の友達までが恐れて出て来ない。そこで勉強するには好都合であるがさて教師の所に通うのが困難である。どうも二つよい事はないもので。

チベットの最高僧を師とす　ところがここに最もよい教師というのは前大蔵大臣の兄《あに》さんでチー・リンボチェ【Ti Rinpoche】という方がある。これは父異《ちが》いの兄さんでシナ人のお子だそうです。このチー・リンボチェはやはりセラ出身の方で七歳位から僧侶になられたそうですが、この時には六十七歳であって、その前年にガンデンのチー・リンボチェというチベット最高等の僧の位に就《つ》かれた。このチー・リンボチェという意味は坐《ざ》台宝《だいほう》という意味で、新教派の開山ジェ・ゾンカーワの坐られた坐台がガンデンという寺にある。その坐台へ坐ることの出来るのはチベットでただ二人。それは法王とそのチー・リンボチェとである。しかし法王は常に其坐《そこ》に坐れる訳じゃない。チー・リンボチェはガンデンに住んで居れば〔法式の時は〕いつもその坐《ざ》に坐られるのです。

で法王は生れながらにしてその位置を占めて居るのですが、このチー・リンボチェは仏学を学んで博士となった後に、ほとんど三十年も秘密部の修学をしなければならん。修学というよりむしろ修行である。その修行の功徳を積み学識と徳行との二つが円満に成り立ったところで、チベットではこの人よりほかにこの坐台に坐るべき方はないという高僧になって始めて、法王の招待によってこの位に就かれるのです。けれども屠者《としゃ》、鍛冶屋《かじや》、猟師、番太《ばんた》の子供はその位に就くことはもちろん出来ない。普通人民の子供でありさえすれば、誰でも五、六十年の修行を重ねて学徳兼備の高僧となればこの位に就くことが出来るです。

ですからむしろ実地の学徳の上から言えば法王よりもこの方が尊いので、私は幸いにしてこういう尊い方を師匠として仕えるような仕合せを得た。これはなかなかチベットでは容易の事でない。ことにチベットは階級の厳しいところですから、お遇い申すことさえも容易に出来ない尊い方である。たとい或る伝手《つて》を経てお逢い申しても、その方から話を聞くということは余程困難な事です。しかるに私はその方を師匠として教えを受けるようになったのは、全く前大蔵大臣の厚意によってこういうよい幸福《しあわせ》を得ることになったのである。それでチベット仏教の顕部《けんぶ》についても秘密部についてもこの方から充分学ぶことが出来た。しかしこのチー・リンボチェという方は余程妙な方で、私を一見してすぐに私の素性《すじょう》を知って居たかのように取り扱われたです。しかしまあ当分害がなかろうからここに居るがよいというような事を暗々裡《あんあんり》に漏《も》らされた。

私は実に恐ろしくなったけれども、また私の心の中を見て下すったものと見えて、真実に仏教を教えて下すったです。その有難味は未だに忘れられない。私はチベットに居る中に多くの博士、学者、宗教者、隠者からしていろいろの説を聞いて利益を受けたけれども、この方から受けた程の感化は受けなかった。こういう尊い方があるから、その弟の大臣が過《あやま》って悪いところへ陥っても、結局自分で真実に懺悔《ざんげ》して未来の大安心《だいあんじん》を得ようということに勤《つと》めるようになったのであろうと私は察しました。また前大臣の奥さんである老尼僧も大臣に劣らぬ活発な気象だが、女ですから幾分か優しいところもあるけれども男優《おとこまさ》りの思想を持って居られたです。

第七十六回　ラサ府の日本品

現任大蔵大臣　この尼僧はネパールのカトマンズへさして二十年程以前に、罪障懺悔《ざいしょうざんげ》のために巡礼に行かれた事がある。その時分にいろいろ難儀《なんぎ》した話やら私がネパールに居った時の話やらがよく私と合いますので、いつもその話を聞きましたが、似た者夫婦とか言うて大臣の義気に富んで居るのとこの方の義気に富んで居るにはほとほと感心しました。それで私はむしろこのお二方、尊い僧侶と尼僧とが御夫婦になって仏教の真実体面を汚したという罪悪を憎むよりは、その心情の哀れなることを察して折々は自分でもどうも誤り易いは色情であると思って、前車の覆《くつが》えるを見て私の進んで行く道の戒《いまし》めとした訳でございました。

だんだん親密になるに従って家内の事、その家来の気風はどんなであるということから、仕舞にはごく些細《ささい》の事までもよく私には分って来た。そこで現任大蔵大臣はやはり私のつい隣の御殿に居られるけれども、なかなか事務が多いものですから現任大臣とはそう話をすることが出来ない。この方の名をテンジン・チョェ・ギャル（教持法王《きょうじほうおう》）と言う。なかなか温順な方で、また侵し難い程意思が鞏固《きょうこ》なのです。いつも話をする時はにこにこ笑ってまるで友達扱いをされますので、この方は大臣だということも打ち忘れ、先方でも大臣の資格をもって話をせずにごく友達風に話すです。それと言うのは前の大臣なり尼僧なりが私を自分の子供のように愛していろいろ世話をして下さるものですから、それが幾分か関係を及ぼしてこういう風に親切にされたんだろうと思う。

打ち解けて話をする時分には現任大臣の事ですから政府部内の話も折々ある。で、この方は政府で何かむつかしい問題が起ると、その場では意見を述べずに家に帰って来てそれから自分の父親《おや》のごとき前大臣に相談をするです。今日はこういう問題があったがどうしたものだろうと言うと、前大臣は前例を鑑《かんが》み、あるいはその事変に応じてそれぞれの処分法をば言《くない》われる。一体から言うと前大蔵大臣は今頃は総理大臣の位置に居るか、高等僧官の中で宮内大臣の位置に居るか、どっちかの位置に居られる人だそうです。そう行かなかったというものは、この尼僧を奥さんにせられた事からやはりチベットでもそれが幾分か攻撃の種になって、自然蟄居《ちっきょ》しなければならんようになったと言う。

もしこの方がチベットで政治を執《と》るようになって居りますれば、今の鋭敏なる法王とこの老練なる大臣とが相俟《あいま》って随分面白い仕事が出来たろうと思う。こういうような前大臣と現任大臣との夜分のお話には、私もその席に居ていろいろ聞いたり、時としてはまた私の意見などを言って見たりするような親しい間柄になったです。それがために私は研究しようとは思わない、とても研究しようと思ったところが到底出来得ないと絶念して居った**チベットの外交上**の事についても充分に知るの便宜を得られた。ただ寺に居った分には仏教上の理屈を研究するにはごく都合がよいけれども、なかなか政府部内の秘密なんと言うことは学者社会にはちっとも知られて居らんで、ただ法王の政府はありがたいという考えを持って居る間抜け坊主ばかりが学問に従事して居るのです。こりゃ間抜けじゃない。知らさないから知らんのでしょう。とにかく私はそういう好都合を得ましたから、この後場合《〔のちに〕》を見て、私の聞いたシナ、英国、ロシア、ネパール等に対する外交上の秘密な事についてもお話をしようと思います。

　それからまた妙な事が重なれば重なり、奇遇というような事も随分あるもので、すでに前にはパーラー公子と天和堂《テンホータン》の前で奇遇しましたが、今度はまたダージリンの商人で、ツァ・ルンバ【Tsa Rong-ba】（土地の名をその人の名とす）という人に邂逅《かいこう》しました。此《これ》人がまた後にチベットを出る時分に大変助けになった人ですから、ここに奇遇した事を言って置かないと後の事が分らない。ある日私はラサの目抜《めぬき》であるいわば**東京の銀座通**とも言うべきパルコルという道を廻って参りました。其《そこ》街には商業家がいずれもみな店を張って居りますので、その店の張り方は別段他の国の遣り方と変った事はない。ことに露店《ろてん》も道の広いところには沢山あって、それらの売物は大抵日用品のみです。衣服に要する物、あるいは食物に要する物それから日用道具、その中にはもちろんチベットの物が大部分を占めて居りますけれども、次いで多いのはインド、カルカッタ、ボンベイ地方から輸入された物品である。その中で最も私の感じたのは日本の燐寸《マッチ》です。大阪の土井〔亀太郎〕という人が拵《こしら》えた燐寸がチベットのラサ府の中に入って居るです。まだほかの物も入って居るですがその名が記してないから分らない。象の面が二つあるのと一つあるのと、それからまた一つの象を家のところから引き出して居るような蠟《ろう》燐寸もあって、それにはメード・イン・ジャパンと書いてある。その面は赤い地に画《え》を白く抜いてある。もっともスウェーデンで拵えた燐寸も幾分か入って居るですけれども、それは

日本燐寸に圧倒　されて今は少ししかない。それから日本の竹簾《たけすだれ》に女の絵などの書いてある物がやはり〔、物〕入って居る。なお陶器類でも九谷焼――それは店の売物としては出て居らんけれども――などが貴族の家に行くとあるです。また日本の画なども貴族の家に額面として折々掛けられてある。それらの日本品を見て、心なき物品《ぶっぴん》は心ある人間よりもえらいと思うて自分ながらおかしく感じました。ことに日本の燐寸の沢山入って居るのを見て、日本の智慧《ちえ》の火がこの国の蒙昧《もうまい》なる闇《くら》がりを照すところの道具となる縁起《えんぎ》でもあろうかなどと、馬鹿な考えを起してうかうか散歩しながらある店頭《みせさき》へ来ました。ところで大変よい石鹼《せっけん》を見付け出した。そんな物はかつてラサ府にはなかったので、こりゃよい掘出物、買おうと思って値段を

聞きますとその主が私の顔をじろりと見ました。

　私は何心なく見ますと、ダージリンで知合いになったところのツァ・ルンバという商業家らしい。なぜこんなところへ商法店を出して居るのか知らん。それともあの男によく似た人がここに居るのであろうか知らん。あるいは兄弟ではないか知らんという感じを起したけれども、どう見てもツァ・ルンバである。ところが私の顔と風俗が全く変って居るので〔先方には〕ちっとも分らなかったようです。けれども余程不審な顔をして眺めて居った。もっとも私がダージリンに居た時分には多くは日本服を着け、稀にチベット服を着けても余り人中に出たことがない。チベットに行ってからは純粋のチベット服を着けて居るからその様子も変って居るでしょう。またダージリンでは鬚《ひげ》がなかったが、その時分は鬚が長く生えて居ったからちょっと分らんのも無理はない。

　その主人の言うには「その石鹼はなかなか値段が高いからよしたらよかろう。こっちの方に安くてよいのがございますから。」私はその安くってよい方は気に喰わないので高くてよいのが欲しいと言うと、向うでも笑って何程何程《いくらいくら》と言う。それを二個《ふたつ》ばかり買って帰って参りまして何心なく現任大臣に見せますと、此品《これ》は香《にお》いもよし、非常に立派だから私にこれを分けてくれまいか。いやそれじゃあさっそくお上げ申しますと言って二個とも上げてしまった。

第七十七回　密事露顕の危機

再度の奇遇　そこでまた二、三日たってそのパルコルに出かけ、あの石鹸を二つ三つ買って置かないと、売切れてはラサ府で買うことが出来ないと思うてその店に行ったところが、その主人は石鹸を売るということをせずにジーッと私の顔を見詰《みつ》めて居る。私は石鹸はこの間の値段で買うからといって銭《ぜに》を出そうとすると「まあお待ちなさい、あなたは私を御存知《ごぞんじ》ありませんか」という声が紛《まが》いなくツァ・ルンバに違いございませんから「知って居る」と笑いながら答えました。すると大いに驚いた顔をして「何しろ内へお入り下さい」といい、もう日暮《ひぐれ》でもございましたから店の小断《こもの》に店を仕舞《しま》うように吩付《いいつ》けて家へ入った。私も続いて家へ入りますと「どうかまあ久々の事ですからむさいところではありますがお上り下さい」といいますから主人に従って家に通りますと、なかなか小ざっぱりとした立派な商法家で、二室ばかり向うに抜け梯子段《はしごだん》を上に昇《あが》り、その人の本堂の室へ着きました。

其室《そこ》にはその内儀《おかみ》さんのペートン（蓮顕《れんげん》）という女がやはりダージリンから一緒に来て居る。私はじきに知りましたけれども先方では全く知らない様子。主人は笑いながら自分の女房に対し「お前はこのお方を知って居るか」と尋《たず》ねましたが、私を見て「存じません」と答えたです。「存じない事があるものか、大変よく知って居る筈《はず》だ、お前達が世話になった方だ」といわれて今度は大変よく見て居ったですが、全く分らんものと見えて、「どこのお方

再度の奇遇機先を制す

か覚えません私が世話になった方ならば知って居る筈ですが」というと「そういう馬鹿《ばか》だから困る。それダージリンで差込《さしこみ》が起った時尊い薬を貰《もら》って治ったじゃないか。」すると「あああそうです。もうその先は言ってくれないでも宜《よろ》しい。どうも失礼致しました。久々でこういう所でお目にかかろうとは思わなかった。嬉《うれ》しい事でございます」という挨拶《あいさつ》。

それから二人は口を揃《そろ》えて「まあどこからお越しになりましたか。我々は紛《まが》いもないチベット人ですら、出入《ではいり》をするに実に困難《こんなん》を極めて間道でもあれば脱けて行きたいと思う位苦しんで居りますが、それをまああなたはどこからお越しになったか、空でも飛んでお越しになったか」という話。「空を飛ぶような事は知らない、西北原から来た」といいますと「なあに西北原だってこの三、四年このかたは皆その間道間道には兵隊を付けてあるからどこでも通り脱けるということは出来ない。間道から来なければどこにも通って来る所はないのですからどうも空でも飛んでお越しになられたとほか思われません。」「イヤそんな事の出来る訳《わけ》がない、道のない所を難儀《なんぎ》して来た」と話しましたが信じないようでした。

私はここ危機一髪《ききいっぱつ》を誤まれば自分の日本人たる事が顕《あら》われてあるいは大なる災害を自分の恩人たる大蔵大臣およびセラ大学に及ぼすかも知れない。商人《あきんど》という者は殊に利に走り易いものであるから、どういう事から私の事を政府に告げて金を儲ける算段《さんだん》をするかも知れない。およそ物事は「機先を制すれば勝利は自分に得らるるもの」、この時に当って一つの策略を運《めぐ》らさなければならんという考えが浮かびました。

——以下、下巻に続く——

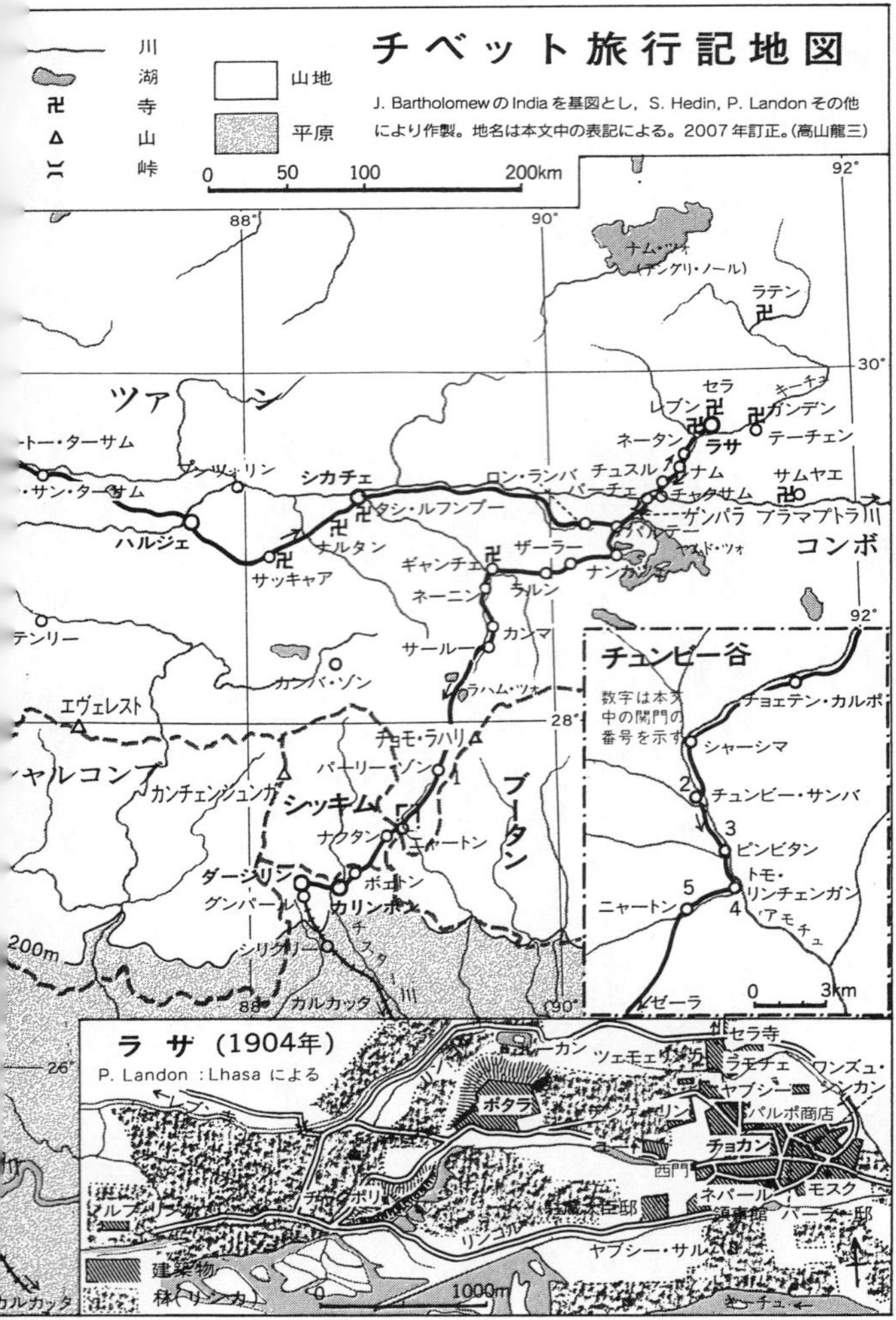
チベット旅行記地図
J. Bartholomew の India を基図とし，S. Hedin, P. Landon その他により作製。地名は本文中の表記による。2007年訂正。(高山龍三)
川
湖
寺
山
峠
山地
平原
0
50
100
200km
ナム・ツォ
(テングリ・ノール)
ラテン
セラ
レブン
ガンデン
テーチェン
ラサ
ネータン
チュスル
ナム
チャクサム
サムヤエ
ゲンパラ
ブラマプトラ川
パルテー
ヤムド・ツォ
コンボ
ツァン
トー・ターサム
サン・ターサム
シカチェ
タシ・ルフンプー
ハルジェ
ナルタン
サッキャア
ロン・ランバ
パーチェ
ザーラー
ギャンチェ
ナンカツェ
ネーニン
ラルン
カンマ
サールー
テンリー
カンバ・ゾン
ラハム・ツォ
エヴェレスト
チョモ・ラハリ
パーリー・ゾン
ヤルコンブ
カンチェンジュンガ
シッキム
ブータン
ナクタン
ニャートン
ダージリン
ボエトン
グンパール
カリンポン
シリグリー
チスタ川
カルカッタ
200m
チュンビー谷
数字は本文中の関門の番号を示す
チョェテン・カルポ
シャーシマ
チュンビー・サンバ
ピンピタン
トモ・リンチェンガン
ニャートン
アモチュ
ゼーラ
0
3km
ラサ (1904年)
P. Landon : Lhasa による
セラ寺
ルーカン
ツェモエリン
ラモチェ
ワンズュ・シンカン
ヤブシー
ポタラ
パルポ商店
チョカン
西門
モスク
ネパール
領事館
バーラー邸
チャクポリ
大臣邸
リンコル
ヤブシー・サル
建築物
林(リンカ)
0
1000m
キーチュ
カルカッタ
88°
90°
92°
30°
28°
26°

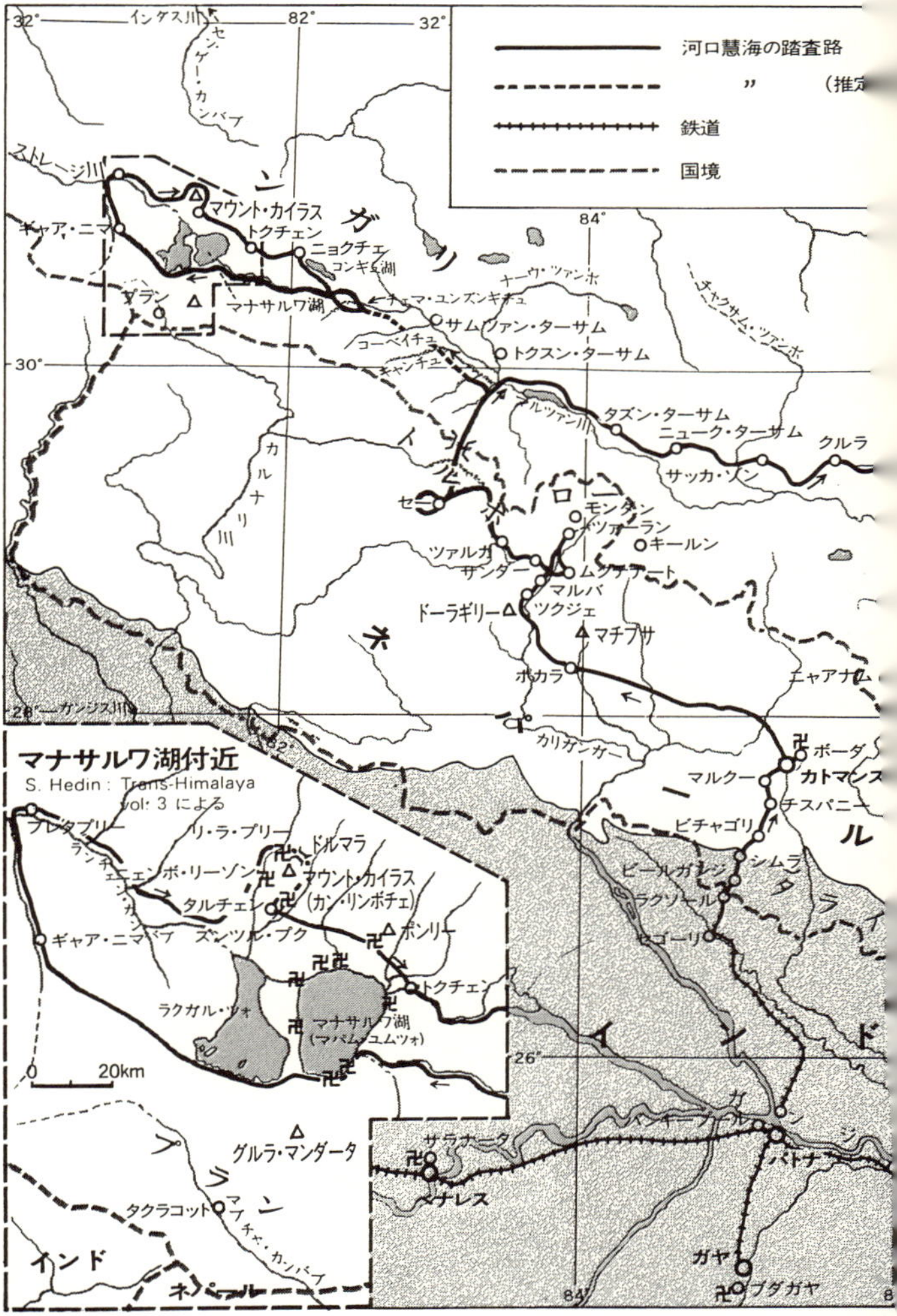

河口慧海の踏査路
〃　(推定
鉄道
国境
32°
82°
84°
30°
26°
インダス川
センゲー・カンバブ
ストレージ川
マウント・カイラス
ギャア・ニマ
トクチェン
ニョクチェ
コンギュ湖
プラン
マナサルワ湖
チェマ・ユンズンギチュ
ナーウ・ツァンホ
サムツァン・ターサム
トクスン・ターサム
コーベイチュ
キャンチュ
タズン・ターサム
ニューク・ターサム
クルラ
サッカ・ゾン
カルナリ川
モンタン
キールン
ツァルカ
サンダー
マルパ
ドーラギリー
ツクジェ
マチプサ
ポカラ
カリガンガー
ボーダ
カトマンズ
マルクー
チスパニー
ビチャゴリ
シムラ
ビールガンジ
ラクソール
セゴーリ
サラナータ
ベナレス
パトナ
ガヤ
ブダガヤ
マナサルワ湖付近
S. Hedin : Trans-Himalaya
vol: 3 による
リ・ラ・プリー
ドルマラ
マウント・カイラス
(カン・リンポチェ)
タルチェン
ポンリー
トクチェン
ラクガル・ツォ
マナサルワ湖
(マパム・ユムツォ)
0　20km
グルラ・マンダータ
プラン
タクラコット
インド

KODANSHA

本書は、河口慧海『チベット旅行記』（講談社学術文庫　全五巻）を上下巻に再構成したものです。再構成にあたり、"Three Years in Tibet"（1909）の最終章を訳出し、「終わりよければすべてよし」として収録しました。底本の詳細については、凡例をご参照ください。

河口慧海（かわぐち　えかい）

1866年，大阪堺生まれ。哲学館などに学び，東京本所羅漢寺の住職となる。のち僧籍を離れ，仏教の原典を求めて1900年チベットに入る。わが国最初のヒマラヤ踏破者。日本チベット学の始祖。その後も，中国，インド，ネパール，チベットを訪れ，「在家仏教」を起す。晩年は「チベット語辞典」の編纂にあたる。1945年没。

講談社学術文庫

定価はカバーに表示してあります。

チベット旅行《りょこう》記《き》（上）

河口《かわぐち》慧《え》海《かい》

2015年1月9日　第1刷発行
2024年8月2日　第6刷発行

発行者　森田浩章
発行所　株式会社講談社
東京都文京区音羽 2-12-21 〒112-8001
電話　編集（03）5395-3512
販売（03）5395-5817
業務（03）5395-3615

装　幀　蟹江征治
印　刷　株式会社広済堂ネクスト
製　本　株式会社国宝社
本文データ制作　講談社デジタル製作

Printed in Japan

ISBN978-4-06-292278-4

「講談社学術文庫」の刊行に当たって

これは、学術をポケットに入れることをモットーとして生まれた文庫である。学術は少年の心を養い、成年の心を満たす。その学術がポケットにはいる形で、万人のものになることは、生涯教育をうたう現代の理想である。

こうした考え方は、学術を巨大な城のように見る世間の常識に反するかもしれない。また、一部の人たちからは、学術の権威をおとすものと非難されるかもしれない。しかし、それはいずれも学術の新しい在り方を解しないものといわざるをえない。

学術は、まず魔術への挑戦から始まった。やがて、いわゆる常識をつぎつぎに改めていった。学術の権威は、幾百年、幾千年にわたる、苦しい戦いの成果である。こうしてきずきあげられた城が、一見して近づきがたいものにうつるのは、そのためである。しかし、学術の権威を、その形の上だけで判断してはならない。その生成のあとをかえりみれば、その根は常に人々の生活の中にあった。学術が大きな力たりうるのはそのためであって、生活をはなれた学術は、どこにもない。

開かれた社会といわれる現代にとって、これはまったく自明である。生活と学術との間に、もし距離があるとすれば、何をおいてもこれを埋めねばならない。もしこの距離が形の上の迷信からきているとすれば、その迷信をうち破らねばならぬ。

学術文庫は、内外の迷信を打破し、学術のために新しい天地をひらく意図をもって生まれた。文庫という小さい形と、学術という壮大な城とが、完全に両立するためには、なおいくらかの時を必要とするであろう。しかし、学術をポケットにした社会が、人間の生活にとってより豊かな社会であることは、たしかである。そうした社会の実現のために、文庫の世界に新しいジャンルを加えることができれば幸いである。

一九七六年六月

野間省一

外国人の日本旅行記

393
ニコライの見た幕末日本
ニコライ著／中村健之介訳

幕末・維新時代、わが国で布教につとめたロシアの宣教師ニコライの日本人論。歴史・宗教・風習を深くさぐり、鋭く分析して、日本人の精神の特質を見事に浮き彫りにした刮目すべき書である。本邦初訳。

455
乃木大将と日本人
S・ウォシュバン著／目黒真澄訳（解説・近藤啓吾）

著者ウォシュバンは乃木大将をFather Nogiと呼んだ。この若き異国従軍記者の眼に映じた大将の魅力は何か。本書は、大戦役のただ中に武人としてギリギリの理想主義を貫いた乃木の人間像を描いた名著。

1005
ニッポン
B・タウト著／森　儁郎《としお》訳（解説・持田季未子）

憧れの日本で、著者は伊勢神宮や桂離宮に清純な美の極致を発見して感動する。他方、日光陽明門の華美を拒みその後の日本文化の評価に大きな影響を与えた。世界的な建築家タウトの手になる最初の日本印象記。

1048
日本文化私観
B・タウト著／森　儁郎《としお》訳（解説・佐渡谷重信）

世界的建築家タウトが、鋭敏な芸術家的直観と秀徹した哲学的瞑想とにより、神道や絵画、彫刻や建築など日本の芸術と文化を考察し、真の日本文化の将来を説く。名著『ニッポン』に続くタウトの日本文化論。

1308
幕末日本探訪記　江戸と北京
R・フォーチュン著／三宅　馨訳（解説・白幡洋三郎）

世界的プラントハンターの幕末日本探訪記。英国生まれの著名な園芸学者が幕末の長崎、江戸、北京を訪問。珍しい植物や風俗を旺盛な好奇心で紹介し、桜田門外の変や生麦事件の見聞も詳細に記した貴重な書。

1325
シュリーマン旅行記　清国・日本
H・シュリーマン著／石井和子訳

シュリーマンが見た興味尽きない幕末日本。世界的に知られるトロイア遺跡の発掘に先立つ世界旅行の途中で、日本を訪れたシュリーマン。執拗なまでの探究心と旺盛な情熱で幕末日本を活写した貴重な見聞記。

外国人の日本旅行記

1349
英国外交官の見た幕末維新
A・B・ミットフォード著／長岡祥三訳
リーズデイル卿回想録

激動の時代を見たイギリス人の貴重な回想録。アーネスト・サトウと共に江戸の寺で生活をしながら、数々の事件を体験したイギリス公使館員の記録。徳川幕府崩壊の過程を見すえ、様々な要人と交わった冒険の物語。

1354
ザビエルの見た日本
ピーター・ミルワード著／松本たま訳

ザビエルの目に映った素晴しき日本と日本人。一五四九年、ザビエルは「知識に飢えた異教徒の国」へ勇躍上陸し精力的に布教活動を行った。果して日本人はキリスト教を受け入れるのか。書簡で読むザビエルの心境。

1499
ビゴーが見た日本人
清水　勲著
諷刺画に描かれた明治

在留フランス人画家が描く百年前の日本の姿。文明開化の嵐の中で、急激に変わりゆく社会を戸惑いつつもたくましく生きた明治の人々。愛着と諷刺をこめてビゴーが描いた百点の作品から〈日本人〉の本質を読む。

1537
シドモア日本紀行
エリザ・R・シドモア著／外崎克久訳
明治の人力車ツアー

女性紀行作家が描いた明治中期の日本の姿。ポトマック河畔の桜の植樹の立役者、シドモアは日本各地を人力車で駆け巡り、明治半ばの日本の世相と花を愛する日本人の優しい心を鋭い観察眼で見事に描き出す。

1569
バーナード・リーチ日本絵日記
バーナード・リーチ著／柳　宗悦訳／水尾比呂志補訳

イギリス人陶芸家の興趣溢れる心の旅日記。独自の美の世界を創造したリーチ。日本各地を巡り、また、濱田庄司・棟方志功らと交遊を重ね、自らの日本観や芸術観を盛り込み綴る日記。味のある素描を多数掲載。

1625
江戸幕末滞在記
エドゥアルド・スエンソン著／長島要一訳
若き海軍士官の見た日本

若い海軍士官の好奇心から覗き見た幕末日本。慶喜との謁見の模様や舞台裏も紹介、ロッシュ公使の近辺で貴重な体験をしたデンマーク人の見聞記。旺盛な好奇心、鋭い観察眼が王政復古前の日本を生き生きと描く。

619
若槻禮次郎《わかつきれいじろう》著（解説・伊藤　隆）
明治・大正・昭和政界秘史
古風庵回顧録

日本の議会政治隆盛期に、二度にわたり内閣総理大臣を務めた元宰相が語る回顧録。明治から昭和激動期まで中央政界にあった若槻が、親しかった政治家との交流や様々な抗争を冷徹な眼識で描く政界秘史。

621
和田英松著（校訂・所　功）
新訂　官職要解《かんしょくようかい》

平安時代を中心に上代から中近世に至る我が国全官職の官名・職掌を漢籍や有職書によって説明するだけでなく、当時の日記・古文書・物語・和歌を縦横に駆使してその実態を具体的に例証した不朽の名著。

675
福沢諭吉著（解説・小泉　仰）
明治十年　丁丑《ていちゅう》公論・瘠我慢《やせがまん》の説

西南戦争勃発後、逆賊扱いの西郷隆盛を弁護した「丁丑公論」、及び明治維新における勝海舟、榎本武揚の挙措と出処進退を批判した「瘠我慢の説」他を収録。諭吉の抵抗と自由独立の精神を知る上に不可欠の書。

702
金達寿《キムタルス》著
日本古代史と朝鮮

地名・古墳など日本各地に現存する朝鮮遺跡や、記紀に見られる高句麗・百済・新羅系渡来人の足跡等を通して、密接な関係にあった日本と朝鮮の実像を探る。豊富な資料を駆使して描いた古代日朝関係史。

754
金達寿著
古代朝鮮と日本文化
神々のふるさと

高麗神社、百済神社、新羅神社など、日本各地に散在する神々は古代朝鮮と密接な関係があった。神社・神宮に関する文献や地名などを手がかりにその由来をたどり、古代朝鮮と日本との関わりを探る古代史への旅。

784
朝河貫一《あさかわかんいち》著（解説・由良君美）
日本の禍機《かき》

世界に孤立して国運を誤るなかれ――日露戦争後の祖国日本の動きを憂え、遠く米国からエール大学教授の朝河貫一が訴えかける。日米の迫間で日本への批判と進言を続けた朝河の熱い思いが人の心に迫る名著。

日本の歴史・地理

800・801
石村貞吉著
有職《ゆうそく》故《こ》実《じつ》（上）（下）（解説・嵐 義人）

国文学、日本史学、更に文化史・風俗史研究と深い関係にある有職故実の変遷を辿った本書には官職位階・平安京及び大内裏・儀式典礼・年中行事・服飾・飲食・殿舎・調度輿車・甲冑武具・武技・遊戯等を収録。

833・834
宇治谷《うじたに》 孟《つとむ》訳
日本書紀（上）（下） 全現代語訳

厖大な量と難解さの故に、これまで全訳が見送られてきた日本書紀。二十年の歳月を傾けた訳者の努力により全現代語訳が文庫版で登場。歴史への興味を倍加させる、現代文で読む古代史ファン待望の力作。

928
直木孝次郎著
日本神話と古代国家

記・紀編纂の過程で、日本の神話はどのような潤色を加えられたか……。天孫降臨や三種の神宝、ヤマトタケルなどの具体例をもとに、文献学的研究により日本の神話が古代国家の歴史と形成に果たした役割を究明。

1030〜1032
宇治谷 孟訳
続《しょく》 日《に》本《ほん》紀《ぎ》（上）（中）（下） 全現代語訳

日本書紀に次ぐ勅撰史書の待望の全現代語訳。上巻は全四十巻のうち文武元年から天平十四年までの十四巻を収録。中巻は聖武・孝謙・淳仁天皇の時代を、巻三十からの下巻は称徳・光仁・桓武天皇の時代を収録した。

1068
所《ところ》 功《いさお》著
伊勢神宮

日本人にとって伊勢神宮とはいかなる処か。'93年は伊勢神宮の第61回の式年遷宮の年。二十年ごとの造替行事が千数百年も持続できたのはなぜか。世界にも稀な聖地といわれる神宮の歴史と日本人の英知を論述。

1191
上田正昭著
大和朝廷 古代王権の成立

大和朝廷が成立するまでを、邪馬台国を経て奈良盆地の三輪王権から河内王権への王朝交替説などで分析。豪族と大王家との権力争奪の実態を克明に描き出し、古代日本の王権確立の過程を解明した力作。